Robert B. Miller/Stephen E. Heiman

mit Tad Tuleja

Strategisches Verkaufen

Robert B. Miller/Stephen E. Heiman
mit Tad Tuleja

Strategisches Verkaufen
Die praxiserprobte Miller-Heiman-Methode,
um komplexe Verkaufsvorgänge
erfolgreich zu bearbeiten

5. Auflage

Ins Deutsche übertragen von Ursula Bischoff unter redaktioneller Mitarbeit
von Günther H. Wagner

verlag
moderne industrie

Die Deutsche Bibliothek – CIP-Einheitsaufnahme

Miller, Robert B.:
Strategisches Verkaufen: die praxiserprobte Miller-Heiman-Methode, um komplexe Verkaufsvorgänge erfolgreich zu bearbeiten/Robert B. Miller; Stephen E. Heiman.
Mit Tad Tuleja. Ins Dt. übertr. von Ursula Bischoff unter red. Mitarb. von Günther H. Wagner. –
5. Aufl. – Landsberg/Lech: Verl. Moderne Industrie, 1993
   Einheitssacht.: Strategic selling <dt.>
   ISBN 3-478-21755-5
NE.: Heiman, Stephen E.:

Die Orginalausgabe ist unter dem Titel „STRATEGIC SELLING, The Unique Sales System Proven Successful by America's Best Companies", erschienen bei William Morrow and Company, Inc. 105 Madison Ave., New York, N.Y. 10016

5. Auflage 1993
4., durchgesehene Auflage 1992
3. Auflage 1991
2., durchgesehene Auflage 1989

Umschlaggestaltung: Hendrik van Gemert, 86925 Fuchstal-Leeder
Satz, Druck und Bindearbeiten: Schoder Druck GmbH & Co. KG, 86358 Gersthofen
Printed in Germany 210 755/0993 301
ISBN 3-478-21755-5

Inhaltsverzeichnis

Teil 1
Strategisches Verkaufen

Teil 2
Strategisches Verkaufen: Die Schlüsselelemente

5 Schlüsselelement 1: Die Kaufbeeinflusser 65

6 Schlüsselelement 2: Rote Flaggen – Gefahrensignal oder Chance? 95

7 Die Kaufbereitschaft der Kaufbeeinflusser 107

12 Ihr Coach: Der Schlüssel zum Erfolg bei den übrigen Kaufbeeinflussern

Teil 3
Kundenübergreifende Strategieplanung: Die Einteilung der aktiven Verkaufszeit

13 Zeit ist Geld

14 Schlüsselelement 5: Der Verkaufstrichter

Teil 4
Strategische Kundenanalyse: Konzentrieren Sie sich auf Ihre Gewinner-Kunden

Teil 5
Von der Analyse zur Aktion

Vorwort

Als Hewlett-Packard vor rund acht Jahren die Miller-Heiman-Methode einführte, wurde das Konzept begeistert aufgenommen. Es zeigte sich, daß es nicht nur in hohem Maß professionell war, sondern auch die Beziehungen zum Kunden verwirklichen half, die wir anstreben. Tausende von HP-Verkaufsingenieuren haben weltweit den Workshop »Strategisches Verkaufen« absolviert. Die Bedeutung dieses Konzeptes läßt sich klar aus den Erfolgen ableiten, die sie erzielt haben.

Die Miller-Heiman-Methode zielt nicht darauf ab, Verkäufern zu zeigen, wie man eine Präsentation effektiv gestaltet. Sie basiert nicht auf dem Glück oder Charisma des einzelnen. Und, was für uns am wichtigsten ist, sie hat nichts mit Manipulation zu tun.

Die Methode, die in diesem Buch detailliert erläutert wird, orientiert sich an allen, die die Kaufentscheidung in einem Verkaufsvorgang beeinflussen können. Der Blick wird nach außen, auf jeden einzelnen unserer Kunden gerichtet. Ihre Bedürfnisse – sowohl betrieblicher wie persönlicher Natur – werden sichtbar gemacht. Die daraus resultierende Analyse ermöglicht uns die Entscheidung, wie wir dem Kunden und seinem Unternehmen am besten dienen und eine langfristige Beziehung entwickeln können, die allen Beteiligten sichtbare Gewinne bringt. Das Konzept »Strategisches Verkaufen« orientiert sich nicht nur in hohem Maße am Kunden, sondern auch an der Zukunft und fördert diejenige Form der Partnerschaft, die langfristig Bestand hat.

Strategisches Verkaufen hat dazu beigetragen, Hewlett-Packards Ausrichtung auf den Kunden zu verstärken, und dank der ihm eigenen methodischen wie sprachlichen Basis bewirkt, daß es in unserem gesamten Unternehmen inzwischen höchste Priorität genießt. Unsere Verkaufsteams haben die unmittelbare Anwendbarkeit dieses Konzepts auf ihre Kundenbeziehungen sofort erkannt. Sein praktischer Nutzen beschränkt sich nicht auf einen spezifischen Produktbereich und überschreitet nationale Grenzen.

Als das Konzept eingeführt wurde, galt Strategisches Verkaufen zunächst bei vielen als revolutionär. Inzwischen hat sich gezeigt, daß es mehr als eine Zeiterscheinung ist. Das mag daran liegen, daß die Ziele, die es verfolgt – die Interessen des Kunden in den Mittelpunkt zu stellen und langfristige Geschäftsbeziehungen zu entwickeln –, zeitlos sind. Jeder, der diese Ziele realisieren will, findet in diesem Buch wertvolle Hinweise und Anregungen.

John A. Young, Präsident und
Chief Executive Officer,
Hewlett-Packard Company

Abkehr von der Fronteinsatz-Mentalität: Eine ungewöhnliche Verkaufsmethode

Verkaufen zählt zu den häufigsten Berufen im nordamerikanischen Raum, ja vielleicht sogar in der Welt. Und dennoch haftet ihm ein negativer Beigeschmack an, der nur noch vom Image der Politiker übertroffen wird. »Professor« Harold Hill, Hauptdarsteller des inzwischen zu den Klassikern zählenden Musicals THE MUSIC MAN, entspricht dem allgemein üblichen Bild des Verkäufers unserer Zeit: ein charmanter, beredter Betrüger, der auffallende Kleidung bevorzugt, den Kunden übers Ohr haut, sich selten an Versprechen hält und nur daran interessiert ist, die eigenen Taschen zu füllen.

Diese Klischeevorstellung ist so weit verbreitet, daß der Begriff »Verkäufer« heutzutage nahezu verpönt ist. Um die wahre Funktion von Verkäufern zu verschleiern, hat man zu hochtrabenden, euphemistischen Berufsbezeichnungen Zuflucht genommen: Sie werden als Marketingconsultant, Accountrepräsentanten, Außendienstmitarbeiter, Account Manager, Kundendienstberater, Marketing-Spezialisten, Verkaufsberater oder Sales Engineer bezeichnet. Man gibt ihnen alle erdenklichen Namen – nur nicht den, der ihnen gebührt.

Wir sind erst vor kurzem wieder auf dieses Phänomen aufmerksam geworden, als wir den Vizepräsidenten eines bekannten Unternehmens fragten, ob das Wort »Verkaufen« bei seinen Mitarbeitern negative Assoziationen wecke. »Ganz und gar nicht«, beteuerte er. »Jeder von uns weiß, wie wichtig der Verkauf ist.« Und ohne mit der Wimper zu zucken, fügte er hinzu: »Aber denken Sie daran, bei uns heißt das Marketing.«

Welche Form der Beschönigung man auch wählt, das Resultat bleibt dasselbe. »Verkauf« ist für viele Menschen ein anrüchiges Wort, weil es schon so lange mit Begriffen wie Manipulation und Betrug in Zusammenhang gebracht wird.

Leider sind wir Verkäufer selbst schuld an dieser Entwicklung. Viele von uns haben durch ihren Verkaufsstil dazu beigetragen, das zuvor beschriebene stereotype Bild zu festigen. Kein Wunder, daß so viele Menschen unsere Methoden mißbilligen – sie mußten erkennen, daß diese tatsächlich oft manipulativen Charakter haben.

In der Verkaufs-Literatur wird dieser Tatbestand noch deutlicher als in der Praxis. Viele Verkaufstrainings *ermutigen* geradewegs zu Manipulation und Betrug, weil sie den Teilnehmern „Tricks" und „Techniken" zeigen, mit denen man unentschlossene Kunden zum Kauf überredet. Noch heute gibt es zahlreiche Verkäufer, die sich an dieses Prinzip halten. Sie glauben, ihre Aufgabe bestehe darin, ihre Produkte *so vielen* Menschen wie möglich aufzuschwatzen, ohne Rücksicht darauf, ob diese sie überhaupt gebrauchen können oder haben wollen.

Diese uralte Methode, »Kühlschränke an Eskimos« zu verkaufen, wird von manchen Unternehmen unterstützt. Der Satz: »Die Bedürfnisse des Kunden haben bei uns höchste Priorität« ist nichts als ein Lippenbekenntnis, denn die Geschäftsleitungen erwarten von ihren Verkäufern, daß diese dem Kunden klarmachen, daß er genau das braucht, was die Firma anzubieten hat. Deshalb halten sich viele Verkäufer notgedrungen an den bekannten Slogan: »Nur der darf sich Verkäufer nennen, dem es gelingt, dem Kunden etwas zu verkaufen, das er weder braucht noch will.« Und sie würden alles tun oder versprechen, um ihre Geschäfte abzuschließen.

Die logische Folge dieser Methode ist, daß sich Kunde und Verkäufer als Gegner betrachten. Es ist kein Zufall, daß man die Außendienst-Tätigkeit oft als »Fronteinsatz« bezeichnet. Viele Schlagworte im Verkaufsbereich zeugen von der »Schlachtfeld«-Mentalität; zum Beispiel ist oft die Rede davon, »die Schwachstelle des Kunden zu finden«, »ihn an den Kanthaken zu bekommen« oder, noch direkter, »ihn aufs Kreuz zu legen, bevor man selbst aufs Kreuz gelegt wird.«

In Anbetracht dieser Einstellung ist es kein Wunder, daß die meisten Großunternehmen inzwischen professionelle »Drachentöter« beschäftigen, um ihre Entscheidungsträger vor den Verkäufern zu schützen. Einkäufer und Abnehmer machen oft gemeinsam Front gegen die als barbarisch eingestufte Verkäufer-Meute. »Der Himmel möge dem Manager helfen«, heißt es in einem Firmenleitspruch, »der von einer Horde Attilas, des Kundenschrecks, in die Enge getrieben wird.«

Das Image des heutigen Verkäufers entbehrt nicht der Komik. Aber es wirft auch ein trauriges Licht auf das Bild, das sich ein Großteil unserer Kunden von unserem Berufsstand macht.

Erstaunlich ist dabei, daß diese Fronteinsatz-Haltung überhaupt Erfolge zeitigt. Aber das tut sie – wenn auch nur ein- oder zweimal, maximal drei- oder viermal, bei demselben Kunden. Aber dann *muß* diese Methode scheitern. Wer den Verkaufsprozeß als Kampfansage und den Kunden als Feind betrachtet, hat damit zu rechnen, daß dieser letztlich die »Fronten« klärt und zum Gegenschlag ausholt.

Warum? Weil er erkennt, daß Sie der Gewinner sind und er verloren hat. Und, was noch schlimmer ist, daß *Sie* dafür gesorgt haben, daß er verliert. Womit der Zeitpunkt gekommen sein dürfte, zu dem Sie nicht nur Ihre Glaubwürdigkeit, sondern auch den Verkaufserfolg einbüßen.

Das Szenario »Der Verkäufer als Gewinner – der Kunde als Verlierer« hat in Theorie und Praxis des Verkaufs schon seit langem Zuspruch gefunden. Aber es gibt noch ein anderes Szenarium: in all den Jahren, in denen sich Charaktere wie Professor Hill bemüht haben, ihrem schlechten Ruf gerecht zu werden, ist es einer kleinen, verschwiegenen Gruppe von Verkaufsprofis gelungen, ohne großes Aufsehen zu erregen, die Spitze der beruflichen Erfolgsleiter zu erklimmen – und enorme Einkommen zu erzielen, indem sie sich genau für die *entgegengesetzte* Methode entschieden hat.

Gemeint sind die Verkäufer, die systematisch eine Basis des Vertrauens und der gegenseitigen Achtung aufgebaut haben, die den Kunden *niemals* als Gegner betrachten und die stets dafür gesorgt haben, daß *er* gewinnt. Es sind auch diejenigen, die von der Umwelt neidvoll als »Glückspilze« betrachtet werden – obwohl Glück in diesem Zusammenhang überhaupt keine Rolle spielt.

Diese »Glückspilze« haben sich nicht an die traditionellen Richtlinien gehalten, die vorsehen, Einwände des Kunden vom Tisch zu fegen und mit allen Tricks den Auftrag zu ergattern. Sie wissen: Wenn man einen Kunden überredet, zwingt man ihm die Ware mit Gewalt auf. Und sie sind nicht an Aufträgen interessiert, die der potentielle Käufer eigentlich nicht bereit ist zu vergeben.

Statt dessen richten sie ihr Augenmerk – gleichgültig, wieviel Mühe es sie auch kosten mag – darauf, echte Problemlösungen anzubieten, langfristige Erfolgsmöglichkeiten zu schaffen und ihren Kunden generell das Gefühl zu vermitteln, daß sie gut daran getan haben, ihnen den Auftrag zu erteilen. Die Mehrzahl dieser Spitzenverkäufer, denen »Fortuna zulächelt«, weigert sich sogar, Aufträge zu akzeptieren, wenn zwischen der Ware oder der Dienstleistung, die sie anzubieten haben, und den Bedürfnissen des Kunden eine nicht zu übersehende Diskrepanz besteht. Das Motto von der »Priorität der Kundenbedürfnisse« ist für sie mehr als eine hohle Phrase.

Dieser kleine Kreis der Supererfolgreichen hat sich die »Ich gewinne/Du gewinnst«-Strategie zu eigen gemacht. Kern dieser Strategie ist die Erkenntnis einer fundamentalen Wahrheit: Verkäufer dienen ihrem Eigeninteresse am besten, wenn sie die Interessen des *Kunden* befriedigen. Der Ich gewinne/Du gewinnst-Stratege weiß: Erfolg ist von der Zufriedenheit *beider* Partner abhängig.

Die Betonung liegt hier auf dem Wort »beider«, weil Manipulation nur eines der Mittel darstellt, mit dem man den Verkaufserfolg gefährdet. Ebenso unbefriedigend ist es, wenn Sie bewußt die Verliererrolle übernehmen, damit der Kunde gewinnt. Viele Verkäufer bedienen sich dieser Methode und hoffen vergebens, daß sich der »Gefallen, den sie dem Kunden erwiesen haben«, irgendwann auszahlen möge. Den Kunden zufriedenzustellen, indem man die eigenen Interessen opfert, ist, langfristig gesehen, genauso unvorteilhaft, als würde man ihn überhaupt nicht zufriedenstellen. Die »Ich gewinne/Du gewinnst«-Verkaufsstrategie besteht darin, daß man danach strebt, ein äußerst kritisches Gleichgewicht aufrechtzuerhalten: das heißt, den Kunden zufriedenzustellen, *ohne* seine Ware herzuschenken.

Die Protagonisten der »Ich gewinne/Du gewinnst«-Verkaufsstrategie verkaufen ihren Kunden nicht mehr, als diese brauchen. Sie üben keinen Druck aus, verzichten auf versteckte oder offene Drohungen oder Schmeicheleien. Sie erbitten von oder erweisen niemandem einen »Gefallen«. Sie machen keine unhaltbaren Versprechungen. Sie versuchen nicht, ein Mißverhältnis zwischen angebotenem Produkt und Kundenbedürfnis zu vertuschen. Statt dessen bemühen sie sich, zusammen mit dem Kunden dafür zu sorgen, daß beide Partner mit dem Geschäft zufrieden sind. Sie verfolgen, prüfen und lösen Probleme, sind Bindeglied zu ihren Fertigungsabteilungen, helfen dem Kunden, befriedigende Umsätze zu erzielen, und kehren ihm nicht den Rücken, wenn das Geschäft abgeschlossen ist. Sie verhalten sich nicht – dem Klischee entsprechend – wie eingeschworene Feinde, sondern wie echte Partner.

Das Ergebnis ist, daß sie eine erstaunliche Entdeckung machen: »Ich gewinne/Du gewinnst«-Strategen verkaufen im allgemeinen nicht nur quantitativ mehr, sondern sie verkaufen Waren und Dienstleistungen auch zu höheren Preisen als die Konkurrenz! Und das nicht nur ein einziges Mal, sondern immer wieder, denn sie verstehen es, ihren Kunden begreiflich zu machen, daß sie »mehr als nur ein Produkt« erhalten.

Es gehört wenig Talent dazu, einem Kunden *einmal* etwas zu verkaufen. Selbst die Professor Hills dieser Welt schaffen das. Aber einmal ist nicht genug. Alle rentabel arbeitenden Unternehmen sind heute an *langfristigen* Geschäftsbeziehungen interessiert. Der wohl größte Nachteil der Fronteinsatz-Verkaufsmethode liegt darin, daß die Gewinner-Verlierer-Konstellation zwangsläufig zu *kurzfristigen* Beziehungen führt. Die Anhänger dieser Methode sind gezwungen, in jeder neuen Verkaufssituation unter dem Nullpunkt zu beginnen, weil es kein »Ich gewinne/Du gewinnst«-Reservoir gibt, aus dem sie schöpfen könnten. Und was bringt es schon, sich in immer kürzerer Abfolge mit neuen Kunden auseinanderzusetzen, wenn man die alten noch schneller verliert?

Die »Glückspilze« haben erkannt, daß es für langfristige Verkaufserfolge nicht nur darauf ankommt, etwas zu verkaufen, sondern daß es wichtig ist, den Kunden auch zufriedenzustellen. Genau das ist das Hauptanliegen dieses Buches. Wir möchten den Verkäufern von heute zeigen, wie man mit Hilfe der »Ich gewinne/Du gewinnst«-Strategie die Beziehung zum Kunden effektiv gestaltet und nicht nur einmalige, sondern wiederholbare, langfristige Erfolge auf seiten beider Partner verbucht.

Wenn die Tatsache, daß Sie Ihre Kunden – und Ihre Kunden Sie – als Gegner betrachten, für Sie »normal« ist, dann ist dieses Buch nichts für Sie. Aber wenn Sie des Vorwurfs überdrüssig sind, Verkäufer seien glattzüngige Verführer, wenn es Ihnen schon lange keinen Spaß mehr macht, es Ihren Kunden einmal »zu zeigen« – und wenn Sie von dem profitieren wollen, was die »Glückspilze« bereits wissen – dann sind Sie uns als neue Anhänger des Konzeptes »Strategisches Verkaufen« willkommen.

Sobald Sie beschließen, Ihre Igelstellung an »vorderster Front« zu verlassen, wird sich das Blatt zu Ihren Gunsten wenden.

Zu denen, die den Wert der »Ich gewinne/Du gewinnst«-Strategie bereits erkannt haben, zählen unsere Kunden. Die meisten dieser verkaufsstarken Unternehmen bieten relativ teure Waren oder Dienstleistungen an und müssen sich gegen die Niedrigpreispolitik mancher Konkurrenten behaupten; folglich sind sie *gezwungen*, dem Kunden mehr für sein Geld zu bieten. Unser Konzept »Strategisches Verkaufen« hat diesen ohnehin herausragenden Verkaufsprofis noch effektivere Wege zum Erfolg aufgezeigt.

Aber nicht nur wir haben ihnen, sondern sie haben auch uns geholfen. Strategisches Verkaufen, das Basiskonzept dieses Buches, ist kein statischer, sondern ein dynamischer Prozeß. Die Rückmeldungen, die wir im Laufe der Jahre von den Teilnehmern unserer Workshops erhielten, haben uns ermöglicht, die grundlegenden Prinzipien zu verbessern und transparenter zu gestalten. Die Anzahl der »Akteure im Hintergrund«, die einen maßgeblichen Beitrag zur Entstehung dieses Buches geleistet haben, beläuft sich inzwischen auf mehr als zwanzigtausend. Wir möchten die Gelegenheit nutzen, ihnen allen an dieser Stelle unseren Dank zu sagen.

Anstatt die einzelnen namentlich zu nennen und Gefahr zu laufen, jemanden dabei zu vergessen, widmen wir dieses Buch all den Unternehmen und Einzelpersonen in unserem Kundenkreis, deren Begeisterung und Engagement für die Workshops »Strategisches Verkaufen« der Miller Heiman & Associates Inc. als Grundlage dieses Buches dienten. Unser Dank gilt:

Acme Resin Corporation, Airwick Industries, Inc., American Bank Stationery Co., American Can Company, American Cyanamid Co., American Microsystems, Inc., Apollo Computer Inc., ARA Services, Inc., Arkwright-Boston Manufacturers Mutual Insurance Co., The Bank of California, N.A., Bekins Company, Beloit Corp., Berkey Photo Inc., Booz – Allen & Hamilton, Inc., Bourns Inc., Burroughs Corporation, Bussman Manufacturing Division, Central Paper Co., Central Rigging and Contracting Corporation, C.F. Mueller Co., Cincom Systems, Inc., Coca-Cola U.S.A., Container Corp. of America, Control Data Corp., Datachecker/DTS, De Luxe Check Printers, Inc., Dow Chemical Co., Emery Worldwide, Exxon Office Systems Company, Fisher Controls International, Inc., Frito-Lay, Inc., G.D. Searle & Co., General Electric Co., Geometric Data, Frank B. Hall & Co., Inc., Hallmark Cards, Inc., Harris Corp., Hercules Incorporated, The Hertz Corp., Hewlett-Packard Co., Honeywell, Inc., ICI Americas Inc., Intec, Inc., International Business Machines Corp., ITT Dialcom, Inc., James River Graphics, Inc., Jerrold Electronics Corp., Johnson & Johnson, Kimberly-Clark Corp., KLA Instruments Corp., Lee Way Motor Freight, Inc., Lockheed-California Co., Lockheed-Georgia Co., McGraw-Edison Company, Marriott Corporation, Massachusetts Mutual Life Insurance Co., Memorex Corp., Natioinal Semiconductor Corp., NBI, Inc., NCR Corp., NL Sperry-Sun, Pallm Inc., Pepsi-Cola Bottling Group, Pitman Company, Policy Management Systems Corp., Racal-Milgo, Inc., RCA Solid State Division, Research Cottrell, Inc., Reynolds Metals Co., Ricoh of America, Inc., Rockwell International Corp., R. R. Donnely & Sons Co.,k Ryder/P-I-E Nationwide, Inc., Saga

Corp., Shade Informations Systems Inc., Shared Medical Systems Corp., Sweda International, Inc., Synergex Corporation, Sytek, Szabo Food Service Co., Tandem Computers Inc., Technicon Instruments Corporation, Tektronix, Inc., Teradyne Inc., TRW, Electronic Components Group, Warner Jenkinson Co., Wilson Sporting Goods Co. (PepsiCo.), WTC Air Freight.

Dank gebührt außerdem noch drei Personen, ohne die das Buch nicht geschrieben worden wäre:

Dem verstorbenen Kollegen und Freund Tom E. Smith, Ph. D., der mit uns an der ursprünglichen Formulierung der Prinzipien des Strategischen Verkaufens gearbeitet hat. Für seine Hilfe werden wir stets dankbar sein.

Tad Tuleja, unserem talentierten Co-Autor, der sich durch Berge von schriftlichem Material arbeitete und dank seiner Erfahrungen und Fähigkeiten als Wortschmied unsere Gedanken und Entwürfe ordnete, verdichtete und in Worte kleidete.

Und Lila Karpf, unserer Literaturagentin und Beraterin, ohne deren Anleitung und Empfehlungen dieses Projekt weder begonnen noch beendet worden wäre.

Ihnen allen gilt unser Dank und unsere Anerkennung.

Robert B. Miller
Stephen E. Heiman

Teil 1

Strategisches Verkaufen

1 Strategisches Verkaufen in einer vom Zukunftsschock gezeichneten Welt

Vor nicht allzu langer Zeit stand ein namhafter Hersteller von Informationssystemen – ein Unternehmen mit Jahresumsätzen in Milliardenhöhe – kurz davor, einen Vertragsabschluß über ein technologisch komplexes Computersystem mit einem vielversprechenden Neukunden zu tätigen. Der Verkaufsrepräsentant, der die Verhandlungen führte – und den wir Ralf Korten nennen wollen –, hatte allen Grund, zuversichtlich zu sein. Er hatte seit Monaten ausgiebige Gespräche mit dem Topmanagement des Käuferunternehmens geführt, und als sich die Verhandlungen dem Abschluß näherten, wußte er, daß eigentlich nichts mehr schiefgehen konnte. Der Leiter der Abteilung, die das neue System benutzen sollte, der Einkaufsleiter, der seine Unterschrift leisten mußte, und die Mitarbeiter in der Datenverarbeitung – sie alle waren von seinem Angebot begeistert. Korten gehörte sogar demselben Club wie der Firmenpräsident an, der die Neuanschaffung ebenfalls befürwortete. Da Korten glaubte, die fünfstellige Provision sei ihm sicher, sah er sich bereits nach einem neuen Wagen um.

Korten wußte, daß er nicht als einziger mit diesem attraktiven Kunden liebäugelte. Eine kleinere Firma war ebenfalls an diesen herangetreten, und er hatte den Konkurrenten sehr wohl bemerkt. Aber aufgrund der Reaktion auf sein Angebot meinte er, daß er nichts zu befürchten habe. Die kleinere Firma besaß nur die Hälfte der Marktanteile, und ungeachtet der Qualität ihrer Produkte war die Reputation seines Unternehmens größer. Es hieß sogar, der Repräsentant der Konkurrenzfirma habe den Präsidenten nicht einmal zu Gesicht bekommen.

Was Ralf Korten nicht wußte, war, daß die Konkurrenz über einen entscheidenden Vorteil verfügte: Viele ihrer Spitzenverkäufer – einschließlich seines Gegenspielers, eines ehrgeizigen jungen Mannes namens Hans Müller – hatten erst kürzlich unseren Workshop »Strategisches Verkaufen« und ganz neue Perspektiven des Verkaufsprozesses kennengelernt. Müller wußte inzwischen, wie man die einzelnen Kaufbeeinflusser identifiziert, wie man seine eigene Unsicherheit bezüglich der Kundenreaktion abbaut, wie man einer kundeninternen Sabotage des angestrebten Erfolges vorbeugt – und hatte außerdem noch eine ganze Reihe praktischer Informationen erhalten, die seine eigene Position stärken und seinem Unternehmen klare Wettbewerbsvorteile verschaffen konnten. Nach Abschluß des Workshops verfügte er über ein detailliertes, operationelles System, das ihm erlaubte, die einzelnen Elemente der bevorstehenden Verkaufsverhandlungen weit besser zu analysieren, als Korten es vermochte. Ausgerüstet mit fundierten Kenntnissen über die verschiedenen Elemente des Strategischen Verkaufens und ihr Zusammenwirken, machte sich Müller daran, dem Mann mit den größeren »Siegeschancen« den Triumph streitig zu machen.

Müller hatte den Unternehmenspräsidenten tatsächlich noch nicht kennengelernt. Aber dank des Strategischen Verkaufskonzeptes, mit dem er sich vertraut gemacht hatte, war das, so wußte er, auch gar nicht notwendig. Während Korten sich auf das Topmanagement als Ansprechpartner konzentrierte, versuchte Müller herauszufinden, wer die eigentlichen Entscheidungsträger bei dieser Transaktion waren und welche Zusatzinformationen einen Verkaufserfolg versprachen. Insbesondere wollte er wissen, wem letztlich die Entscheidung oblag. Er fand bei Herbert Halmer, einem firmenexternen Unternehmensberater, den Korten völlig übersehen hatte, genau das, wonach er suchte.

Halmer war in der Lage, Hans Müller zwei unschätzbar wertvolle Informationen zu liefern. Erstens erklärte er ihm, daß für diesen spezifischen Auftrag die Zustimmung des Bereichsleiters und nicht des Firmenpräsidenten notwendig sei. Zweitens sei niemand geeigneter als er, Halmer selbst, den Kontakt zum eigentlichen Entscheidungsträger herzustellen. Vor seiner Tätigkeit als Berater habe er selbst lange eine Führungsposition in diesem Unternehmen bekleidet, und da man seine Arbeit schätzte, sei der Bereichsleiter wiederholt an ihn herangetreten, um sich über die neuesten technologischen und fachbezogenen Entwicklungen zu informieren.

Müller zeigte Halmer dann, daß sich seine Computerversion mit den Bedürfnissen des potentiellen Käufers deckte – und überließ es diesem, die Argumente, die für einen Abschluß sprachen, dem Bereichsleiter vorzutragen. Schon nach kurzer Zeit waren alle Parteien, die Einfluß auf die Kaufentscheidung besaßen, von seinem Produkt überzeugt. Müller bestellte das neue Auto, während Korten, der geglaubt hatte, den Vertrag bereits »in der Tasche« zu haben, sich fragte, was da wohl schiefgegangen sein mochte.

Als Kortens Firma feststellte, daß sie ins Abseits gedrängt worden war, forschte sie natürlich nach den Gründen. Als man entdeckte, daß wir an ihrem Mißerfolg nicht ganz unschuldig waren, schickten sie ihre Verkaufsmanager zu uns, um Näheres über unseren Workshop in Erfahrung zu bringen. Heute zählen sowohl Müllers als auch Kortens Firma zu unseren Kunden, und beide berichten, daß sie sowohl die regelmäßige Steigerung der Folgegeschäfte als auch des allgemeinen Leistungsniveaus im Verkauf auf die von uns erarbeiteten Prinzipien und unsere Planungsprozesse zurückführen.

Jeder, der seinen Lebensunterhalt im Verkauf verdient, hat schon einmal erlebt, wie ein »todsicherer Deal« in letzter Minute platzte, weil der zuständige Verkäufer es versäumt hatte, alle grundlegenden Gesichtspunkte zu berücksichtigen, weil er sein Angebot zur falschen Zeit dem falschen Mann unterbreitet oder eine winzige, aber wichtige Information ignoriert hatte, die ihm signalisiert hätte, daß der Abschluß keineswegs sicher war. Gleichgültig wie kompetent oder erfahren Sie auch sein mögen, Sie kennen wahrscheinlich das Gefühl der Enttäuschung, das sich breitmacht, wenn die Konkurrenz Ihnen den Boden unter den Füßen weggezogen hat, auf dem Sie sich sicher glaubten.

Was Sie vielleicht nicht erkannt haben (und was sich wohl die wenigsten Verkäufer bewußt machen), ist die Tatsache, daß es für jeden Mißerfolg einen spezifischen, unwiderlegbaren Grund gibt, selbst wenn Sie ihn nicht kennen. Und dieses Versagen läßt sich in den seltensten Fällen damit erklären, daß die Konkurrenz einfach »mehr Glück« gehabt, »den richtigen Zeitpunkt gewählt« oder »harte Arbeit geleistet« hat. Wenn Ihnen ein Verkaufsabschluß, den Sie sicher wähnten, nicht gelingt, so liegt das fast immer daran, daß Ihnen das fehlte, was Hans Müller besaß: ein sachlich fundiertes, klar definiertes und zuverlässiges Erfolgsprogramm, das sämtlichen Elementen der bevorstehenden Transaktion Rechnung trägt, gleichgültig, wie obskur oder »trivial« diese auch scheinen mögen.

Das gilt für jede Verkaufssituation, insbesondere aber für das, was wir als *mehrschichtigen* Verkaufsvorgang bezeichnen, der das Hauptthema unseres Workshops und dieses Buches darstellt. Die Ziele des Konzeptes »Strategisches Verkaufen« bestehen darin, Ihnen zu zeigen, woran Ihre Verkaufsverhandlungen scheitern und wie Sie mit Hilfe eines erprobten und absolut verläßlichen Systems von nun an mehr Erfolg haben können.

Mehrschichtige Verkaufsvorgänge

Unser Konzept »Strategisches Verkaufen« orientiert sich an der Realität, nicht an einer Theorie, und es wäre unrealistisch zu behaupten, daß jeder Verkäufer gleichermaßen von unserer Methode profitieren kann. Deshalb müssen wir zunächst erklären, was unter dem Begriff »mehrschichtiger Verkaufsvorgang« zu verstehen ist, damit Sie selbst entscheiden können, ob diese Methode für Ihre spezifische Situation vorteilhaft ist. Wir verwenden sowohl in unseren Workshops als auch in diesem Buch die folgende Definition:

> *Ein mehrschichtiger Verkaufsvorgang ist dann gegeben, wenn mehrere Personen die Kaufentscheidung beeinflussen.*

Das klingt simpel, und es *ist* simpel, aber das Konzept hat dennoch weitreichende Folgen, sowohl für die Verkaufssituation generell als auch für die Rolle, die Sie darin spielen. Die Vielzahl der an einem mehrschichtigen Verkaufsvorgang beteiligten Entscheidungsträger wie auch die vielschichtigen, oftmals widersprüchlichen Entscheidungen, die diese im allgemeinen zu treffen haben, erfordern eine Verkaufsmethode, die völlig anders und weit analytischer ist als diejenige, mit der »Verkäufer vom alten Schlag« Erfolge verbuchen konnten – sofern sie ein einnehmendes Lächeln und blankgeputzte Schuhe hatten. Wie die Geschichte von Hans Müller und Ralf Korten zeigt, kann eben diese Methode über Sieg oder Niederlage im Verkaufsprozeß entscheiden. Und weil wir unseren Kunden diese Erkenntnis vermitteln, sind unsere Workshops so gefragt.

Sollten Sie jemals versucht haben, Ihr Produkt einem Ehepaar zu verkaufen – nicht einem einzelnen Kunden männlichen oder weiblichen Geschlechts – dann wissen Sie, welch hartes Stück Arbeit es ist, bis beide dem Kauf zustimmen. Und wenn es sich bei Ihrem Kunden um ein Unternehmen oder eine Behörde handelt, dann wissen Sie, daß es noch mehr Komplikationen gibt, da die Entscheidungsträger nicht nur individuelle Persönlichkeiten, sondern oftmals Mitglieder von Komitees oder Prüfungsausschüssen sind. Wichtig ist also die Erkenntnis, daß Sie immer dann mit einer schwierigen Situation konfrontiert werden und eine spezifische Verkaufsstrategie brauchen, sobald zwei oder mehr »Ja-Stimmen« für den Abschluß notwendig sind.

Wie einfach oder komplex Ihr Produkt auch sein und was es auch kosten mag, spielt dabei keine Rolle. Der entscheidende Faktor bei einem mehrschichtigen Verkaufsvorgang ist *seine Struktur*, nicht das Produkt oder der Preis.

Nehmen wir zum Beispiel einen Fußball, also ein Niedrigpreisprodukt. Ein Verkäufer, der dem guten alten Papa Schmidt vom Sportgeschäft an der Ecke ein Dutzend Fußbälle verkauft, macht einen einfachen Abschluß; er braucht unsere Hilfe nicht. Aber derjenige, der hundert Gros desselben Produktes bei einer Supermarktkette abzusetzen versucht, braucht dazu nicht nur die Zustimmung eines Mannes, sondern mehrere Ja-Stimmen. Und außerdem eine Verkaufsstrategie, die sich in der Praxis bei einer breiten Palette der verschiedenartigsten Waren und Dienstleistungen bewährt hat. Genau hier kommen wir ins Spiel.

Wenn Sie sich diese Definition eines mehrschichtigen Verkaufsvorganges vergegenwärtigen, werden Sie beurteilen können, inwieweit dieses Buch für Sie von Bedeutung ist. Verkaufen Sie Ihre Ware über den Ladentisch oder gehen damit von Haus zu Haus, können wir Ihnen wenig Hilfe bieten, denn Sie brauchen selten mehr als ein »Ja«, damit das Geschäft perfekt ist. Aber wenn Unternehmen, Behörden und Verbände zu Ihren Kunden zählen, können Sie mit Hilfe unseres Buches Ihre Kenntnisse und Fähigkeiten erweitern und vertiefen sowie neue erwerben, die Sie bisher vielleicht nicht für notwendig erachtet haben, und all dies in eine ebenso nachvollziehbare wie wiederholbare Erfolgsstrategie integrieren.

Diejenigen, die mit unserem Konzept und seinen grundlegenden Prinzipien bereits vertraut sind und ihm einen festen Platz in ihren Verkaufsvorgängen eingeräumt haben, sind ein Who's Who amerikanischer Unternehmen. Dazu gehören Fortune 1000-Industriebetriebe ebenso wie Fortune 50-Transport- und Versicherungsgesellschaften, Kreditinstitute und Handelsbanken. Viele dieser Unternehmen bieten teure Produkte an, wie beispielsweise Flugzeuge (Lockheed) und Computer-Systeme (Hewlett-Packard, IBM); andere haben sich auf Niedrigpreiswaren spezialisiert, zum Beispiel Kleenex-Tücher (Kimberly-Clark) oder Basketbälle (Wilson Sporting Goods). Aber alle zählen zum Kreis derer, die mit mehrschichtigen Verkaufsvorgängen befaßt sind.

Am meisten und am unmittelbarsten profitieren die Außendienstmitarbeiter und -leiter von unserem Workshop. Darüber hinaus konnten wir bedeutende Verkaufs- und Unternehmenserfolge verbuchen durch die Teilnahme von Mitarbeitern aus dem Verkaufsinnendienst, dem Kundendienst, Produktmanagern und zahlreichen Mitgliedern des Topmanagment, die in irgendeiner Form mit der Kundenbetreuung befaßt sind.

Sie müssen nicht bei einem dieser weitverzweigten Spitzenunternehmen beschäftigt sein, um von unserer Strategie zu profitieren. Wie groß Ihre Firma auch sein mag und welche Waren oder Dienstleistungen Sie auch anbieten, wenn Sie mit mehrschichtigen Verkaufsvorgängen – wie wir sie hier definiert haben – konfrontiert sind, dann ist dieses Buch für Sie gerade richtig. Um den größtmöglichen Nutzen aus der Lektüre zu ziehen, sollten Sie zu ergründen versuchen, inwieweit es für Ihr spezielles Verkaufsmilieu relevant ist. Dieses Umfeld unterliegt, wie Sie bereits wissen, einem ständigen Wandel. Und da diese Veränderungen so manchen Verkäufer verunsichern, möchten wir, bevor wir auf die einzelnen Punkte des Konzeptes eingehen, kurz beschreiben, welche Auswirkungen der sogenannte Zukunftsschock auf das Szenario mehrschichtiger Verkaufsverhandlungen hat.

Verkauf in einer vom Zukunftsschock gezeichneten Welt: Drei grundlegende Voraussetzungen

Vor rund einem Dutzend Jahren hat Alvin Toffler in seinem Weltbestseller den Begriff »Zukunftsschock« geprägt und damit einen Zustand der »extremen Belastung und Orientierungslosigkeit« beschrieben, »der bei den Menschen eintritt, die außerstande sind, zu viele Veränderungen innerhalb eines zu kurzen Zeitraumes zu verkraften«. Als Verkäufer sind Sie sicher in der Lage, auf diverse Veränderungen hinzuweisen, die in Ihrem spezifischen Umfeld einen Zukunftsschock ausgelöst haben. Vielleicht haben Sie selbst Veränderungen in Ihren Märkten, Technologien, Ihrem Kundenstamm, in Ihrer Produktlinie, Ihrer Wettbewerbsposition, Ihren Marktstrategien und -taktiken miterlebt – oder in einer Kombination all dieser Faktoren. Sie haben diesen Wandel als subtile, schleichende Entwicklung empfunden (so wie die Automobilindustrie in Detroit seit den 50er Jahren), als völlig unerwartetes Ereignis (wie das arabische Ölembargo) oder als kontinuierliche Wachstumsprozesse (wie derzeit die Computer-Industrie). Ungeachtet dessen, in welchem Ausmaß oder Tempo sich die Veränderungen in Ihrer unmittelbaren Umgebung auswirken – sie können einen Zukunftsschock auslösen.

Das ist nicht unbedingt ein Grund, zu verzweifeln. Wie Toffler ganz richtig bemerkt hat, ist es nicht der Wandel an sich, sondern das damit oft verbundene Gefühl der *Unsicherheit*, das zu der Orientierungslosigkeit führt, die wir als Zukunftsschock bezeichnen. Gleichgültig, von welcher Art der Veränderung Ihre Branche auch betroffen sein mag – Sie können nach wie vor effektive Verkaufsstrategien entwickeln, wenn es Ihnen gelingt, zwischen Chance und Bedrohung zu differenzieren und die Fähigkeiten auszubauen, die für erfolgreiches Verkaufen in einer vom Zukunftsschock heimgesuchten Welt unerläßlich sind.

Um welche Fähigkeiten es sich – ungeachtet der Branche, in der Sie tätig sind, oder der Waren bzw. Dienstleistungen, die Sie anbieten, – im einzelnen handelt, geht aus diesem Buch hervor. Dazu ist es zunächst unumgänglich, daß Sie eine Tatsache akzeptieren: *Unbeständigkeit ist inzwischen das einzig Beständige geworden.* Um heutzutage mehrschichtige Verkäufe zu tätigen, müssen Sie sich klarmachen, daß die Geschäftsmethoden von gestern heute bereits veraltet und morgen ein Mühlstein um den Hals sind. Wir halten diese Erkenntnis für so wichtig, daß wir sie als erste Vorbedingung für das Verständnis unseres Konzeptes allen anderen vorangestellt haben und sie als eine Grundthese unseres Systems betrachten.

Grundthese 1 des »Strategischen Verkaufens«:

Was immer Sie auch dorthin gebracht haben mag, wo Sie heute stehen, reicht nicht mehr aus, um Sie dort zu halten.

Diese Grundthese geht, wie uns bewußt ist, all denen gegen den Strich, die sich seit zwanzig Jahren und mehr an ihre eigenen Verkaufsmethoden halten und mit dem bewährten Schema zufrieden sind. Aber man muß diese These akzeptieren, um sich im komplexen Verkaufsmilieu der 80er und 90er Jahre zu behaupten. Die Unberechenbarkeit des Verkaufsprozesses ist nachweislich schon heute das einzige, womit Sie hundertprozentig rechnen können. Diejenigen, die sich weigern, auf tradierte Methoden zu verzichten und sich den Erfordernissen unserer Zeit anzupassen, werden bald den Anschluß verpassen.

Der Zukunftsschock wirkt sich nicht nur im Verkaufen aus, aber die Veränderungen, die als Folge des Schocks bei mehrschichtigen Verkaufsvorgängen auftreten, weisen ihre Besonderheiten auf. Unsere zweite Grundthese trägt dieser Tatsache Rechnung. Sie weist auf eine der wohl wichtigsten und notwendigsten Veränderungen hin, die es zu akzeptieren gilt, wenn Sie auch noch in den 80er Jahren und danach Erfolge verbuchen und Ihre Umsatzzahlen steigern wollen.

Grundthese 2 des »Strategischen Verkaufens«:

> *In einem mehrschichtigen Verkaufsvorgang ist ein guter taktischer Plan nur so gut, wie die Strategie, auf der er basiert.*

Unter dem Begriff »Taktik« verstehen wir – in unseren Workshops und in diesem Buch – die Techniken, deren Sie sich in einem Verkaufsgespräch mit Kunden oder Interessenten bedienen, einschließlich all der gängigen Hilfsmittel unseres Metiers, die Sie vielleicht von der Pike auf gelernt haben, wie Fragetechnik, Einwandbehandlung, Präsentationsgestaltung, Abschlußtechnik usw.

Als »Strategie« definieren wir im Gegensatz dazu eine Reihe weniger anerkannter, aber gleichermaßen nachvollziehbarer und wiederholbarer Prozesse, die Sie schon vor Beginn des Verkaufsgespräches abgeschlossen haben sollten, um sich beim Kunden in die vorteilhafteste Position zu bringen. Taktiken werden *während* des Verkaufsgespräches angewandt; Strategien müssen *vorher* festgelegt sein.

Wir weisen alle Verkäufer, mit denen wir zusammenarbeiten, darauf hin, daß Strategie die unabdingbare Voraussetzung für den taktischen Erfolg ist. Wir versuchen, ihnen das klarzumachen, was Ralf Korten in unserem Beispiel zu seinem Leidwesen feststellen mußte: daß die beste Taktik nichts nutzt, wenn man sie beim falschen Ansprechpartner in der falschen Weise, ohne ausreichende Information oder zur falschen Zeit anwendet. Und wir erklären ihnen, daß eine gute Strategie, wie eine gute Taktik, *erlernbar* ist. Im Mittelpunkt der Methode, die wir in diesem Buch vorstellen, steht deshalb auch die Entwicklung effektiver *Verkaufsstrategien*.

Das bedeutet nicht, daß wir den Verkaufstaktiken keine Bedeutung beimessen. Wir halten eine gute Präsentation für genauso wichtig wie Sie, aber wir legen deshalb größeren Wert auf die Strategie, weil sie *das* Element des Verkaufens darstellt, das am meisten ignoriert wird – und zwar nicht nur seitens der Verkäufer, sondern auch von den Verkaufsmanagern und Schulungsleitern, deren Aufgabe es eigentlich wäre, sie in den Lehrstoff aufzunehmen, damit erstere für die Herausforderungen mehrschichtiger Verkaufsvorgänge gerüstet sind. Daß sie in so vielen Trainingsprogrammen fehlen, hat uns frustriert und in erster Linie veranlaßt, unser eigenes System zu entwickeln. In diesem Buch finden Sie das erste Verkaufsprogramm, das systematisch Strategien und Taktiken in ein einheitliches und allgemein gültiges Verkaufskonzept integriert und Verkaufserfolge auch noch in den 80er Jahren und danach garantiert.

Unsere dritte und letzte Prämisse ist ebenfalls auf das Verkaufsmilieu zugeschnitten, allerdings inhaltlich umfangreicher als Grundthese 2. These 1 bezieht sich auf den generellen gesellschaftlichen Wandel, These 2 auf die Faktoren, die sich speziell in mehrschichtigen Verkaufsvorgängen geändert haben, und These 3 auf die Anpassung der individuellen Verhaltens- und Einstellungsmuster, die unerläßlich ist, um mit einer Umwelt Schritt zu halten, die sich ständig im Umbruch befindet.

Grundthese 3 des »Strategischen Verkaufens«:

Sie haben heute nur noch dann Erfolg im Verkaufsbereich, wenn Sie wissen, was Sie tun und warum Sie es tun.

Das mag selbstverständlich klingen, ist es aber nicht – zumindest, wenn man davon ausgeht, wie selten sich diese Grundvoraussetzung in den aktuellen Verkaufspraktiken widerspiegelt. Wir möchten Ihnen das anhand eigener Erfahrungen erläutern, die wir in verschiedenen namhaften Unternehmen immer wieder machen konnten. Als regionale und nationale Verkaufsmanager haben wir mit Hunderten von Bewerbern für eine Verkäufertätigkeit Einstellungsgespräche geführt. Die meisten Kandidaten hatten bereits beachtliche Erfolge vorzuweisen, als sie sich bei uns bewarben. Unsere Hauptaufgabe bestand oft nur darin, die guten von den exzellenten Anwärtern zu trennen und die besten für unser Team zu gewinnen. Um uns die Wahl zu erleichtern, legten wir ihnen eine einzige, simple Testfrage vor, die sich nicht auf die individuelle Leistung bezog (wir wußten ja bereits, wie gut diese war), sondern darauf, woraus sich diese Spitzenleistungen nach *ihrer Meinung* ableiten ließen. Die Frage lautete: »*Warum* haben Sie so großen Erfolg? Was unterscheidet Sie von den Verkäufern, deren Umsätze ständig niedriger sind als die Ihren?«

Die Antworten überraschten uns. Nicht ein einziger unter hundert Bewerbern war in der Lage, den wirklichen Grund für seinen Erfolg zu benennen. Die meisten hielten Glück, Beziehungen oder harte Arbeit für die Schlüsselelemente. Nur ein geringer Prozentsatz war sich der Tatsache bewußt, daß ihre Arbeitsweise – das, was wir als Methode oder Prozeß bezeichnen – das Geheimnis ihres Erfolges ausmachte.

Und eben diese kleine Minderheit war es, die uns als künftige Mitarbeiter interessierte. Natürlich wußten wir, daß Engagement, Beziehungen und Glück ihrem Erfolg keineswegs abträglich gewesen waren. Aber wir wußten auch, daß diese Faktoren einen weit geringeren Stellenwert einnahmen als das bewußte Erkennen, daß ihr methodisches Vorgehen den Schlüssel zum Erfolg darstellte, und ihre Bereitschaft, diese Methoden zu verbessern, um noch größere Erfolge zu erzielen. In unserer mehr als zwanzigjährigen Tätigkeit im Verkaufsmanagement mußten wir immer wieder feststellen, daß diejenigen, die *erkannt* hatten, daß ihre *spezifische Arbeitsmethode* für ihre Effizienz ausschlaggebend war, unsere Erwartungen nicht enttäuschten. Diese Bewerber setzten wir auf die Gehaltsliste, und mit wenigen Ausnahmen haben sie unsere Hoffnungen mehr als erfüllt.

Das war und ist logisch. Wenn Sie sich allein auf Ihr Glück, Ihren Kundenstamm oder Ihre ausgezeichneten Verbindungen verlassen, müssen Sie mit Mißgriffen und Mißerfolgen rechnen – denn eine Methode, die auf Versuch und Irrtum basiert, kann keinen Erfolg in einem Umfeld garantieren, das so vielfältigen Veränderungen und so starkem Wettbewerbsdruck unterworfen ist wie das unsrige. Solange Sie Ihre eigene Verkaufsmethode nicht voll und ganz verstehen, wird jeder weitere Verkaufsvorgang für Sie eine neue Feuertaufe sein. Und Sie sind außerstande, ein sicheres Verfahren zu konzipieren, mit dem Sie *testen* können, was sich bewährt und was zum Scheitern verurteilt ist. Und deshalb müssen Sie jede Veränderung in Ihrem Umfeld als Signal verstehen, schleunigst zum bewährten »Schema F« zurückzukehren.

Der Verkaufserfolg hängt heute nicht mehr davon ab, wie gut man die Catch-as-catch-can-Methode beherrscht, sondern erfordert ein klar definiertes, *professionelles* Konzept. Zu wissen, was und warum man etwas tut, ist daher von fundamentaler Bedeutung für all die Verkäufer, die sich als strategische Verkaufsprofis etablieren wollen.

Das Profil des strategischen Verkaufsprofis

So erstaunlich es auch klingen mag, viele, die im Verkauf tätig sind, geben nur zögernd zu, daß ihre Tätigkeit ein *Beruf* ist. Das überlieferte, negative Bild vom Verkäufer, der dem Kunden seine Ware aufschwatzt und weiß, wie man ihn nehmen muß, ist noch heute bei vielen fest verwurzelt, selbst in Insider-Kreisen. Denken Sie nur einmal an die Sätze, die einem spontan zum Thema Verkaufen einfallen: »Zum Verkäufer ist man geboren; erlernen kann man diesen Beruf nicht. Verkaufen ist reine Glückssache.« Oder »Ein Spitzenverkäufer schafft es, den Eskimos einen Eisschrank anzudrehen.« All diesen Behauptungen liegt die Einstellung zugrunde, daß die Persönlichkeit und nicht das Know-how, das Temperament und nicht die Schulung, Magie und nicht Qualifikation Spitzenverkäufer zu dem macht, was sie sind. Für viele stellt der Wahlspruch »Mit etwas Glück und einem Haurruck schafft man alles« noch immer eine Art Sesam-öffne-dich dar.

Selbst wenn diese Einstellung früher einmal richtig war (was wir bezweifeln möchten), so ist sie doch in unserer heutigen, vom Zukunftsschock geprägten Welt seit langem überholt. Der Beruf des Verkäufers ist, ebenso wie der des Arztes oder Anwaltes, eine Berufung, und diejenigen, die sich hier profilieren, wissen, daß sie ihren Erfolg ihren eigenen professionellen Methoden zu verdanken haben. Sie waren imstande, ein methodisches Verkaufssystem zu entwickeln, dessen einzelne Schritte *nachvollziehbar, logisch* und *wiederholbar* sind. Die Verkäufer, die unser Konzept »Strategisches Verkaufen« kennengelernt und effektiv in die Praxis umgesetzt haben, definieren ihren Erfolg niemals als Magie, Charisma oder pures Glück. Niemand, der im komplexen Verkaufsmilieu der 80er Jahre nach einer Spitzenposition strebt, kann es sich leisten, an diese uralten Mythen zu glauben. Die Spitzenverkäufer der kommenden Ära gehören nur deshalb zur Elite, weil sie sich selbst als Profis verstehen.

Diesen Verkaufsprofis ist eines gemein: sie sind ausdauernd. Unter »Ausdauer« verstehen wir allerdings nicht, daß jemand »so lange an die Tür hämmert, bis man ihm öffnet«. Sicher, auch das ist wichtig, wie sich in einer kürzlich veröffentlichten Studie eines amerikanischen Verkäuferverbandes gezeigt hat: daraus ging hervor, daß 10 % der Verkaufsrepräsentanten 80 % der Neukunden in den USA werben und daß der Abschluß in der Regel erst nach fünf oder mehr Verkaufsgesprächen erzielt wird. Unsere Recherchen lassen jedoch erkennen, daß eine andere Form der Ausdauer ebenso wichtig ist: nämlich die Beharrlichkeit, mit der die Spitzenverkäufer an ihren *Verkaufsmethoden* arbeiten.

Und wir sind bei der abschließenden Beurteilung unserer Workshop-Absolventen immer wieder auf eine Tatsache gestoßen: Wenn Sie vorhersagen möchten, wer die besten Chancen hat, »Verkäufer des Jahres«, Verkaufsleiter oder Gebietsverkaufsleiter zu werden, dann sollten Sie herausfinden, wer seine eigene Methodologie analysiert, ständig seine Verkaufsstrategien und Taktiken überprüft und nach zuverlässigen und wiederholbaren Methoden sucht, um seine Wettbewerbsvorteile abzusichern. Für den Spitzenverkäufer von heute (und morgen) ist es von zentraler Bedeutung, seiner eigenen Entwicklung dieselbe Aufmerksamkeit zu widmen wie den äußeren Veränderungen.

Den strategischen Verkaufsprofis, die den Verkaufsprozeß ständig im Auge behalten und wissen, warum ihm so fundamentale Bedeutung zukommt, ist ein weiteres Charakteristikum gemein: Sie sind *nie zufrieden*. Nur so läßt sich die Tatsache erklären, daß die Verkaufsrepräsentanten und -manager, die unsere Workshops am meisten begrüßt und unsere Strategien am schnellsten in ihre Methodik integriert haben, diejenigen sind, die bereits beachtliche Erfolge vorweisen konnten. Und nur so läßt sich auch erklären, daß die Unternehmen, in denen diese Spitzenverdiener tätig sind, ebenfalls zu den bestsituierten zählen.

Wie schon gesagt, zu unseren Klienten gehören die renommiertesten Unternehmen des Landes. Warum – so könnte man sich fragen – waren sie, die sich ohnehin schon eine Spitzenposition am Markt erobert haben, überhaupt an einer Zusammenarbeit mit uns interessiert? Warum haben sie zwischen fünfzigtausend und einer Million Dollar in ein Programm investiert, das ihren Verkäufern die Prinzipien des »Strategischen Verkaufens« vermittelt? Warum geben sie pro Teilnehmer durchschnittlich tausend Dollar für einen zweitägigen Workshop aus, in dem wir die in diesem Buch enthaltenen Ideen vorstellen?

Es ist paradox, aber wahr, daß es immer die Besten sind, die noch besser sein wollen. In jeder Verkaufsorganisation bringt der kleine Kreis der Spitzenverkäufer (das sind etwa 10 Prozent), der ständig bemüht ist, mit Ausdauer und großem persönlichem Einsatz seine Verkaufsleistungen zu verbessern, den höchsten Ertrag. Und für diese 10 Prozent ergibt das von uns entwickelte Konzept, auch ökonomisch gesehen, einen Sinn. Bei der Lektüre dieses Buches werden Sie feststellen, daß auch Sie davon profitieren, wenn Sie sich bemühen, dem Beispiel dieser Spitzenunternehmen zu folgen.

Ziele der strategischen Kundenanalyse

Was lernen die Teilnehmer unserer Workshops, und was lernen Sie aus diesem Buch?

Als erstes ist zu sagen, daß unser System nicht auf einer akademischen Theorie beruht, sondern sich aus praktischen, jahrelangen Erfahrungen im Verkauf ableitet. Die meisten Verkaufstrainings beginnen mit einer wissenschaftlich verpackten, hochtrabenden Theorie, die an die Fakten angepaßt wird. Das ist nicht in unserem Sinn. Der Inhalt unseres Workshops erhebt den Anspruch, allgemein gültig zu sein. Aber im Gegensatz zu den meisten anderen wurde er – wie unsere Klienten bestätigen können – in der wohl härtesten Arena der Welt, in der amerikanischen Wirtschaft, erprobt, und er hat sich in guten wie in schlechten Tagen, in Zeiten der Rezession wie des wirtschaftlichen Aufschwungs, bewährt, und zwar deshalb, weil er praktisch und nicht nur theoretisch funktioniert. Der Grund, warum so viele Verkaufsleiter darauf bestehen, daß ihre Außendienstmitarbeiter an unserem Workshop teilnehmen, ist wohl der, daß er sich mit den tagtäglichen Erfahrungen deckt, die heute jeder im Verkauf macht.

Mit den Lektionen, die wir in diesem Buch präsentieren, wollen wir Ihnen keine abstrakte »Verkaufsphilosophie« nahebringen, Sie nicht mit Zaubertricks beeindrucken oder mit ebenso geschliffenen wie billigen Phrasen abspeisen, mit denen Sie bei Ihrem nächsten Meeting glänzen können. Unsere Gedankengänge und Überlegungen sind einfach und präzise, weil das Ziel selbst einfach und präzise ist: wir möchten Ihnen helfen, die oft verwirrenden Daten und Fakten in mehrschichtigen Verkaufsvorgängen zu verstehen, Ihnen eine Methode an die Hand geben, mit der Sie die Informationen analysieren, Ihre Position im Verkaufsgespräch verbessern und selbst die schwierigsten Verhandlungen erfolgreich abschließen können. Sie lernen unter anderem,

1. wie Sie sich bei den *tatsächlichen* Entscheidungsträgern positionieren und diejenigen identifizieren, die scheinbar entscheidungsberechtigt sind,
2. wie Sie die beiden Haltungen des Kunden erkennen, die zum Verkaufserfolg führen, und die beiden, die in der Regel einen Erfolg verhindern,
3. wie Sie sich nicht nur den Auftrag, sondern auch zufriedene Kunden, Folgegeschäfte und aktive Vollreferenz sichern,
4. wie Sie Ihr Auftragsvolumen bei vorhandenen Kunden erweitern,
5. wie Sie die Risiken beim Erstkontakt mit Neukunden verringern,
6. wie Sie in zähen Verhandlungen weiterkommen können,
7. wann Sie einen Stammkunden wie einen Neukunden behandeln sollten,
8. wie Sie vermeiden, einen Auftrag zu übernehmen, den Sie nicht haben wollen,

9. wie man die vier unterschiedlichen Gruppen von Kaufbeeinflussern in jedem mehrschichtigen Verkaufsvorgang identifiziert und behandelt,
10. wie man verhindert, daß der angestrebte Erfolg durch kundeninterne Sabotage zunichte gemacht wird,
11. wie man Signale erkennt, die anzeigen, daß der Abschluß in Gefahr ist,
12. wie man die Verkaufsleistung steigert und zuverlässige Umsatzprognosen erstellt,
13. wie man periodische Flauten umgeht, indem man bei der Zeiteinteilung seine Aufmerksamkeit verschiedenen Arten verkäuferischer Tätigkeit widmet,
14. warum das Sprichwort: »Eile mit Weile« der Schlüssel zum Verkaufserfolg in den 80er und 90er Jahren und das Sprichwort: »Wer nicht wagt, der nicht gewinnt« ein unangemessener Rat ist.

Wir möchten Sie darauf hinweisen, daß es sich bei dieser Auflistung nur um einen Teilbereich der Themen handelt, die in diesem Buch angeschnitten werden, und daß es zwei entscheidende Unterschiede gibt zwischen unserer Methode und den Verkaufstrainings, die Sie bisher kennengelernt haben.

Erstens: Bei uns steht der Erfolg, und nicht der Mißerfolg im Mittelpunkt. Viele Verkaufstrainings programmieren den Mißerfolg geradezu vor, indem sie all die unzähligen Faktoren minutiös auflisten, die einen Verkaufsvorgang zum Scheitern bringen können und den Verkäufer zum Sündenbock stempeln, wenn sie tatsächlich relevant werden. Uns liegt nicht daran, Ihre persönlichen Schwachstellen bloßzulegen. Deshalb ziehen wir es vor, uns nicht mit *Ihnen*, sondern in erster Linie mit Ihren *Kunden* oder *Interessenten* zu beschäftigen. Wir haben es uns zum Ziel gesetzt, Sie mit Ihren Kunden vertraut zu machen und Ihnen zu helfen, Ihre Aufmerksamkeit voll und ganz auf Ihr *Verkaufsgespräch* konzentrieren zu können, indem Sie sich schon vor der Verkaufsverhandlung Ihrer Unsicherheiten bewußt sind.

Zweitens: Es geht hier um *Ihre* konkreten Kunden und Interessenten. Die meisten Verkaufstrainings versuchen, Theorie und Praxis dadurch in Einklang zu bringen, daß man Ihnen eine Reihe problem- und branchenspezifischer Fallstudien als Illustrationsmaterial an die Hand gibt. Man geht davon aus, daß Sie anhand dieser hypothetischen Fälle in der Lage sind, die neu gewonnenen Erkenntnisse in Ihrem eigenen Aufgabenbereich umzusetzen. Bei der Entwicklung unseres Systems haben wir allerdings festgestellt, daß diese Methode verallgemeinert und daher wenig effektiv ist, wenn es darum geht, Ihre persönliche Situation zu analysieren. Deshalb haben wir auf Fallstudien verzichtet und konzentrieren uns auf die tatsächlichen Probleme unserer Kunden.

Diejenigen, die unsere Workshops bereits kennen, haben uns bestätigt, daß dieses direkte, auf konkreten Fällen basierende Verfahren eine der nachhaltigsten und nützlichsten Lektionen darstellt. Ein Gebietsverkaufsleiter der American Can Company erklärte einige Monate, nachdem seine Mitarbeiter den Workshop »Strategisches Verkaufen« absolviert hatten: »Ich habe schon viele Schulungskurse kennengelernt. Aber von dem Wissen, das *Sie* mit Ihrem System vermitteln, machen meine Leute tatsächlich Gebrauch.« Das schmeichelt uns, verständlicherweise, aber es überrascht uns eigentlich nicht, denn »*Strategisches Verkaufen*« ist so *konzipiert,* daß es *sofort* in der Praxis angewandt werden kann. Es bietet praktische Hilfe an, wenn Sie in einem *Ihrer* Vorgänge nicht weiterkommen und mit schwierigen Kunden konfrontiert werden, mit kundeninterner Sabotage bei einer *Ihrer* Anbahnungen, mit *Ihren* periodischen Umsatzflauten und mit *Ihren* Problemen bezüglich Anschlußaufträgen fertig werden müssen. Und es ist so angelegt, daß Sie Ihr frisch erworbenes Wissen *sofort* in der Praxis einsetzen können.

2 Strategie und Taktik

Nehmen wir einmal an, Sie wären Trainer einer Bundesligamannschaft, die sich gerade auf eine entscheidende Begegnung mit dem Tabellenersten vorbereitet. Das Spiel soll in einer Woche stattfinden, und soeben sind Videoaufzeichnungen von den letzten Spielen des Gegners eingetroffen. Ihr Team brennt darauf, diese zu sehen, damit man einen Spielplan ausarbeiten kann, aber Sie haben eine bessere Idee. »Wir verzichten auf den Film, Jungs«, teilen Sie ihnen mit. »Statt dessen ist diese Woche Basisarbeit angesagt: Raumdeckung, Angriff, Laufen ohne Ball, Ballbehandlung, Pässe. Wir wissen, daß wir gegen einen starken Gegner spielen, aber nächste Woche sind wir besser. Denkt nur daran, daß Ihr sie dieses Mal schlagen werdet. Der Rest kommt von alleine.«

Wie lange, glauben Sie, werden Sie mit dieser Einstellung Trainer einer Bundesligamannschaft bleiben? Eine Woche? Bestenfalls zwei Wochen. In der Bundesliga, in der die Konkurrenz ungeheuer stark ist, käme es einem Selbstmord gleich, wenn Sie als Trainer die Planung vernachlässigen und sich auf die »Basisarbeit« beschränken würden. In der Welt der Fußballstars hängt der Erfolg oder Mißerfolg nicht nur von einer gut trainierten Mannschaft ab, sondern auch davon, daß man sich mit der Spielweise des Gegners beizeiten vertraut macht. Der Trainer, der glaubt, die Planung vor Spielbeginn sei überflüssig, wird sich bald einen neuen Job suchen müssen.

Dasselbe Prinzip gilt für die Welt des Verkaufs. Dennoch scheint aus den Reaktionen mancher Verkäufer bei Erwähnung des Wortes »Verkaufsstrategie« hervorzugehen, daß sich ihre Methode allein auf die »Basisarbeit« beschränkt. Für viele zählen nur die gängigen »Tricks«, die man zur Verbesserung seiner »Position« anwendet, sobald man das *Spielfeld* betreten hat.

Mit anderen Worten, man mißt nur der *Taktik* Bedeutung bei. Die *Strategie* – worunter wir die Planung vor Beginn der Verkaufsverhandlung verstehen, also die Kunst, die eigene Truppe schon vor dem Gefecht in die vorteilhafteste Position zu bringen – wird von vielen noch immer mit Mißtrauen, als fragwürdige, überflüssige Neuerung betrachtet, hervorgebracht durch unser Computerzeitalter, die rein gar nichts mit dem tatsächlichen Verkauf zu tun hat.

Dieses gestörte Verhältnis zur Verkaufsstrategie resultiert einerseits aus der Klischeevorstellung, Verkäufer hätten nichts weiter zu tun, als Hände zu schütteln, und andererseits aus dem hohen Stellenwert, der den verschiedenen Verkaufstechniken in so vielen Trainings beigemessen wird. Verkäufer »alten Stils« und Verkaufstrainer, die den Nachwuchs in ihre »Traumwelt« locken, sehen den Außendienstmitarbeiter noch immer als einen »Mann der Tat«, der seine Zeit lieber beim Kunden als am Schreibtisch verbringt und erst dann richtig »in Fahrt« kommt, wenn es »ernst wird« und er sich einem Kunden von Angesicht zu Angesicht gegenübersieht. Viele dieser »Aktivisten« halten Strategien für reine Zeitverschwendung. »Losmarschieren und verkaufen« lautet ihre Devise. »Macht Euch ruhig die Hände schmutzig. Ihr werdet schließlich nicht dafür bezahlt, daß Ihr am Schreibtisch hockt.«

Es ist nichts gegen schmutzige Hände einzuwenden, und dieses Buch ist, wie wir bereits sagten, ein *praktischer* Leitfaden. Niemand kann es sich leisten, die fundamentalen Elemente des Verkaufsgespräches mit Kunden zu ignorieren. Aber die Taktiken, die dabei zur Anwendung kommen, zahlen sich nur aus, wenn Sie zuvor eine gesunde Strategie entwickelt haben.

Warum die Strategie Vorrang hat

Die Begriffe »Strategie« und »Taktik« stammen aus dem Altgriechischen. TAKTI-KOS bedeutet soviel wie »die Kunst der Truppenführung auf dem Gefechtsfeld«. STRATEGOS heißt »umfassend«. Ursprünglich verstand man unter einer Strategie die »Kunst der umfassenden Planung des Krieges«, also die Fähigkeit, die Truppen *vor* Kampfbeginn in eine optimale Stellung zu bringen. In der militärischen Terminologie werden beide Begriffe noch heute dieser Definition gemäß verwendet. Und wenn Sie sich diese Bedeutungsinhalte vergegenwärtigen, verstehen Sie auf Anhieb, warum im militärischen Bereich die Strategie der Taktik vorausgehen muß.

Das gilt auch für den Verkauf. Das Ziel jeder effektiven Verkaufsstrategie besteht darin, sich zur *richtigen Zeit* bei den *richtigen Leuten* auf den *richtigen Platz* zu stellen, sich also so zu positionieren, daß man die richtige Verkaufstaktik anwenden kann. Um dieses Ziel zu erreichen, müssen Sie zunächst ihre »Hausaufgaben erledigen«: nämlich Zeit in die Planung investieren, die vielen Verkäufern ein Greuel, aber absolut unerläßlich ist, damit Sie vor Beginn des eigentlichen Verkaufsaktes bestens vorbereitet sind und Ihre Taktik effektiv präsentieren können. Gerade weil Ralf Korten aus unserem Beispiel ungenügend vorbereitet war und nicht alle Informationen besaß, die er gebraucht hätte, verlor er den Auftrag an Müller, seinen Konkurrenten. Wenn er den Faktoren mehr Beachtung geschenkt hätte, die nicht als gesichert gelten konnten – in diesem Fall dem firmenexternen Berater und der Konkurrenz –, dann wäre ihm vielleicht ein Verkaufserfolg beschieden gewesen.

Wenn wir unsere Workshop-Teilnehmer fragen, was ihnen an unserer Methode am besten gefällt, antworten viele: »Ich habe gelernt, meine Informationen besser zu ordnen.« Die Antwort überrascht nicht. Denken Sie doch nur an die ungeheure Informationsmenge, mit der Sie bei jedem mehrschichtigen Verkaufsvorgang konfrontiert werden: an das Labyrinth der Ämter und Titel, an die sich oftmals überschneidenden Entscheidungsinstanzen, an das Roulette-Spiel mit den Sekretärinnen um den »Passierschein«, die stets randvollen Terminkalender der Topmanager oder den Papierwust, durch den Sie sich hindurcharbeiten müssen, bevor ein Abschluß auch nur in greifbare Nähe rückt. Wenn Sie sich »kopfüber« in eine Verkaufssituation stürzen, ohne eine verläßliche Methode, die relevanten Daten zu sammeln, zu sortieren und zu analysieren – also ohne die Gesamtzusammenhänge in einer Verkaufssituation zu kennen und im Hinblick auf Ihr Verkaufsziel zu beurteilen – dann stehen Sie genauso auf verlorenem Posten wie der Trainer der Fußballmannschaft, der mit der Anweisung »wartet, bis wir erst spielen« den Sieg bereits »in der Tasche« zu haben glaubt.

Der Fehler, der Ralf Korten unterlaufen ist, kommt bei mehrschichtigen Verkaufsvorgängen leider nur allzu häufig vor. In Kapitel 5 werden wir uns eingehender da-

mit befassen. Dort erläutern wir, warum es so wichtig ist, die einzelnen Kaufbeeinflusser in jedem mehrschichtigen Verkaufsvorgang zu identifizieren und zu verstehen, wie sich die Rollen, die diese spielen, in jeder neuen Verkaufssituation ändern
können. Korten machte diese Entdeckung erst, nachdem es zu spät und der erhoffte
Auftrag an den Konkurrenten gegangen war. Und genauso wie ihm ergeht es jedem
Verkäufer, der sein taktisches Geschick zur falschen Zeit oder am falschen Ort zu
beweisen versucht.

Sie kennen diese Situation vielleicht aus eigener Erfahrung. Sie stürmen in das
Büro eines potentiellen Kunden, nennen wir ihn Wilbert, und liefern ihm eine Bil-
derbuch-Präsentation. Er zeigt sich entsprechend beeindruckt. »Das war phantastisch«, meint er. »Hätte ich nur schon vorher gewußt, daß Ihr Produkt genau das ist,
was wir brauchen, dann säße Dr. Richardson jetzt hier. Er hätte dem Kauf sicher zu-
gestimmt, aber leider ist er diesen Monat in Nigeria.«

Oder noch schlimmer: Mitten in Ihrer brillanten Präsentation erkennen Sie ur-
plötzlich, daß Sie an den falschen Ansprechpartner geraten sind. Sie haben das un-
trügliche Gefühl: wenn Sie ihn jetzt umgehen, um mit der richtigen Person Kontakt
aufzunehmen, wird er Ihnen »Knüppel zwischen die Beine« werfen. Sie müssen sich
eingestehen, daß es keine Möglichkeit gibt, das Geschäft zu retten; Ihnen bleibt
nichts anderes übrig, als zähneknirschend das Büro zu verlassen und Ihre eigene
Dummheit zu verfluchen – taktisch ungebeugt, aber strategisch am Boden zerstört.

Situationen wie diese sind stets auf eine schlechte Strategieplanung zurückzuführen. Fast immer hat der Verkäufer es versäumt, alle verfügbaren Informationen zu
sammeln, oder den Fehler begangen, in das Verkaufsgespräch euphorisch oder mit
einer ähnlich unangemessenen Perspektive der Realität hineinzugehen. Nur mit einer effektiven Verkaufsstrategie können Sie Ihre Eindrücke vor und während jeder
einzelnen Phase des Verkaufsvorganges – und somit Ihre Positionierung vor Beginn
jedes einzelnen Verkaufsgespräches – verläßlich *überprüfen*. Ohne diese strategische »Feuertaufe« orientieren Sie sich möglicherweise an Ihren *Wunschvorstellungen* anstatt an der *Realität* und geben ein genauso lächerliches Bild ab wie jemand,
der seine Brieftasche nachts im Park verloren hat, aber auf der Hauptstraße danach
zu suchen beschließt, weil dort die Lichtverhältnisse besser sind.

Wir wollen damit keineswegs sagen, daß die Strategie »besser« oder »wichtiger«
als die Taktik sei. Strategie und Taktik sind gleichwertige Elemente der Gesamtkon-
zeption. Es wäre zu simpel, Strategie als »Planung« und Taktik als »Aktion« zu definieren, denn eine Taktik ist nur im Rahmen eines strategischen Aktionsplanes effektiv, und eine gute Strategie läßt sich nur dann ausarbeiten, wenn Sie jedes weitere
Informationsbruchstück, das Sie aus einer neuen taktischen Begegnung herausfiltern, in Ihrer Planung berücksichtigen. Im Laufe der Zeit, wenn Sie gelernt haben,
die Prinzipien des »Strategischen Verkaufens« voll und ganz in Ihren Arbeitsalltag
zu integrieren, werden Sie feststellen, daß Strategie und Taktik sich zwangsläufig er-

gänzen müssen. Wir stellen die Strategie vor allem deshalb in den Vordergrund, weil sie, wie bereits erwähnt, so häufig vernachlässigt wird und weil sie *immer* Priorität vor der Taktik haben muß.

Langfristige Strategien:
Der Kunde steht im Mittelpunkt

Die »reinen Taktiker« unter den Verkäufern vergessen oft, daß die Vernachlässigung der so außerordentlich wichtigen Planungsphase nur einer der Faktoren ist, die ihren Mißerfolg begründen. Ein weiteres Versäumnis besteht darin, daß sie sich ausschließlich auf den jeweiligen *Verkaufsvorgang* konzentrieren und die *Kundenbeziehung* dabei ignorieren. Wir wir bereits gesagt haben, widmen die meisten Verkäufer ihre Aufmerksamkeit vornehmlich dem *Verkaufsakt*. Es ist nichts daran auszusetzen, wenn man sich sorgfältig auf den Verkaufsakt als solchen vorbereitet – gleichgültig, ob es sich dabei um eine telefonische Akquisition, einen Werbebrief oder ein persönliches Gespräch mit dem Kunden handelt; problematisch wird es jedoch dann, wenn sie sich dazu verleiten lassen, sich nur auf diesen Teil des Ganzen, den individuellen Verkaufsakt, zu konzentrieren, und das Gesamtbild dabei aus den Augen verlieren.

Bei mehrschichtigen Verkaufsvorgängen haben Sie kurzfristige und langfristige Ziele. Kurzfristig gesehen, sind Sie bestrebt, so viele Einzelabschlüsse wie möglich in kürzester Zeit zu tätigen. Auf lange Sicht liegt Ihnen daran, gute Beziehungen zu denjenigen Kunden aufzubauen und aufrechtzuerhalten, denen Sie diese Abschlüsse zu verdanken haben, so daß diese auch in den kommenden Monaten und Jahren bereit sind, bei Ihnen zu kaufen. Es wäre natürlich ideal, wenn diese beiden Ziele immer in Einklang zu bringen wären, aber Sie wissen, das ist unmöglich. Jeder, der lange genug im Verkauf gearbeitet hat, kann sich an Geschäfte erinnern, die er hinterher bitter bereut hat, Geschäfte, die zu dem Zeitpunkt, als sie abgeschlossen wurden, wie echte Gewinne aussahen, sich aber langfristig als Katastrophe erwiesen haben.

Sie kennen sicher Fälle, wo jemand einer Firma ein Produkt verkauft hat, das diese eigentlich gar nicht gebrauchen konnte, weil die Diskrepanz zwischen dem Angebot und den Bedürfnissen des Käuferunternehmens in Wirklichkeit größer war, als der Verkäufer wahrhaben wollte. Wie würden Sie sich in einer solchen Situation verhalten? Sollten Sie sich für die kurzfristige Perspektive entscheiden, dann sind Sie vielleicht geneigt, den Mangel an Übereinstimmung zu ignorieren und nur an den unmittelbaren finanziellen Vorteil, an Ihre Provision, zu denken. Aber Sie haben wenig Chancen, Folgegeschäfte abzuschließen oder Referenzen zu erhalten, wenn dieser Kunde entdeckt, daß er außer der Rechnung nicht das bekommen hat, was er erwarten durfte. Und Sie werden über kurz oder lang feststellen, daß Ihr taktischer Sieg in Wirklichkeit eine strategische Niederlage war.

Eine der härtesten Entscheidungen für den Verkäufer ist die, sein Produkt einem Kunden *nicht* zu verkaufen, selbst wenn es ihm möglich wäre. Einer unserer Kunden, ein namhafter Computerhersteller, sah sich vor einigen Jahren mit diesem Problem konfrontiert, als ein neues Computermodell in Produktion gehen sollte. Die Technologie war äußerst kompliziert und so wenig anwenderfreundlich, daß zu befürchten war, mit Service- und Kundenbeschwerden bombardiert zu werden, wenn es auf den Markt gebracht würde – einen Markt, der geradezu versessen darauf schien. Die Geschäftsleitung unseres Kunden war sich dessen – im Gegensatz zu den potentiellen Kunden – bewußt, und so traf man eine schmerzliche, aber salomonische Entscheidung: man überließ einer Konkurrenzfirma den Vortritt in diesem zwar vielversprechenden, aber unbekannten Markt. Und diese war es dann auch, die sich den enttäuschten Käufern stellen mußte, während unser Kunde letztlich von dem Entschluß, noch zu warten, profitieren konnte.

Dieses Beispiel zeigt, wie wichtig eine langfristige Strategie ist, die sich am Kunden orientiert. Wenn Sie sich primär auf die Verkaufstaktik verlassen, vergessen Sie darüber nur allzu leicht den Kunden und hetzen von einem Verkauf zum nächsten, als stelle dieser Ihr Endziel dar. Um noch einmal auf die militärische Terminologie zurückzukommen: man könnte sagen, daß Sie zwar die eine oder andere Schlacht gewinnen, aber den Krieg unter Umständen trotzdem verlieren, weil Sieg oder Niederlage in einer *Schlacht* noch nicht über den Ausgang des *Krieges* entscheiden. Unser Konzept des »Strategischen Verkaufens« soll Ihnen dabei helfen, diese selbstzerstörerische Neigung zu überwinden.

Wenn wir uns militärischer Begriffe wie »Schlacht« oder »Krieg« bedienen, so soll damit keineswegs gesagt werden, daß wir einen Abschluß als Sieg des Verkäufers über den Käufer verstehen. Das genaue Gegenteil ist zutreffend. Wir benutzen sie lediglich, weil die militärische Definition am klarsten ist. Im Gegensatz zu dem, was Sie in Verkaufstrainings vielleicht gelernt haben, sollte ein mehrschichtiger Verkaufsvorgang niemals mit dem Gefühl abgeschlossen werden, einen Sieg über den Käufer errungen oder seine Unterschrift mit Tricks erschlichen zu haben. Das ist gerade eines der größten Probleme bei der »Zuerst-die-Taktik«-Methode und der »Zuschlagen-und-Siegen«-Philosophie, der sich viele Verkaufstrainer verschrieben haben: sie halten den Verkäufer an, seine Erfolge an den »Siegen« zu messen, die er über die Käufer errungen hat.

Sie kennen sicherlich Verkäufer, denen es Spaß macht, es dem Kunden »einmal richtig zu zeigen«, die sich ständig fragen: »Wie kann ich ihn *übers Ohr* hauen?« Aber letztlich sind sie selbst die Dummen. Strategische Verkaufsprofis stellen sich stattdessen die Frage: »Wie kann ich diesen Verkaufsvorgang *zur Zufriedenheit aller Beteiligten* steuern?« Nur wenn Sie sich stets aufs neue und in jeder Phase des Verkaufsprozesses diese Frage stellen, können Sie vermeiden, in Ihren Kunden einen Feind zu sehen und den taktischen Sieg in eine strategische Niederlage zu verwandeln. Der strategische Verkaufsprofi der kommenden Jahrzehnte strebt sowohl kurzfristige als auch langfristige Ziele in seinen mehrschichtigen Verkaufsvorgängen an.

Die strategische Kundenanalyse:
Vier Schritte zum Erfolg

Nun können Sie beginnen, Strategien für Ihre Kunden zu entwickeln. Aber zuvor möchten wir Ihnen noch ein Grundprinzip des »Strategischen Verkaufens« vorstellen, und zwar das Prinzip der schrittweisen Planung. Wir haben festgestellt, daß viele, sogar hervorragende Verkäufer dieses Prinzip ignorieren. Sie »übergehen« einige Phasen, nur um möglichst schnell zum Abschluß zu kommen und die Provision zu kassieren. Diese ungebührliche Hast hat fast immer zur Folge, daß sie ihr Verkaufsziel nicht erreichen.

In den folgenden Kapiteln befassen wir uns mit den sechs Schlüsselelementen einer erfolgreichen Kundenstrategie. Um sie in vollem Ausmaß zu verstehen und richtig einzusetzen, müssen Sie sich stets vor Augen halten, daß sie grundsätzlich Schritt für Schritt entwickelt werden. So überprüfen unsere Workshop-Teilnehmer jedesmal, wenn wir ein neues Element hinzufügen, seine praktischen Anwendungsmöglichkeiten im Rahmen ihrer eigenen Verkaufsvorgänge schrittweise und folgerichtig. Vielleicht halten Sie das für eine überflüssige Vorsichtsmaßnahme, aber die Erfahrung hat uns gelehrt, daß man eine Strategie nur auf diese Weise verläßlich überprüfen kann. Der Ablauf sollte dabei in folgende vier Einzelschritte gegliedert werden:

1. Zuerst analysieren Sie Ihre gegenwärtige Position im Hinblick auf Ihren Kunden und das angestrebte Verkaufsziel.
2. Danach machen Sie sich Gedanken über alternative, natürlich bessere Positionen.
3. Nun entscheiden Sie sich für die beste dieser Alternativen und entwickeln einen Aktionsplan zur Zielerreichung.
4. Als letztes setzen Sie Ihre Entscheidung in die Tat um.

Von nun an werden Sie Ihre Strategie laufend den neuesten Entwicklungen und Erkenntnissen anpassen, das heißt, sie auf ihre Relevanz hin überprüfen und gegebenenfalls ändern, und zwar schrittweise und in der oben genannten Reihenfolge. Wir möchten Ihnen empfehlen, bei jedem neuen Element, das hinzukommt, an diese Sequenz zu denken und die einzelnen Schritte als eine Art Prüfstand zu betrachten, sobald Sie auch nur die geringste Änderung in Ihrer Kundenstrategie in Betracht ziehen.

Diese vier Schritte sollten Ihre Entscheidungen maßgeblich beeinflussen, wenn Sie versuchen, bei Ihren Kunden irgend etwas zu erreichen, was die augenblickliche Situation verändert – wenn Sie zum Beispiel planen, einem Kunden ein neues Produkt oder eine Verkaufsförderungsmaßnahme zu verkaufen, einen Neukunden zu gewinnen, eine Kundenbeziehung auf weitere Geschäftsbereiche auszudehnen oder einen Kunden zurückzuerobern, den Sie an die Konkurrenz verloren haben. Wenn wir von der Planung von Kundenstrategien sprechen, dann bezieht sich dies auf alle Ihre Verkaufsvorgänge, auf alle Ihre Kunden und Interessenten, auf die Vergangenheit, die Gegenwart und die Zukunft, weil strategisches Denken für all diese Vorgänge gleichermaßen unerläßlich ist.

Noch zwei Anmerkungen zu den vier Schritten zum Verkaufserfolg.

Erstens: In ihrer Gesamtheit unterstreichen sie die Bedeutung, die einer kontinuierlichen Überprüfung der Planung oder, modern ausgedrückt, dem »Feedback« zukommt. Überprüfung, Feedback oder Anpassung: wie immer Sie diesen Prozeß auch bezeichnen, er ist für jede Form der Strategieplanung unabdingbar. In den Workshops »Strategisches Verkaufen« lernen Sie genau das, was wir Ihnen bei der Lektüre dieses Buches immer wieder gedanklich nachzuvollziehen empfehlen: jedes neue Element einer Kundenstrategie anhand der vier zuvor genannten Schritte zu überprüfen, *bevor* es im Verkaufsvorgang in eine Aktivität umgesetzt wird.

Zweitens: Sie haben sicher bemerkt, wie oft das Wort »Position« in den vier Schritten vorkommt. Ihre aktuelle Position gegenüber Ihrem jeweiligen Kunden analysieren zu können ist für eine gute Verkaufsstrategie von so elementarer Bedeutung, daß wir oft die Begriffe »eine Strategie haben« oder »eine Position haben« synonym verwenden. *Der Schlüssel zu jeder guten Kundenstrategie ist die Positionierung.* Sie gibt Ihnen Aufschluß darüber, wo Sie in diesem Augenblick stehen und in welche Richtung Sie sich bewegen müssen, um Ihr Verkaufsziel zu erreichen. Deshalb ist es so ungeheuer wichtig, stets die *gegenwärtige* Position zu ermitteln.

3 Ausgangspunkt: Ihre Position

Im militärischen Bereich ist die Positionierung, also die Anordnung von Menschen und Material, ein entscheidendes Planungselement. Ein General, der die Position der eigenen Truppen gegenüber dem Feind nicht zu bestimmen vermag – sei es aufgrund seiner Unkenntnis der geographischen Lage, der Truppenstärke, der gegnerischen Nachschubwege, der Wetterverhältnisse oder anderer Faktoren –, schickt seine Männer kaltblütig in den Tod. Wenn man sich auf dem Schlachfeld zur falschen Zeit am falschen Ort befindet, kann dieser Fehler fatale Folgen haben, denn auch die tapferste und bestgerüstete Armee hat in einem Kampf Mann gegen Mann keine Chance, ihre Überlegenheit zu beweisen, wenn ihre Führer nicht genau wissen, wo sie sich zur Zeit befindet, oder sie vielleicht in der falschen Richtung vorrückt.

Dasselbe gilt für den Verkauf. Die Position ist das A und O jeder guten Kundenstrategie. Eine »Strategie zu erarbeiten« bedeutet nichts anderes, als daß Sie sich in die vorteilhafteste Position bringen, um ein bestimmtes Ziel oder eine Reihe von Zielen zu erreichen. Sie müssen die unterschiedlichsten Aspekte eines Verkaufsvorganges – die physischen, psychologischen und ökonomischen Elemente – berücksichtigen und sich dabei an Kunden oder Interessenten sowie an dem jeweiligen Verkaufsziel orientieren. Sie können Ihre gegenwärtige Position nur dann exakt bestimmen, wenn Sie wissen, wer die einzelnen Kaufbeeinflusser sind, wie sie Ihnen gegenüber empfinden, wie sie gefühlsmäßig auf Ihr Angebot reagieren, auf welche Fragen sie eine Antwort erhalten möchten, welche Position Ihre Konkurrenz einnimmt, und wenn Sie eine Anzahl ähnlich wichtiger Faktoren berücksichtigen. Das bedeutet, daß Sie Ihre Stärken und Schwächen kennen müssen, bevor der eigentliche Verkaufsakt beginnt.

Selbst wenn Ihnen der eine oder andere Punkt oder gar Ihre Position noch unklar sein sollte, *haben* Sie eine Strategie. Sie haben *immer* eine Position und deshalb auch stets eine Strategie, gleichgültig, ob Sie sie definieren können oder nicht. Wenn Sie nicht imstande sind, Ihre aktuelle Position in einem Verkaufsvorgang zu bestimmen, enden Sie früher oder später in einer Sackgasse, und das wird dann Ihre Position sein.

Um nicht die Orientierung zu verlieren, müssen Sie als erstes Ihre gegenwärtige Position bei jedem Ihrer Kunden *sichtbar* machen. Genauso wie ein General, der den Standort der Truppen auf der Karte markiert, gilt es, in jedem Verkaufsvorgang Ihre gegenwärtige Position im Gesamtzusammenhang zu bestimmen, damit Sie Ihren Ausgangspunkt bei jedem einzelnen Kunden und für jedes einzelne Verkaufsziel kennen.

Wir empfehlen Ihnen, Ihr Augenmerk dabei weniger auf einen Verkaufsvorgang zu richten, bei dem alles wunschgemäß verläuft, sondern vielmehr auf die Käufer und Verkaufssituationen, die sich als problematisch erweisen, denn gerade hier können Sie mit dem Konzept des »Strategischen Verkaufens« Ihre Position maßgeblich verbessern. Es muß sich nicht unbedingt um einen Käufer oder ein Verkaufsziel handeln, bei dem absolut nichts mehr zu retten ist, wenngleich Sie sich natürlich auch auf einen solchen Fall konzentrieren können. Wir haben die Erfahrung gemacht, daß man sich am besten die Kunden oder Situationen vergegenwärtigt, die – oberflächlich gesehen – unproblematisch sind, bei denen man aber dennoch eine vage Unsicherheit oder ein leises Unbehagen verspürt.

An dieser Kunden- oder Interessentenkategorie sollten Sie sich bei der Lektüre dieses Buches orientieren, damit Sie gleich zu Beginn ein Erfolgserlebnis haben und Antwort auf Fragen finden, die Sie schon seit langem beschäftigen. Wenn Sie erst mit den Prinzipien des »Strategischen Verkaufens« vertraut sind, können Sie Strategien für *alle* Ihre Kunden entwickeln. Aber zunächst sollten Sie sich auf diese Kategorie – und innerhalb dieser Kategorie auf *einen* Verkaufsvorgang – konzentrieren. Nach Beendigung dieser Lektüre werden Sie sämtliche strategischen Elemente, die für diesen einen Vorgang relevant sind, analysiert und einen Aktionsplan entwickelt haben, mit dessen Hilfe Sie Ihre Position transparenter und effektiver gestalten können.

4 Modell einer erfolgreichen Verkaufsstrategie: Die sechs Schlüsselelemente des »strategischen Verkaufens«

Sie wissen nun, wie wichtig es ist, Ihre augenblickliche Position im Hinblick auf ein bestimmtes Verkaufsziel zu bestimmen. Sie haben sich Gedanken gemacht, über die Bereiche, in denen Sie sich unsicher oder unbehaglich fühlen, und über alternative, bessere Positionen. Natürlich ist die Liste der Alternativen noch kurz. Deshalb stellen wir Ihnen jetzt eine Methode vor, mit der sich eine erfolgreiche Verkaufsstrategie entwerfen und Ihren individuellen Bedürfnissen entsprechend erweitern oder abändern läßt, so daß Sie am Ende des Buches über eine Arbeitsgrundlage für die Entwicklung Ihres strategischen Aktionsplanes verfügen.

Dieser Aktionsplan stützt sich nicht auf eine, sondern auf mehrere Alternativen. Es gibt niemals nur *eine* »richtige« Strategie, um Ihr Verkaufsziel zu erreichen, sondern Sie verfügen immer über diverse Optionen, unter denen Sie wählen können. Ein strategischer Verkaufsprofi wendet zwischen Anbahnung und Abschluß eines Verkaufsvorganges stets mehrere Strategien an – er wechselt mehrmals seine Position. Das Modell, das wir Ihnen nun präsentieren, hilft Ihnen, bei diesen Positionswechseln Fehler – so weit wie möglich – zu vermeiden, indem es Sie auf *alle* Elemente aufmerksam macht, die für Ihr Verkaufsziel von entscheidender Bedeutung sind.

Im Verlauf unserer langjährigen Arbeit mit Spitzenverkäufern aus den verschiedensten Unternehmen haben wir festgestellt, daß in jeder guten Verkaufsstrategie – wie schon in Kapitel 2 gesagt – sechs Elemente berücksichtigt werden müssen. Anhand dieser sechs fundamentalen Elemente einer erfolgreichen Verkaufsstrategie lassen sich die Schritte analysieren, mit denen Sie von Ihrer gegenwärtigen Position, die Sie bereits ermittelt haben, in eine bessere Position gelangen. Diese Schlüsselelemente sind

1. die Kaufbeeinflusser
2. rote Flaggen/Stärken ausnutzen
3. die Haltungen der Kaufbeeinflusser
4. Gewinner-Resultate
5. der Verkaufstrichter
6. das Idealkunden-Profil.

In den anschließenden Kapiteln zeigen wir Ihnen im einzelnen und anhand von Beispielen, wie Sie diese sechs Elemente zu einer erfolgreichen und praxiserprobten Verkaufsstrategie verschmelzen. In diesem Kapitel möchten wir zunächst die einzelnen Grundbegriffe definieren, um Ihnen einen Überblick über das gesamte Modell zu geben. Sie sollten in diesem Abschnitt des Buches genau das sehen, was er ist: ein kurzer Abriß, auf den Sie einen Blick werfen. Es ist nicht nötig, daß Sie ihn eingehend »studieren« und sich Notizen – oder Sorgen – machen, weil Ihnen das eine oder andere Konzept fremd erscheint. Lesen Sie die Seiten einfach durch, um ein Gefühl für die Methoden zu bekommen, mit denen Sie in Zukunft arbeiten werden.

Dabei sollten Sie an eines denken: Wir stellen Ihnen die sechs Elemente in der Reihenfolge vor, die sich in unseren Workshops als die praktikabelste erwiesen hat. Schließen Sie daraus nicht auf eine *Rangfolge* der einzelnen Elemente. Ganz im Gegenteil: wir sprechen als erstes über die Kaufbeeinflusser, weil es Ihnen ohne Kenntnis dieses Elements schwerfallen dürfte, die anderen fünf in ihrem vollen Ausmaß zu verstehen. Diese sechs gleichwertigen Elemente sind der Schlüssel zu Ihrem persönlichen Verkaufserfolg, wenn Sie die *Wechselbeziehung,* in der sie zueinander stehen, erkennen und sie in ihrer Gesamtheit, als *ein synergetisches System,* betrachten.

Schlüsselelement 1: Die Kaufbeeinflusser

Wir haben gesagt, daß in einem mehrschichtigen Verkaufsvorgang mehrere Personen ihre Zustimmung geben müssen, damit der Abschluß zustande kommt. Jeden einzelnen Kaufbeeinflusser richtig zu identifizieren und die Rolle zu verstehen, die er in diesem komplexen Kaufprozeß spielt, ist selbst für Verkaufsprofis mitunter nicht leicht.

Viele Verkaufsleiter versuchen, das Problem, wichtige Spieler zu identifizieren, dadurch zu lösen, daß sie ihren Verkäufern raten, sich an »meinen alten Freund Hans Seidel« zu wenden oder den Namen des zuständigen Abteilungsleiters ausfindig zu machen. Sie konzentrieren sich auf den Personenkeis, der in früheren Verkaufssituationen wichtig war, auf gute Freunde oder Leute, deren Titel oder Position in der Käuferfirma eine Kontaktaufnahme angeraten erscheinen läßt.

Unsere Methode ist ganz anders geartet. Da die Unternehmensstrukturen heute ständig im Fluß sind, raten wir den Verkaufsleitern und Verkäufern in unseren Workshops, nicht einzelne Personen, sondern die *Rollen,* die sie spielen, zu identifizieren. Wir empfehlen ihnen, sich auf die Rollenträger in einem spezifischen Verkaufsvorgang zu konzentrieren – ungeachtet ihres klangvollen Titels oder ihrer Stellung in der Hierarchie des Kundenunternehmens.

In jedem mehrschichtigen Verkaufsvorgang gibt es *vier* verschiedene Arten von Kaufeinflüssen. Jede dieser Arten definiert einen der verschiedenen Kaufeinflußfaktoren, deren Rollenträger wir *Kaufbeeinflusser* oder einfach *Käufer* nennen.

Um Mißverständnissen vorzubeugen, möchten wir gleich zu Beginn des Kapitels betonen, daß wir den Begriff »Käufer« nicht im herkömmlichen Sinn verwenden und damit beispielsweise den Einkäufer einer Textilfirma oder den Einkaufsleiter eines Herstellungsbetriebes meinen. Wir wissen, daß man unter dem Terminus Käufer im allgemeinen all die Personen zusammenfaßt, die in irgendeiner Form mit den Beschaffungsaktivitäten eines Unternehmens befaßt sind; bei uns hat er jedoch eine völlig andere Bedeutung.

Wenn wir von Käufern oder Kaufbeeinflussern sprechen, sind diejenigen gemeint, *die eine der vier Rollen* innehaben, die in jedem Verkaufsvorgang gespielt werden. Es kann sich dabei um vier oder um vierzig Personen in der Käuferorganisation handeln, die einen bestimmten Verkaufsvorgang nachhaltig beeinflussen, und jede von ihnen spielt mindestens eine Rolle in diesem Kauf/Verkaufsprozeß. Diese vier Rollen definieren wir wie folgt:

● **Der Entscheider.** Der Entscheider ist die Person, die das *endgültige* »Ja« zu einem geplanten Kauf spricht. Für jeden Kauf gibt es nur einen einzigen Entscheider bzw. ein Komitee oder ein Gremium, das die Entscheidung herbeiführt.

Der Entscheider spielt schon deshalb eine zentrale Rolle, weil er »Nein« sagen kann, wenn alle anderen »Ja« sagen, und umgekehrt.

- **Der Anwender.** Die Aufgabe des Anwenders besteht darin, die Auswirkung Ihrer Ware oder Dienstleistung auf die betrieblichen Prozesse zu beurteilen. Da er selbst die Anwendung vornimmt oder überwacht, ist sein persönlicher Erfolg unmittelbar mit dem Erfolg Ihres Produktes verbunden. Es gibt meistens mehrere, oft viele Personen, die die Rolle des Anwenders in einem Verkaufsvorgang spielen.

- **Der Wächter.** Wächter sind die Personen, die die meß- und quantifizierbaren Aspekte Ihres Angebotes beurteilen. Sie konzentrieren sich auf die Ware oder Dienstleistung an sich und analysieren, inwieweit Ihr Angebot die spezifischen Anforderungen des Käuferunternehmens erfüllt. Sie sprechen Empfehlungen aus, können aber nicht die ausschlaggebende »Ja-Stimme« abgeben. Dagegen haben sie die Möglichkeit (die sie oft nutzen), definitiv »Nein« zu sagen. Wie im Fall der Anwender, so können bei einem Verkaufsvorgang auch mehrere Personen die Rolle des Wächters spielen.

- **Der Coach.** Die ganz spezifische, einzigartige Rolle des Coach besteht darin, Sie zu Ihrem Verkaufsziel zu führen, indem er Ihnen den Kontakt zu anderen Kaufbeeinflussern erleichtert und Sie mit den Informationen versorgt, die Sie brauchen, um sich gegenüber jedem einzelnen Käufer optimal zu positionieren. Die Gruppen der ersten drei Kaufbeeinflusser sind jeder Verkaufssituation immanent. Sie sind stets vorhanden. Der Coach ist dagegen eine Person, die Sie – im eigenen Unternehmen, in der Käuferorganisation oder außerhalb von beiden – selbst finden, aufbauen und entwickeln müssen. Er konzentriert sich auf Ihren Erfolg. Sie brauchen für jedes individuelle Verkaufsziel mindestens einen Coach.

Diese vier verschiedenen Arten von Kaufbeeinflussern zu verstehen und die einzelnen Rollenträger in jedem Ihrer Verkaufsvorgänge zu identifizieren ist die Grundlage des Strategischen Verkaufens.

Schlüsselelement 2: Rote Flaggen/Stärken ausnutzen

Die Geschichte von Ralf Korten aus unserem ersten Kapitel zeigt, daß selbst erfahrenen Verkäufern – wie Ihnen – Fehler bei der Positionierung unterlaufen können. Wenn ein Verkäufer oder Verkaufsmanager sie nicht rechtzeitig erkennt, den Ursachen nicht auf den Grund geht oder sie nicht ernst nimmt, kann dieses Versäumnis verheerende Folgen haben. Das zweite Element unserer strategischen Kundenanalyse hilft Ihnen, Positionsprobleme aufzudecken, *bevor* sie unlösbar werden.

Wir haben das Symbol der roten Flaggen gewählt, um auf strategische Teilbereiche aufmerksam zu machen, die besonderer Beachtung bedürfen, weil rote Flaggen für gewöhnlich – etwa im Straßenbau – dazu verwandt werden, Gefahren zu markieren. Betrachten Sie die Unsicherheiten und Probleme, die Sie in Ihren aktuellen Verkaufsvorgängen erkannt haben, auf eben diese Weise: nicht als geringfügige Unannehmlichkeit, sondern als Gefahrenbereiche, die einen erfolgreichen Abschluß in Frage stellen können. Wir werden Ihnen zeigen, daß es in mehrschichtigen Verkaufsvorgängen Bereiche gibt, die automatisch ein rotes Flaggensignal erfordern. Und noch etwas ist wichtig: Sie sollten die roten Flaggen immer als *positives* Zeichen werten, denn sie helfen Ihnen, potentielle Probleme zu erkennen, bevor es zu spät ist.

Die Technik der roten Flaggen, die sich wie ein »roter Faden« durch das gesamte Buch zieht, ist nur eine der beiden Möglichkeiten, um zu prüfen, wie effektiv alternative Positionen sind. Die andere ist sozusagen ihr Spiegelbild, allerdings mit umgekehrtem Vorzeichen. Wir nennen es das Prinzip, Stärken auszunutzen. Wenn Sie Stärken ausnutzen, setzen Sie Ihre bereits verfügbaren Informationen oder Kontakte ein, um Unsicherheiten in Ihrem Verkaufsvorgang zu eliminieren. Jede brauchbare strategische Alternative nutzt entweder Stärken aus, beseitigt einen Problembereich oder basiert auf einer Kombination dieser Prinzipien.

Schlüsselelement 3: Die Haltungen der Kaufbeeinflusser

Nachdem der erste Schritt unserer strategischen Analyse darin bestand, die einzelnen Kaufbeeinflusser zu identifizieren, müssen Sie als nächstes wissen, wie diese gefühlsmäßig auf Ihr Angebot reagieren. Sie müssen ermitteln, inwieweit jeder einzelne von ihnen in diesem Augenblick bereit ist, *Veränderungen,* vor allem solche, die Ihr Angebot mit sich bringt, zu akzeptieren.

Wir haben gesehen, daß Veränderungen einen kritischen Faktor in Ihrer eigenen Beurteilung des Verkaufsvorganges darstellen können und daß es möglich ist, Veränderungen als etwas Positives, etwas Negatives oder als Mischung aus beidem zu betrachten. Aber Veränderungen beeinflussen nicht nur Sie, sondern auch jeden einzelnen Ihrer Kaufbeeinflusser. Nur wenn Sie *deren* Wahrnehmungen und Einstellungen gegenüber Veränderungen kennen, können Sie eine sichere Prognose über die Reaktionen auf Ihr Angebot abgeben.

Es gibt vier mögliche Reaktionen auf Ihr Kaufangebot, die wir als *Kaufhaltungen* – oder einfach als Haltungen – bezeichnen. Sie werden bestimmt durch

1. die Wahrnehmungen der aktuellen Situation ihres eigenen Unternehmens durch die Kaufbeeinflusser,
2. die Wahrnehmungen der Kaufbeeinflusser in bezug auf die Veränderungen dieser Situation durch Ihr Kaufangebot,
3. die Wahrnehmung der Kaufbeeinflusser in bezug auf die Frage, ob sich mit Ihrem Angebot eine Lücke schließen oder die Diskrepanz beseitigen läßt zwischen ihrer Beurteilung der Realität und den benötigten Resultaten. Gleichgültig, in welchem Ausmaß Ihr Angebot diese »objektiven« Resultate auch herbeizuführen vermag – kein Kaufbeeinflusser wird zu Veränderungen bereit sein, solange er diese Lücke oder Diskrepanz nicht erkannt hat.

In der ersten Haltung, der *Wachstumshaltung,* sieht der Kaufbeeinflusser eine Diskrepanz zwischen der Situation, wie sie sich ihm heute darstellt und wie sie sein sollte. Er hat das Gefühl, daß sich die Lücke zwischen Realität und gewünschten Resultaten nur durch mehr Qualität, mehr Quantität oder beides schließen läßt. Bei einem Käufer, der sich in der Wachstumshaltung befindet, haben Sie große Verkaufschancen, wenn dieser Ihr Angebot als eine Möglichkeit empfindet, betriebliche Prozesse *quantitativ* und/oder *qualitativ* zu steigern.

Die zweite Haltung ist die *Problemhaltung.* Ein Käufer, der sich in der Problemhaltung befindet, erkennt zwar auch die Diskrepanz zwischen Realität und den benötigten Resultaten, aber diese wird durch eine negative Abweichung von der geplanten Entwicklung verursacht. Der Käufer braucht Hilfe und heißt jede Veränderung willkommen, die die Problemursache zu beseitigen verspricht. Auch hier sind Ihre

Verkaufschancen gut – vorausgesetzt, daß Sie Ihren Kaufbeeinflusser davon überzeugen können, daß er mit Ihrem Angebot die Diskrepanz schnellstens beseitigen kann.

Die dritte Haltung nennen wir die *Alles-Okay-Haltung*. Hier besteht für den Kaufbeeinflusser keine Diskrepanz zwischen seiner Wahrnehmung der Realität und seinen Zielvorstellungen. Er ist mit dem status quo zufrieden. Da er keinerlei Notwendigkeit für eine Veränderung sieht, sind die Verkaufschancen bei dieser Haltung äußerst gering. Er hält sich an das Motto: »Keine Abweichung, kein Kauf.«

Ähnlich, aber stärker, empfindet der Kaufbeeinflusser, der sich in der vierten Haltung befindet, die wir als *Euphoriehaltung* bezeichnen. Er hält die von ihm wahrgenommene Realität für weit *besser* als die Resultate, die er benötigt. Da er also nicht die geringste Veranlassung sieht, Veränderungen vorzunehmen, sind die Verkaufschancen praktisch gleich Null.

Wir möchten an dieser Stelle betonen, daß die Haltung des einzelnen Kaufbeeinflussers keineswegs seine menschliche Grundhaltung oder bestimmte Persönlichkeitsmerkmale widerspiegelt, sondern lediglich aufzeigt, wie er in *diesem* Augenblick die Bedarfsituation und Ihr spezifisches Angebot wahrnimmt. Da sich die betrieblichen Bedingungen ständig ändern, kann sich ein Kaufbeeinflusser, der sich soeben noch in der Euphoriehaltung befunden hat, innerhalb kürzester Zeit zum Beispiel in der Problemhaltung befinden. Der strategische Verkaufsprofi entwickelt daher unterschiedliche Verkaufsstrategien für jede einzelne Haltung.

Schlüsselelement 4: Gewinner-Resultate

Sie wissen bereits aus Kapitel 2, daß ein strategischer Verkaufsprofi den Verkaufsprozeß niemals als Kampf und den Kunden niemals als Feind betrachtet, den es zu schlagen gilt. Wenn Sie sich dazu hinreißen lassen sollten, Ihren Kunden mit »List und Tücke« oder »massivem Druck« zum Kauf zu überreden, steht er als »Verlierer« da, und Sie sind der »Gewinner«. Aber bei einem Kunden, den Sie bewußt in die Verliererposition gedrängt haben, müssen Sie damit rechnen, daß dieser das letzte Mal mit Ihnen Geschäfte gemacht hat, auf Rache sinnt – oder schlimmstenfalls beides. Kurzfristig gesehen, mag Ihnen diese Aussicht vielleicht wenig Kopfzerbrechen bereiten. Aber wenn es Ihnen um langfristig gute Beziehungen zu diesem Kunden geht, dann werden Sie bald feststellen, daß Sie sich selbst mehr noch als den Kunden genarrt haben. Ein Auftrag, den Sie nur deshalb verbuchen konnten, weil es Ihnen gelungen ist, »den Kunden zu schlagen«, war mit großer Wahrscheinlichkeit der letzte, den Sie von ihm erhalten haben.

Uns geht es um mehr als einen Einzel-Auftrag. Wir konzentrieren uns auf den *Kunden* und zeigen Ihnen, wie Sie ein sich ständig erweiterndes Netz von qualitativ hochwertigen Verkäufen und Anbahnungen schaffen können. Wir gehen davon aus, daß Sie als Verkaufsprofi nicht nur an der Auftragserteilung interessiert sind, sondern auch an

- zufriedenen Kunden,
- langfristigen Geschäftsbeziehungen,
- Folgegeschäften und
- aktiven Vollreferenzen.

All diese Ziele lassen sich nur dann erreichen, wenn Sie bestrebt sind, langfristig zufriedenstellende Beziehungen zu Ihren Kunden aufzubauen, und in jedem Ihrer Verkaufsvorgänge spürbar wird, daß Sie Ihren Kunden als *Partner* betrachten und *nicht* als *Gegner*, den es zu besiegen gilt.

In jedem Kauf/Verkaufsvorgang kann nur eines der folgenden vier Ergebnisse erzielt werden:

1. Im ersten Quadranten der Matrix, der das Ich gewinne/Du gewinnst-Resultat darstellt, gewinnen beide Partner, der Kunde und Sie. Das heißt, Sie beide fühlen sich nach dem Kauf zufrieden und wissen, daß keiner den anderen übervorteilt hat, sondern daß Sie gleichermaßen sowohl geschäftlich als auch persönlich von der Transaktion profitiert haben. Oder, einfacher gesagt, sowohl der Kunde als auch Sie haben nach dem Abschluß ein gutes Gefühl.

2. Im zweiten Quadranten, dem Ich gewinne/Du verlierst-Quadranten, gewinnen

Sie auf Kosten des Käufers. Nur Sie beenden den Verkaufsvorgang mit einem guten Gefühl, während Ihr Kunde auf Rache oder auf Mittel und Wege sinnt, Ihnen künftig aus dem Weg zu gehen.

3. Im dritten Quadranten, der das Resultat Ich verliere/Du gewinnst repräsentiert, sorgen Sie dafür, daß der Kunde auf Ihre Kosten gewinnt, indem Sie gewissermaßen »das Geschäft kaufen«. Sie bieten ihm Spezialrabatte, außergewöhnliche Liefertermine, Sonderleistungen und ähnliche Vergünstigungen an, damit er sich verpflichtet fühlt, Ihnen in Zukunft einen Gegendienst zu erweisen – auf den Sie meist vergebens warten.

4. Im letzten Quadranten wird das Ergebnis Ich verliere/Du verlierst dargestellt. Auch wenn Sie den Auftrag erhalten haben, hat keiner der beiden Partner bei diesem Kauf/Verkaufsvorgang ein gutes Gefühl.

Nur einer dieser vier Quadranten zeitigt die langfristigen Erfolge, die Sie sich wünschen: das ist der Ich gewinne/Du gewinnst- oder Joint-venture-Quadrant. Solange sich Ihre Kauf/Verkaufsvorgänge im Ich gewinne/Du verlierst- oder im Ich verliere/Du gewinnst-Quadranten befinden und sofern es Ihnen nicht gelingt, diese in den Ich gewinne/Du gewinnst-Quadranten zu *steuern,* müssen Sie davon ausgehen, daß beide unausweichlich im Ich verliere/Du verlierst-Quadranten enden.

Um Ihre Verkaufsvorgänge in den Ich gewinne/Du gewinnst-Quadranten steuern zu können, reichen die konventionellen Erkenntnisse über die Kaufmotive nicht aus. In vielen Verkaufstrainings wird die These aufgestellt, daß jemand sich dann zum Kauf entschließt, wenn Sie ihm demonstrieren können, daß Sie mit Ihrem Angebot ein dringendes geschäftliches Bedürfnis befriedigen können. Solche Programme orientieren sich ausschließlich am Produkt; die Trainer, die sie durchführen, bombardieren die Teilnehmer mit Daten und Fakten über »Merkmale« und »Vorteile« des jeweiligen Produktes und schicken sie damit zu den Käufern, die angeblich »gar nicht umhin können«, von diesen Vorzügen »beeindruckt« zu sein.

Selbstverständlich brauchen Sie Produktkenntnisse, aber für einen Verkaufsprofi wie Sie ist das nicht genug, denn der *wirkliche* Grund, warum Menschen kaufen, hat nur indirekt mit der Ware oder der Serviceleistung zu tun. Deshalb steht bei uns auch nicht das Produkt im Mittelpunkt. Wir zeigen Ihnen statt dessen, wie Sie Ihre Produktkenntnisse *nutzen* können, um jedem Ihrer Käufer einen ganz persönlichen Grund zum Kauf zu liefern. Es reicht nicht aus, nur seine geschäftlichen Bedürfnisse zu befriedigen. Sie müssen seinen individuellen, subjektiven Bedürfnissen gleichermaßen gerecht werden. Und das gelingt Ihnen mit Hilfe von *Gewinner-Resultaten.*

Ein *Resultat* hatten wir als die Wirkung definiert, die Ihre Ware oder Dienstleistung auf die betrieblichen Prozesse Ihres Kunden haben kann. Der *produktorientierte* Verkäufer verkauft nur Resultate.

Der *persönliche Gewinn* ist der (psychologische) Faktor im Verkaufsprozeß, der weit weniger beachtet wird, aber genauso wichtig ist. Nur wenn ein Käufer persönliche Gewinne zu erzielen vermag, dient er seinem individuellen Eigeninteresse.

Ein *Gewinner-Resultat* ist dasjenige Resultat, das dem einzelnen Kaufbeeinflusser einen subjektiven, persönlichen Gewinn bringt. Gewinner-Resultate sind der wahre Grund, warum sich jemand zum Kauf entschließt. Wir zeigen Ihnen, wie Sie die Gewinner-Resultate für jeden Ihrer Kaufbeeinflusser ermitteln können, und erklären Ihnen, warum sie für eine langfristig befriedigende Beziehung zu Ihren Kunden so wichtig und die einzige Möglichkeit sind, all Ihre Verkaufsvorgänge in den Ich gewinne/Du gewinnst-Quadranten zu steuern und dort zu halten.

Schlüsselelement 5: Der Verkaufstrichter

Selbst die erfolgreichsten Verkäufer haben, bevor Sie unseren Workshop »*Strategisches Verkaufen*« besucht hatten, die Erfahrung gemacht, daß ihre Umsätze von einem Quartal zum nächsten starken Schwankungen nach oben oder unten unterworfen waren, die wir als »Achterbahneffekt« bezeichnen. Der Verkaufsleiter eines großen Unternehmens, der zahlreiche Mitarbeiter in unseren Workshop geschickt hat, sagte:»Bevor meine Leute bei Ihnen waren, träumten sie davon, einmal *zwei* erfolgreiche Quartale *hintereinander* zu erleben.«

Wie er, so werden auch Sie entdecken, daß dies kein Traum bleiben muß. Es gibt einen Grund für den Achterbahneffekt – und eine Möglichkeit, ihn zu vermeiden. Wenn wir über dieses fünfte Schlüsselelement sprechen, konzentrieren wir uns zum ersten Mal in diesem Buch nicht auf ein individuelles Verkaufsziel, sondern stellen Ihnen eine Methode vor, mit der Sie *jedes* Ihrer Verkaufsziele erreichen und *jeden* Ihrer Kunden auf eine Weise zufriedenstellen können, die den Achterbahneffekt mildert und Ihren Traum von regelmäßigen Provisionseinnahmen Wirklichkeit werden läßt.

Zu dieser Methode gehört ein konzeptionelles Hilfsmittel, das wir entwickelt und mit großem Erfolg nicht nur in unseren eigenen Verkaufsaktivitäten angewendet, sondern auch den Firmen empfohlen haben, deren Mitarbeiter von uns geschult und beraten wurden. Wir nennen es den *Verkaufstrichter.*

Das Trichter-Prinzip ist Ihnen sicher nicht ganz unbekannt. Viele Verkäufer verwenden die Metapher, wenn sie davon sprechen, daß sie einem Kunden Produktinformationen »eingetrichtert« haben, und jetzt nur noch darauf warten müssen, daß ihnen der Auftrag in den »Schoß« fällt. Der Unterschied zwischen diesen Verkäufern und uns besteht darin, daß wir nicht zusehen und warten. Wir *steuern* jeden Verkaufsvorgang aktiv und methodisch durch sämtliche Trichterebenen, so daß das Ergebnis vorhergesehen werden kann.

Im wesentlichen stellt der Verkaufstrichter ein Instrument dar, das Ihnen hilft, Ihr *wertvollstes* Gut, nämlich Ihre aktive Verkaufszeit, richtig und so effizient wie möglich einzuteilen. Sie wissen, daß die aktive Verkaufszeit, zu den Ressourcen zählt, von denen ein Verkäufer nie genug hat. Was Sie vielleicht nicht wissen oder worauf Sie bisher vielleicht nicht bewußt geachtet haben, ist die Tatsache, daß jeder Verkaufsvorgang drei verschiedene Arten von verkäuferischer Tätigkeit erfordert. Wenn Sie Ihre Zeit nicht optimal auf diese drei unterschiedlichen Tätigkeiten verteilen, verschwenden Sie Ihre ohnehin schon knapp bemessene aktive Verkaufszeit. Der Verkaufstrichter zeigt Ihnen, welche Art von verkäuferischer Tätigkeit bei jedem individuellen Verkaufsziel und in jeder einzelnen Phase Priorität hat und wie

Sie alle drei Arten in ein ausgewogenes Verhältnis zueinander bringen. Er hilft Ihnen auch, zu bestimmen, wieviel Zeit für jede der drei Verkaufstätigkeiten regelmäßig aufgewendet werden sollte, um konstant fließende Provisionseinnahmen sicherzustellen.

Schlüsselelement 6: Das Idealkunden-Profil

Jeder noch so erfolgreiche Verkäufer hat, wie Sie wissen, ständig bis zu 35 Prozent laufende Anbahnungen, die er nicht erfolgreich abschließen kann oder aus denen – sollte es doch gelingen – nachträglich eine Belastung wird. Daß dieser Prozentsatz so hoch ist, sollte Sie nicht wundern: Denken Sie doch nur einmal daran, wie oft Sie im Laufe Ihrer Verkaufstätigkeit schon gehört oder selber gesagt haben: »Ich wollte, ich hätte diesen Auftrag nie abgeschlossen.«

Dafür, daß ein Verkäufer bedauert, den Auftrag erhalten zu haben, gibt es einen einfachen Grund: an irgendeinem Punkt des Verkaufsprozesses hat er sich von der alten Behauptung verleiten lassen: »Jeder Auftrag ist ein guter Auftrag.« Er redet sich ein, daß es die Quantität und nicht die Qualität ist, die zählt. Und so beschließt er, den Auftrag um jeden Preis zu holen, ungeachtet der Frage, ob oder inwieweit die angebotene Ware oder Dienstleistung die spezifischen Bedürfnisse seines Kunden überhaupt befriedigen kann.

Als wir über die Jeder-gewinnt-Philosophie sprachen, haben wir gesagt, daß es *möglich* ist, von einem Kunden, den Sie in die »Verliererrolle« gedrängt haben, einen Auftrag zu erhalten, aber daß diese Strategie langfristig alles andere als empfehlenswert ist. Unser sechstes und letztes Schlüsselelement leitet aus dieser Beobachtung eine Schlußfolgerung ab, die wir in ein Konzept integriert haben, das wir das *Idealkunden-Profil* nennen. Es handelt sich dabei um eine Methode, mit deren Hilfe Sie neue Kunden und Interessenten als gute oder beste Neukunden identifizieren und die langfristigen beidseitigen Vorteile vom Beginn bis zum Ende jedes Verkaufsvorganges abschätzen können. Wenn Sie an jeden oder alles verkaufen, müssen Sie in manchen Fällen mit schlechter Übereinstimmung zwischen Bedarf und Leistung und mit schlechten Aufträgen rechnen. Nur wenn Sie Ihre potentiellen Neukunden mit einem Idealkunden-Profil vergleichen, können Sie solche schlechten Aufträge minimieren und Verkäufe mit Gewinner-Resultaten für alle Beteiligten sicherstellen.

Wir benutzen das Idealkunden-Profil als Hilfsmittel, um Probleme mit unseren vorhandenen Kunden vorauszusehen und den Prozentsatz von 35 Prozent derjenigen Neukunden und Interessenten zu vermindern, die sich nicht für die erste Ebene des Verkaufstrichters eignen. Sie ermitteln Ihr *eigenes* Idealkunden-Profil, indem Sie die charakteristischen Gemeinsamkeiten zwischen Ihren guten neuen und Ihren guten Bestands-Kunden ermitteln. Anhand dieses Kriterien-Kataloges bewerten Sie dann Ihre Anbahnungen.

Dabei wird sich die Liste Ihrer potentiellen Neukunden und Interessenten natürlich verkürzen. Aber sie wird dadurch *realistisch* und erlaubt Ihnen, sich auf die Verkaufsziele zu konzentrieren, die mit einem Minimum an Problemen innerhalb kürzester

Zeit erreicht werden können. Mit dieser Segmentierung Ihrer Verkaufsziele steuern Sie nicht nur Ihre aktuellen, sondern auch potentielle Kunden und Interessenten sicher in den Ich-gewinne/Du-gewinnst-Quadranten.

Ein letztes Wort zur Einführung

Sie werden gewiß erkennen, daß die Verwendung des Idealkunden-Profils zur Beurteilung und Segmentierung Ihrer potentiellen Kunden als Beispiel für eine marketingorientierte Verkaufsstrategie gelten kann. Dessen sind wir uns bewußt, und wir betonen und empfehlen den Verkäufern, die mit uns zusammenarbeiten, sich nicht in »erster Linie« auf das Produkt, sondern auf den Marketingansatz zu konzentrieren. Wie wir bereits mehrfach gesagt haben, steht im Strategischen Verkaufssystem der *Kunde* im Mittelpunkt. Wir möchten, daß Sie nicht nur kurzfristig Erfolge bei Ihren Kunden verbuchen können, sondern langfristig gute Beziehungen aufbauen. Und das gelingt Ihnen nur dann, wenn Sie mit Ihrem Angebot ihren *tatsächlichen Bedarf* befriedigen und nicht nur ein Lippenbekenntnis ablegen. Alle sechs Elemente unserer strategischen Kundenanalyse helfen Ihnen, den Bedarf Ihrer Käufer exakt zu ermitteln, so daß Sie imstande sind, ihnen langfristig und voraussagbar Gewinner-Resultate zu liefern. Die Erfahrung hat uns gelehrt, daß Sie auf diese Weise nicht nur die Bedürfnisse Ihrer Kunden, sondern auch Ihre eigenen am besten befriedigen.

Sie haben nun die nötige Vorarbeit geleistet, um die Prinzipien des »Strategischen Verkaufens« zu verstehen. Sie wissen, was man unter einem mehrschichtigen Verkaufsvorgang versteht und warum Sie sowohl Ihre Strategie als auch Ihre Taktik planen müssen, um den Verkaufsvorgang effektiv steuern zu können. Sie haben sich Gedanken über Ihre Positionierung im Hinblick auf ein bestimmtes Verkaufsziel gemacht und alternative Positionen in Betracht gezogen, mit denen sich Ihr Ziel sicherer erreichen läßt. Und schließlich kennen Sie nun andeutungsweise die sechs Schlüsselelemente, die eine erfolgreiche Verkaufsstrategie ausmachen. Sicher haben Sie an dieser Stelle noch Fragen. Wir wissen, daß Sie auf die Details warten und darauf, Ihr neu erworbenes Wissen in Ihren augenblicklichen und künftigen Verkaufsvorgängen anzuwenden.

Fangen wir also an.

Teil 2

Strategisches Verkaufen: Die Schlüsselelemente

5 Schlüsselelement 1: Die Kaufbeeinflusser

Grundlage jeder verläßlichen Verkaufsstrategie ist das Wissen, wer die Schlüssel-personen in einem Verkaufsvorgang sind. Bei der Entwicklung Ihrer Verkaufsstra-tegie müssen Sie als erstes *alle* Rollenträger identifizieren, die Ihr individuelles Ver-kaufsziel beeinflussen können. Das Verkaufsziel ist nach wie vor das von Ihnen in Kapitel 3 gewählte. Aber die Mittel und Methoden, die Sie bei der Arbeit mit diesem Schlüsselelement einsetzen, haben für jedes Verkaufsziel und zu jeder Zeit Gültig-keit.

Daß Sie als erstes die relevanten Rollenträger ermitteln müssen, ist eigentlich lo-gisch und naheliegend. Aber dieser Schritt wird leider immer wieder ignoriert – mit vorhersehbarem Ergebnis. Da die meisten Verkaufstrainings die taktischen Fähig-keiten in den Vordergrund stellen und die strategischen vernachlässigen, müssen selbst die besten Verkäufer von Zeit zu Zeit feststellen, daß ihnen in letzter Minute noch ein todsicher geglaubter Deal entgeht, weil sie es versäumt haben, sämtliche relevanten Entscheidungsträger in einem spezifischen Verkaufsvorgang zu ermit-teln oder zu kontaktieren. Die meisten Verkaufstrainings schenken diesem absolut unerläßlichen ersten Schritt der Identifizierung zu wenig Beachtung. Sie gehen da-von aus, daß der Verkäufer schon wissen wird, wessen Zustimmung er braucht, und geben ihm lediglich Verhaltensmaßregeln für den Umgang mit dem oder den Betref-fenden mit auf den Weg.

Wir setzen dieses Wissen keineswegs als selbstverständlich voraus. Die Erfahrung hat uns gelehrt: Verkäufer, die ohne eine systematische Methode, ihre Erkenntnisse zu überprüfen, die Entscheidungsträger in einem Kauf/Verkaufsvorgang identifizie-ren sollen, wenden sich zumeist an die Leute, die ihnen sympathisch sind, die schon bei früheren Geschäften ihre Ansprechpartner waren oder im Besitz »klangvoller Titel« sind. Keine dieser »Identifzierungsmethoden« ist verläßlich. Selbst wenn Sie dadurch zu den wahren Entscheidungsträgern geführt werden sollten, geben sie Ih-nen keinen Aufschluß darüber, *warum* gerade *sie* für *eben diesen Verkaufsvorgang* von zentraler Bedeutung sind. Mit diesen Methoden läßt sich nicht für jede Ver-kaufssituation aufs neue und mit absoluter Sicherheit feststellen, wessen Zustim-mung letztlich zählt.

Sie brauchen innovative, verläßliche Methoden, denn die heutige Welt des Ver-kaufs unterliegt einem ständigen und rasanten Wandel, und ebenso schnell ändern sich die Namen und Gesichter der Rollenträger, die Ihren Verkaufsvorgang beeinflussen. Natürlich kennen Sie die Kaufbeeinflusser, die im November des Vorjahres ihre Zustimmung zu einem Auftrag in Höhe von zwanzigtausend Mark bei der Werkzeugmaschinen GmbH gegeben haben. Aber das bedeutet noch lange nicht, daß diese im März des folgenden Jahres noch die richtigen Personen sind, um einen Kauf in Höhe von fünfzigtausend – oder auch nur von weiteren zwanzigtausend – zu bewilligen. *Jeder Verkaufsvorgang ist ein einmaliger Vorgang.* Sie sollten deshalb niemals von der ungeprüften *Annahme* ausgehen, die richtigen Kaufbeeinflusser identifiziert zu haben. Gleichgültig, wie gut Sie die Rolleninhaber in einem bestimmten Verkaufsvorgang auch zu kennen glauben, Sie brauchen eine hundertprozentig verläßliche Methode, um die für Ihr jetziges Verkaufsziel wichtigen Kaufbeeinflusser ermitteln und überprüfen zu können, ob diese auch bei Ihrem nächsten Kontakt mit dem Kunden für ein neues Verkaufsziel noch relevant sind.

Der strategische Verkaufsprofi konzentriert sich dazu nicht auf das, was sich in jedem mehrschichtigen Verkaufsvorgang ändert, sondern auf die Faktoren, die bei allen mehrschichtigen Verkaufsvorgängen Gültigkeit haben und als konstant gelten können.

Die Käuferrollen stehen im Mittelpunkt

Wir haben festgestellt, daß es – ungeachtet der Zahl der Personen, die einen Kauf beeinflussen, und der offiziellen Funktionen, die diese in ihren Unternehmen bekleiden, – in jedem mehrschichtigen Kaufvorgang *vier Arten von Kaufbeeinflussern* gibt. Jede der Arten definiert eine der *Rollen*, die im Kaufprozeß gespielt werden. Die Personen, die diese Rollen spielen, gleichgültig, ob es sich um vier oder vierzig handelt, bezeichnen wir als *Kaufbeeinflusser* oder *Käufer*.

Wie bereits in Kapitel 4 erwähnt, wird der Begriff »Käufer« von uns mit ganz anderen Inhalten als üblich belegt. Wenn wir von Käufern sprechen, meinen wir damit nicht den Einkäufer einer Textilfirma oder Personen im Unternehmen, die in irgendeiner Form mit Beschaffungsaktivitäten betraut sind. »Käufer« ist nur eine Kurzform des Wortes »Kaufbeeinflusser«. Im Konzept »Strategisches Verkaufen« gilt *jeder* als Kaufbeeinflusser oder Käufer, der Ihren Verkaufsvorgang beeinflussen kann, ungeachtet seines Titels oder seiner Funktion im Kundenunternehmen.

Manche Einkäufer oder Mitarbeiter von Beschaffungsabteilungen lassen sich tatsächlich als Rollenträger in vielen Kauf/Verkaufsvorgängen identifizieren. Aber viele, ja sogar die Mehrzahl der Personen, die Ihren Verkaufsprozeß beeinflussen, haben nichts mit der Beschaffung oder dem Einkauf an sich zu tun.

Der erste Schritt bei der Planung einer effektiven Strategie für den mehrschichtigen Verkaufsvorgang besteht darin, sich bei jeder *einzelnen* dieser vier Kaufbeeinflusser-Arten und *allen* ihren Rollenträgern optimal zu *positionieren*. Dazu gehört, daß Sie

1. die Rollen der Kaufbeeinflusser-Arten, die in *jedem* mehrschichtigen Verkaufsvorgang vorkommen, verstehen und
2. sämtliche Rollenträger aus jeder der vier Kaufbeeinflusser-Gruppen in *Ihrem spezifischen* Verkaufsvorgang identifizieren.

Wir möchten Ihnen anhand eines Beispiels aus dem Sport veranschaulichen, warum wir uns auf die Rollenträger und nicht auf die Ihnen bekannten Kontaktpersonen und Funktionen konzentrieren. Der Libero hat im Fußball eine klar definierte »Position«, aber er wird in keiner festgelegten Funktion eingesetzt, das heißt, er kann sowohl im Angriff als auch in der Verteidigung spielen. Wehe dem Gegner, der sich darauf verläßt, daß dieser Mann sich nur auf die Defensive beschränkt!

Bei einem mehrschichtigen Verkaufsvorgang ist es nicht anders als im Fußball; einer der »Mitspieler« kann blitzschnell und unvorhergesehen die Rolle wechseln, auch wenn sich dadurch sein Titel oder seine Funktion im »Käuferteam« nicht ändert. Ein Einkäufer, mit dem Sie bereits drei erfolgreiche Abschlüsse getätigt haben, ist unter Umständen plötzlich nicht mehr in der Lage, diesen Auftrag zu bewilligen – also seine gewohnte Rolle zu spielen –, wenn der Wert des vierten Auftrags den der anderen übersteigt oder wenn es sich bei Ihrem Angebot um eine neue Ware oder Dienstleistung handelt. Ein führender Mitarbeiter des Rechnungswesens, der bisher nicht das geringste mit der Auftragsvergabe zu tun hatte, wird buchstäblich über Nacht zum wichtigsten Kaufbeeinflusser, weil das Topmanagement beschlossen hat, die Budgets zu kürzen. Wenn Sie sich auf die vier Kaufbeeinflusser-Arten konzentrieren, die es in jedem mehrschichtigen Verkaufsvorgang gibt, haben Sie einen roten Faden, der Sie sicher durch das Labyrinth der oft verwirrenden Kompetenzen und Funktionen in Ihrem Kundenunternehmen und zu den Personen führt, die in Wahrheit darüber entscheiden, ob Sie *Ihr spezifisches Verkaufsziel* erreichen.

Die vier Kaufbeeinflusser-Gruppen, die in jedem Verkaufsvorgang identifiziert und kontaktiert werden müssen, sind: der Entscheider, der (die) Anwender, der (die) Wächter und der Coach. Jeder von ihnen sieht den Kauf/Verkaufsvorgang aus einer anderen Perspektive – das heißt, aus einer anderen Aufgabenstellung und deshalb mit anderen Überlegungen. Und jeder einzelne muß überzeugt werden, bevor Sie einen Abschluß erzielen können.

Der Entscheider

Der Entscheider ist die Person, die das *endgültige* »Ja« zu einem geplanten Kauf spricht. Seine Rolle besteht darin, die *erforderlichen Mittel für den Kauf* freizugeben. Er verkörpert gewissermaßen das »Goldene Gesetz«, denn bekanntlich macht der die Gesetze, der über das Gold verfügt. Er kann »Nein« sagen, wenn alle anderen »Ja« sagen, und umgekehrt.

Das vornehmliche Interesse des Entscheiders – und seine Bedeutung

Dieser Kaufbeeinflusser wird nicht deshalb Entscheider genannt, weil er primär mit den Kosten oder der Rentabilität eines Angebotes befaßt ist. Ihn interessiert weniger der Preis per se als vielmehr das Preis-Leistungs-Verhältnis. Er hat direkten Zugang zu den Geldern, entscheidet über Budgets und kann die erforderlichen, nichtbudgetierten Mittel freigeben, falls Ihre Ware oder Dienstleistung die vorrangigen Bedürfnisse seines Unternehmens zu erfüllen und der zu erwartende Return die Investition zu rechtfertigen verspricht. Er konzentriert sich bei seinen Überlegungen – und hier ist das eigentliche Kaufmotiv zu suchen – auf die Auswirkungen Ihres Angebotes auf das Unternehmen und seine weitere Entwicklung.

Obwohl die Person, die die Rolle des Entscheiders im Kundenunternehmen innehat, von einem Kauf/Verkaufsvorgang zum nächsten häufig wechselt, gibt es *für jeden Kauf* nur einen einzigen Entscheider. Nur einer spricht das ausschlaggebende »Ja«, obwohl mitunter mehrere Kaufbeeinflusser Empfehlungen und Ratschläge äußern. Und deshalb ist es so eminent wichtig, herauszufinden, wessen Zustimmung Sie letztlich für *Ihr* Angebot brauchen.

Die Entscheidung kann natürlich auch von einem Gremium, einer Kommission oder einer anderen Gruppe im Käuferunternehmen herbeigeführt werden, deren Mitglieder nach außen hin mit einer Stimme sprechen. Aber selbst in diesem Fall gibt es immer ein Mitglied, das als *primus inter pares* fungiert und das ausschlaggebende »Ja« zu einem geplanten Kauf spricht. Wenn Sie an eine Gruppe verkaufen, müssen Sie stets prüfen, wer die erforderlichen Mittel freigeben kann. Es ist vielleicht nicht immer die beste Strategie, direkten Kontakt zu dieser Person aufzunehmen, aber als Verkaufsprofi, der seine Strategien zu planen und in die Praxis umzusetzen versteht, wissen Sie, daß Sie bei jedem Ihre Verkaufsvorgänge diesen *einzigen* Entscheider aus der Gruppe herausfiltern müssen.

Welch fatale Folgen es haben kann, dies zu versäumen, mußte vor kurzem ein amerikanischer Flugzeughersteller erfahren, der eine Düsenjäger-Flotte an ein Land im Mittleren Osten verkaufen wollte. Alle in diesem Land waren von dem Flugzeug begeistert – der König, die Luftwaffengeneräle, selbst die Piloten, die die

Maschinen fliegen sollten. Aber als das Verkäuferunternehmen dem Monarchen den ausgearbeiteten Vertrag zur Unterschrift vorlegte, zeigte dieser sowohl eine zufriedene als auch leicht verwirrte Miene. »Wunderbar«, meinte er. »Nun müssen wir nur noch unsere Freunde in Saudi-Arabien bitten, uns das nötige Geld zu leihen.« Und plötzlich war das »todsichere« Zigmillionengeschäft zunächst einmal in Frage gestellt, weil es von der Zustimmung eines bis dato unbekannten Entscheiders abhängig war.

Wir wissen, daß dies ein extremes Beispiel ist. Nur wenige Verkäufer machen jemals Geschäfte solcher Größenordnung. Dennoch gilt für jeden mehrschichtigen Verkaufsvorgang, ungeachtet seines Volumens, dasselbe Prinzip: Wenn Sie nicht die Person identifizieren – und zwar *möglichst gleich zu Beginn des Verkaufsvorganges* –, die letztlich über die Freigabe der Mittel entscheidet, riskieren Sie, daß Ihnen ein Wettbewerber den Rang abläuft.

Das folgende Diagramm zeigt das Profil und die Bedeutung dieses ersten Kaufbeeinflussers.

Der Entscheider

	Nur einer je Kauf (Einzelperson oder Gremium)
Rolle	Erteilt die Kaufgenehmigung
	• Hat eigenen Etat • Entscheidet über Budgets • Kann Mittel freigeben • Hat Veto-Macht
konzentriert sich auf	Auswirkungen auf das Unternehmen und das Geschäftsergebnis
fragt	"Rechtfertigt der RETURN ON INVESTMENT (ROI) die Investition?"

Den Entscheider identifizieren

Um den Entscheider in Ihrem Verkaufsvorgang zu identifizieren, müssen Sie wissen, wo Sie mit der Suche nach ihm beginnen sollten. Er ist normalerweise nicht auf den unteren Hierarchieebenen, sondern in den oberen Führungsetagen angesiedelt.

In kleineren Firmen spielt oft der Inhaber oder Leiter die Rolle des Entscheiders. Aber nicht immer müssen Sie bis zur Spitze der Hierarchie vordringen. Die Rolle des Entscheiders kann in jedem Verkaufsvorgang von einer anderen Person gespielt werden, wobei die Position, die der Rolleninhaber in seinem Unternehmen bekleidet, von verschiedenen Faktoren abhängt. Zu den fünf wichtigsten zählen die Höhe des Auftragswertes, um die es bei diesem Verkaufsvorgang geht, die wirtschaftliche Lage des Unternehmens,die Erfahrungen, die das Kundenunternehmen mit Ihnen und Ihrem Unternehmen besitzt, die Erfahrungen, die es mit Ihrem Produkt gemacht hat, und die voraussichtliche Auswirkung der Entscheidung auf das Kundenunternehmen.

1. Die Höhe des Auftragswertes

Je höher der Auftragswert, um den es in einem Verkaufsvorgang geht, desto höher ist normalerweise auch die hierarchische Ebene, auf der der Entscheider angesiedelt ist. Jedes Unternehmen hat, wie Sie sicher schon feststellen konnten, Grenzwerte, bei denen die Kaufentscheidung nach oben oder nach unten delegiert wird. Diese werden bestimmt von der Höhe des Auftragswertes, *gemessen an der Größe des Kundenunternehmens*. Der Präsident eines Lebensmittelherstellers mit einem Jahresumsatz von 100 Mio Mark glaubt vielleicht, über jedes Angebot, das zwanzigtausend Mark überschreitet, persönlich entscheiden zu müssen. Der Präsident eines Spielwarenkonzerns, in dem Jahr für Jahr 500 Mio DM umgesetzt werden, übernimmt möglicherweise erst bei Anschaffungen über fünfzigtausend Mark die Rolle des Entscheiders. Kaufentscheidungen, die man in einer kleinen Firma an der Spitze der Hierarchie trifft, verlagern sich bei großen Konzernen häufig auf die mittlere Management-Ebene.

Hier gibt es keine Faustregel. Deshalb müssen Sie für jeden einzelnen Verkaufsvorgang und in jedem Ihrer Kundenunternehmen von neuem nach der Person suchen, die die Rolle des Entscheiders innehat.

2. Die wirtschaftliche Lage

In wirtschaftlich harten Zeiten – so heißt es – beginnt das Management, die Büroklammern zu zählen. Je unbeständiger das Untenehmensumfeld, desto höher die Unternehmensebene, auf der der Entscheider angesiedelt ist. Das haben wir immer wieder bei unseren Klienten festgestellt, zum Beispiel bei einer Computerfirma, die Jahr für Jahr Milliardengeschäfte abschließt. In »normalen« Zeiten hat hier der Chief Executive Officer (CEO) über alle Ausgaben zu entscheiden, die einhunderttausend Mark überschreiten; aber während der Rezession 1980–81 war seine Zustimmung sogar bei einem Auftragswert von zehntausend Mark erforderlich. Das ist nicht ungewöhnlich, nicht einmal für ein Spitzenunternehmen aus der Fortune 500-Gruppe.

3. Die Erfahrungen, die man mit Ihnen oder Ihrem Unternehmen gemacht hat

Es braucht immer seine Zeit – auch wenn der Verkäufer sich als noch so zuverlässig erwiesen hat –, bis sich eine Vertrauensbasis zu Ihnen, Ihrer Firma oder Ihrem Produkt entwickelt. Fehlt diese, sieht die Käuferfirma in dem Abschluß ein weit größeres Risiko und verlagert die Entscheidung mit großer Wahrscheinlichkeit auf eine höhere Unternehmensebene. Im umgekehrten Fall wird die Entscheidung eher auf einer mittleren Ebene gefällt, wenn man mit Ihnen und Ihrer Firma bislang nur gute Erfahrungen gemacht hat, das heißt, wenn es Ihnen gelungen ist, Ihre *Glaubwürdigkeit* und die Ihres Unternehmens unter Beweis zu stellen.

4. Die Erfahrungen, die man mit Ihrer Ware oder Ihrer Dienstleistung besitzt

Selbst wenn zwischen Verkäufer- und Käuferunternehmen langjährige, ausnehmend gute Beziehungen bestehen, müssen Ihre Käufer nicht immer mit den Besonderheiten der Ware oder der Dienstleistung vertraut sein, die Sie in Ihrem aktuellen Verkaufsvorgang anzubieten haben. In diesem Fall verschiebt sich die Entscheidungsebene nach oben. Dasselbe gilt, wenn man zwar schon den gleichen Produkttyp, aber nicht bei Ihnen gekauft hat. Die Entscheidung, erstmalig computergestützte Fertigungstechniken oder Roboter einzuführen, wird mit großer Wahrscheinlichkeit an höchster Stelle getroffen – ebenso wie die vielleicht nachfolgende Entscheidung, den Lieferanten zu wechseln, also die gleichen Produkte von einem anderen Anbieter zu beziehen. Sobald man Erfahrung mit Ihren Produkten hat, werden sich Entscheidungen, die Service und Ersatzbeschaffungen betreffen, auf eine niedrigere Ebene verlagern.

5. Die voraussichtlichen Auswirkungen auf das Unternehmen

Da das Augenmerk des Entscheiders primär auf langfristige Stabilität und Wachstum gerichtet ist, werden Kaufentscheidungen, die diese unternehmerischen Aspekte nachhaltig beeinflussen, in der Regel auf höherer Hierarchieebene getroffen, zum Beispiel die Frage, ob man die Buchhaltung auf EDV umstellt; Entscheidungen, die sich wiederum aus diesem Entschluß ableiten, wie beispielsweise Schulung des Personals, Wartung der vorhandenen Geräte oder Anschaffung weiterer Systeme, können dann nach weiter unten verlagert werden.

Wichtig ist, daran zu denken, daß niemand alle Kaufentscheidungen in einem Unternehmen trifft. Es gibt in diesem Sinne nicht einen *einzigen* »Entscheider« in einer Firma, sondern lediglich Personen, die *für jeden spezifischen Kauf die Rolle des Entscheiders* übernehmen. In jedem Unternehmen wechselt die Identität des Rollenträgers, dem die endgültige Entscheidung über ein spezifisches Angebot obliegt, gemäß den oben genannten Faktoren.

Um den Entscheider zu identifizieren, könnten Sie sich die Frage stellen: »Auf welcher Hierarchie-Ebene würde diese Entscheidung in meinem Unternehmen getroffen werden?« Die Antwort gibt Ihnen noch keinen konkreten Hinweis auf die Person, nach der Sie im Kundenunternehmen suchen, aber sie zeigt Ihnen zumindest, auf welcher Ebene Sie mit der Suche beginnen müssen und wer vermutlich befugt ist, über die Mittel zu entscheiden. Eine andere Möglichkeit besteht darin, sich an Ihren Coach zu wenden, auf dessen spezifische Rolle als Kaufbeeinflusser wir gleich näher eingehen werden.

Der Anwender

Die Rolle des Anwenders wird von Personen gespielt, die die Anwendung Ihrer Waren oder Dienstleistungen selbst vornehmen oder überwachen. Ihre Aufgabe besteht darin, *den Nutzen Ihres Produktes für ihren spezifischen Tätigkeitsbereich zu beurteilen.*

Profil des Anwenders

Das Schlüsselwort in der Rollendefinition ist das Wort »Tätigkeitsbereich«. Anwendern geht es in erster Linie um die Frage, welche Auswirkungen der Kauf auf die Aktivitäten in ihrem Aufgabenbereich oder ihrer Abteilung hat. Ihr Fokus ist daher weit begrenzter als der des Entscheiders. Personen, die die Rolle des Anwenders spielen, fordern von Ihnen Informationen, die von unmittelbarem Interesse für ihre tagtägliche Arbeit sind, zum Beispiel über die Zuverlässigkeit des Produktes, über Serviceleistungen, Umschulungsbedarf des Personals, über Produktspezifika wie Ausfallquoten, Bedienerfreundlichkeit, Wartung, Sicherheit oder die möglichen Auswirkungen auf die Arbeitsmoral der Mitarbeiter.

Da sich Anwender auf die Frage konzentrieren, wie der Kauf *ihren* Arbeitsbereich beeinflußt, sind ihre Reaktionen auf das Kaufangebot und ihre Prognosen in bezug auf seine Auswirkungen *subjektiv.* Das bedeutet keineswegs, daß ihre Entscheidungen irrational oder »irrelevant« sind und deshalb von Ihnen ignoriert werden dürfen. Das heißt nur, daß Sie – wenn Sie an einen Anwender verkaufen – der Subjektivität als eines Entscheidungselements sowie der Tatsache Rechnung tragen müssen, daß sein persönlicher Erfolg unmittelbar mit dem Erfolg Ihrer Ware oder Dienstleistung verbunden ist. Ein Anwender orientiert sich nicht allein deshalb an der Produktleistung, weil er die Produktivität seiner Mitarbeiter steigern will, sondern weil sich eine Verbesserung auch bei der Bewertung seiner eigenen Leistungen positiv bemerkbar macht. Um ihn zu überzeugen, sollten Sie sich daher die Frage stellen, auf die er eine Antwort sucht: »Was bringt *mir* dieses Produkt?«

In den meisten mehrschichtigen Verkaufsvorgängen spielt nicht nur eine Person die Rolle des Anwenders. Aber es gibt *mindestens* einen, für den die Auswirkung Ihres Produktes auf seinen Arbeitsbereich von zentraler Bedeutung ist. Wenn Sie Gruppenversicherungen an ein größeres Unternehmen verkaufen, können der Leiter der Personalabteilung, der Betriebsrat oder die zu Versichernden zu den Anwendern gehören. Wenn Sie Laborausrüstung anbieten, übernehmen vielleicht für die Technik zuständige Mitarbeiter aus der Verwaltung, Laborpersonal und der Leiter der Forschungs- und Entwicklungsabteilung die Rolle der Anwender. Wenn dreißig neue Textverarbeitungssysteme in den Büros einer Niederlassung eingeführt werden sollen, zählen zum Kreis der Anwender vielleicht der Zweigstellenleiter, der Leiter der EDV-Abteilung und einzelne Systembenutzer. In dem vorher genannten Beispiel, in dem es um den Verkauf von Flugzeugen ging, waren die Anwender – die Piloten und ihre Kommandeure – Militärs, die die Maschinen fliegen bzw. über ihren Einsatz entscheiden. Das Hauptaugenmerk all dieser Personen richtet sich auf den Nutzen, den das angebotene Produkt für ihre Arbeit hat.

Rolle und Profil des Anwenders werden in folgendem Diagramm illustriert.

Der / die Anwender

	Oft mehrere oder viele
Rolle	Beurteilen den Nutzen
	• Wenden Ihre Waren/Dienstleitungen an oder überwachen dies
	• Sind persönlich betroffen
	• Unmittelbarer persönlicher Erfolg aus dem Erfolg Ihrer Ware/Ihrer Dienstleistung
konzentriert sich auf	Aufgabenstellung
fragt	"Was bringt es mir für meinen Job?"

Anwender sollte man nicht ignorieren

Wenn Sie die wichtige Rolle, die der Anwender als Kaufbeeinflusser spielt, nicht berücksichtigen, werden Sie Ihr Verkaufsziel nur sehr schwer erreichen. Es kann vorkommen – und kommt vor –, daß das Management sich für den Kauf eines Produktes entscheidet, das der Anwender (noch) nicht gekauft hätte, und in der Regel sind die Folgen einer solchen Entscheidung für alle Betroffenen nachteilig. Sie müssen den Anwender von Ihrem Angebot überzeugen, denn die Art, wie er das Produkt einsetzt, beeinflußt unmittelbar die Meinung über Ihr Produkt im Kundenunternehmen. Selbst wenn es Ihnen gelingt, Ihr Produkt trotz seines »Nein« zu verkaufen, müssen Sie bei künftigen Angeboten, die ihn oder seine Abteilung betreffen, mit Widerstand, mangelnder Kooperationsbereitschaft oder offener Sabotage rechnen.

Einer unserer Freunde wurde vor einigen Jahren mit eben dieser Art von Sabotage konfrontiert, als er ein Trainingsprogramm zum Preis von rund einer Million Mark an eine sehr große Textilfirma verkauft hatte. Der Präsident des Unternehmens war so beeindruckt, daß er zustimmte, es probeweise in allen zwölf Zweigwerken durchzuführen. Leider versäumte unser Freund, schon vor dem Verkauf Kontakt zu den Werksleitern aufzunehmen. Als er sie nach der Vertragsunterzeichnung aufsuchte, mußte er feststellen, daß man ihn als Agitator betrachtete, der sich über ihren Kopf hinweg direkt an den »Big Boss« persönlich gewandt hatte. Nachdem das Programm einen Monat lang lief, wurden die Probleme, die man damit zu lösen hoffte, nicht geringer, sondern *mehrten* sich auf »rätselhafte Weise«. Diese unliebsame Entwicklung war nicht auf das Programm selbst zurückzuführen, sondern darauf, daß die Anwender – verärgert über die Tatsache, bei dem Kaufentschluß übergangen worden zu sein, – dafür gesorgt hatten, daß der Erfolg ausblieb. Ergebnis: nach Beendigung der Test-Trainings wurde das Programm abgesetzt.

Unser Freund hat aus dieser unliebsamen Erfahrung gelernt. Er wußte, daß er selbst für den Mißerfolg verantwortlich war, weil er die Anwender, die bei dem Verkaufsvorgang eine Schlüsselrolle spielten, ignoriert hatte, und schwor sich, einen derartigen Fehler künftig nie wieder zu machen. »Das nächste Mal, wenn jemand mein Produkt einsetzen soll, muß er es zunächst einmal *wollen*!«

Der Wächter

Anwender *können*, Wächter *müssen* schwierig sein. Ein völlig entnervter Verkäufer aus unserem Bekanntenkreis beschrieb diese Kaufbeeinflusser-Gruppe einmal als »diejenigen, die nicht ja, sondern nur nein sagen können und das meistens tun«. Wie die Anwender so treten auch Wächter nicht als Einzelpersonen, sondern vor allem bei mehrschichtigen Verkaufsvorgängen in größerer Anzahl und in verschiedenen Ausprägungen dieser Rolle auf. Da ihr Urteil so oft negativ ist, stellen Wächter in ihrem vereinten Auftreten ein echtes Problem für jeden Verkäufer dar.

Der Wächter in der Rolle des »Petrus an der Himmelspforte«

Wächter sagen »Nein«, weil das ihre Aufgabe ist. Sie werden dafür bezahlt, die unbrauchbaren Angebote aus der Menge der brauchbaren *auszufiltern*. Sie spielen in mehrschichtigen Verkaufsvorgängen die Rolle des Petrus an der Himmelspforte. Ein Wächter ist derjenige, der bei einer Trauung aufstehen und sagen würde: »Halt! Ich habe Einwände gegen diese Eheschließung!« Im Fußball wäre seine Funktion die des Linienrichters: er hat keinen unmittelbaren Einfluß auf den Spielablauf, aber *er entscheidet mit*, wer im Spiel bleibt und wer die rote Karte erhält.

Die Einwände des Wächters scheinen mitunter ziemlich belanglos, aber mit der Rolle, die er bei einem Kauf/Verkaufsvorgang spielt, ist eine unerläßliche Funktion verknüpft. Da er die Anbieter auf Herz und Nieren prüft und aussortiert, ist die Wahrscheinlichkeit gering, daß kurz vor dem Kaufabschluß noch unvorhergesehene verfahrenstechnische Schwierigkeiten auftauchen, denn er kennt die (möglichen) Lieferanten und deren Angebote aufgrund der Selektionskriterien im Leistungsbeschrieb.

Das heißt nicht, daß er zwangsläufig aus dem technologischen Bereich stammen *muß*. Er *kann* natürlich mit Technologie befaßt sein, aber selbst wenn er sich auf Fachgebiete wie Elektronik oder Regeltechnik spezialisiert hat, weiß er vielleicht weniger über ein spezifisches Produkt aus diesem Bereich als der Verkäufer, der es anbietet. Wächter beurteilen eine Ware oder Dienstleistung allein anhand ihrer meß- und quantifizierbaren Aspekte und fragen sich, inwieweit das Angebot mit den verschiedenen, von ihrem Unternehmen gewünschten Produktspezifika übereinstimmt – wobei diese Spezifika nicht unbedingt technologischer Natur sein müssen. Zum Beispiel weiß der Justitiar eines Käuferunternehmens unter Umständen nicht das geringste über die technologischen Aspekte Ihres Produktes. Er kann Sie vielmehr ausfiltern über die Absprachen und Konditionen, die für diesen Verkaufsvorgang gelten sollen – also die Voraussetzungen, die in den vertragsrechtlichen Bereich fallen.

Einkaufs-Sachbearbeiter übernehmen oft die Wächterrolle. Sie beurteilen die (potentiellen) Lieferanten nach ihren Preisen, nach der Lieferzeit, der Qualität und Zuverlässigkeit der Produkte, nach logistischen Gesichtspunkten, ja selbst nach den Referenzen, die der Anbieter vorzuweisen hat. Sie können eine Verkaufsverhandlung selbst dann zum Scheitern bringen, wenn Ihr Produkt die Bedürfnisse des Kundenunternehmens in allen Punkten befriedigt. Finanzexperten legen bei der Beurteilung der Anbieter die Zahlungsfristen oder -bedingungen zugrunde. Der Leiter der Personalabteilung spricht sich gegen einen Kauf aus, weil er befürchtet, die Arbeitsmoral könne durch das Produkt leiden. Eine Behörde verhindert einen Abschluß mit einem Käuferunternehmen aufgrund der gesetzlichen Bestimmungen. In jedem dieser Beispiele blockiert der Wächter im Rahmen seiner fachlichen Kompetenz einen Kauf, den möglicherweise alle anderen Betroffenen befürworten.

Um den Wächter zu identifizieren, bevor er Sie »vom Platz stellt«, müssen Sie wissen, worauf er sich konzentriert, was ihn veranlaßt, Sie zu empfehlen oder Ihnen die Tür zu weisen. Dieser entscheidende Faktor ist für ihn *das Produkt selbst*. Ihm geht es vornehmlich darum, zu erkennen, in welchem Maße es den Anforderungen gerecht wird, die gestellt werden. Je vertrauter Sie also mit Ihrem Produkt und den Prüfungen sind, denen es in einer bestimmten Verkaufssituation unterzogen werden kann, desto besser stehen Ihre Chancen, sämtliche Wächter zu überzeugen und von ihnen weiterempfohlen zu werden.

Der / die Wächter

	Oft mehrere oder viele
Rolle	Prüfen, Ausfiltern
	• Beurteilt meßbare, quantifizierbare Eigenschaften • Spricht Empfehlung aus • Kann den Kauf nicht genehmigen • Kann den Kauf verhindern - und tut dies oft
konzentriert sich auf	Waren und Dienstleistungen als solche
fragt	"Werden unsere Anforderungen erfüllt?"

Das Diagramm faßt noch einmal die kritischen Faktoren zusammen, die das Profil des Wächters bestimmen und von Ihnen berücksichtigt werden müssen.

Der versteckte oder getarnte Wächter

Wächter sind oft schwerer zu identifizieren als Anwender oder Entscheider, und deshalb stellen sie für viele Verkäufer ein besonderes Problem dar. Es kann fatale Folgen haben, die Macht des Wächters zu unterschätzen oder anzunehmen, daß jemand, der lediglich mit der Aufgabe des Ausfilterns betraut ist, keinen Einfluß im Unternehmen oder auf die Kaufentscheidung hat. Eine Fluggesellschaft, die in einer finanziellen Krise steckte, mußte erst vor kurzem diese schmerzliche Entdeckung machen, als die Firmenleitung versuchte, mit einer Reihe der inzwischen stillgelegten Maschinen ins Frachtgeschäft einzusteigen. Die besorgten Gläubiger, die Gerichte, die sich mit dem säumigen Schuldner befassen mußten, und die Gewerkschaften begrüßten das Vorhaben einhellig, aber in letzter Minute verkündete die Federal Aviation Agency (US-Bundesluftfahrtamt), daß man dem Unternehmen keine Start- und Landerechte einräumen könne, weil diese bereits an andere Fluggesellschaften vergeben worden waren.

Wenn die betroffenen Parteien alle Einzelaspekte schon vor Beginn der Verhandlungen in Betracht gezogen hätten, wäre ihnen aufgefallen, daß die FAA eine, wenn auch verborgene, Wächterrolle innehatte und daß für den Erfolg des Projektes die Kontaktaufnahme mit diesem Wächter und seine Zustimmung von entscheidender Bedeutung waren. Da man die positive Einstellung dieses wichtigen Kaufbeeinflussers als selbstverständlich voraussetzte, mußte das Geschäft platzen.

Manche Wächter wirken unsichtbar im Hintergrund, andere sind auf den ersten Blick zu identifizieren. Sie stellen einen schwer auszulotenden Faktor dar, nicht nur aufgrund der Tatsache, daß sie mit Prüfen und Ausfiltern befaßt sind, sondern weil man sie in dieser Rolle leicht mit dem Entscheider verwechseln kann. Das Lieblingsspiel vieler Wächter ist es, Sie davon zu überzeugen, *sie* wären die Entscheider, deren »Ja« den Kauf endgültig besiegelt. Wenn Sie diese Camouflage nicht durchschauen, sind Sie aus dem »Rennen«, noch bevor der Startschuß gefallen ist.

Der eine oder andere Wächter, der seine Vorliebe für dieses Spiel offen zugibt, will Sie bewußt über seine Rolle in einer bestimmten Verkaufssituation täuschen; aber so sind zum Glück nicht alle. Manche sind *tatsächlich* der Meinung, ihre Entscheidung sei ausschlaggebend. Obwohl die Rolle des Wächters eher darin besteht, »Nein« als »Ja« zu sagen, ist dem, der die Rolle spielt, oft nicht klar, was sie beinhaltet, vor allem, wenn der echte Entscheider noch unschlüssig ist. Dieser bittet einen Wächter – um Zeit zu gewinnen – um seine »Empfehlung«, ohne der recht vagen Aussage dieses Begriffes Rechnung zu tragen. »Ich verlasse mich ganz auf Sie, Margarete«, erklärt er vielleicht. »Aber sagen Sie *mir* zuerst, für wen Sie sich entschieden haben.« Sollte Margarete eine wirklich rationale Person ohne Minderwertigkeitsgefühle sein, interpretiert sie die Aufforderung so, wie sie gemeint ist: »Sie geben mir die nötigen Informationen; *ich* treffe die Entscheidung.« Reagiert sie hingegen wie die meisten Menschen, dann bedeutet dieser Satz für sie: »Ich vertraue Ihnen. Sie treffen die Entscheidung." Deshalb kann es vorkommen, daß Sie sich einem aufrichtigen und durchaus wohlmeinenden Wächter gegenübersehen, der seine Rolle in diesem Verkaufsvorgang gründlich mißversteht. Wenn Sie ihn oder sie beim Wort nehmen, bahnt sich schon das nächste Mißverständnis an.

Um Identifizierungsprobleme wie dieses zu vermeiden, brauchen Sie die Hilfe des vierten Kaufbeeinflussers, Ihres Coach.

Der Coach

Die Rolle des Coach besteht darin, Sie *durch den Verkaufsprozeß zu führen* und Sie darüber hinaus mit den Informationen zu versorgen, die nicht nur einen erfolgreichen Abschluß Ihrer Anbahnung, sondern auch zufriedene Kunden und Folgegeschäfte garantieren. Ihr Coach kann Ihnen bei der Identifizierung und der Kontaktaufnahme zu den Personen helfen, die als Rollenträger in diesem Verkaufsvorgang in Frage kommen, sowie bei der Analyse der Verkaufssituation, so daß Sie in der Lage sind, sich bei jedem einzelnen Kaufbeeinflusser optimal zu positionieren. In jedem mehrschichtigen Verkaufsvorgang brauchen Sie *mindestens einen* Coach.

Der Coach	
	Mindestens einer muß aufgebaut werden
Rolle	Führt den Verkäufer durch genau diesen Kaufprozess
	Kann gefunden werden
	• in der Käuferorganisation
	• in der Verkäuferorganisation
	• außerhalb von beiden
	Beschafft und beurteilt Informationen
	• über den aktuellen Stand
	• über die Kaufbeeinflusser und
	• wie jeder gewinnen kann
konzentriert sich auf	Erfolg des Verkäufers mit diesem Angebot
fragt	"Wie können wir das Verkaufsziel erreichen?"

Die Suche nach einem Coach unterscheidet sich von der Ermittlung der Personen, die die übrigen Rollen besetzen. Die ersten drei Kaufbeeinflusser sind in jeder Verkaufssituation bereits vorhanden und warten quasi darauf, identifiziert zu werden; Sie müssen lediglich wissen, wo Sie nach ihnen zu suchen haben. Ihr Coach ist dagegen jemand, den Sie nicht nur *finden*, sondern auch *aufbauen* und *entwickeln* müssen. Die ersten drei Kaufbeeinflusser-Gruppen spielen ihre Rolle bereits, wenn Sie sie identifiziert haben. Die Rolle des vierten und letzten Kaufbeeinflussers, des Coach, muß von Ihnen erst *geschaffen* werden.

Dabei sollten Sie daran denken, daß Ihr Coach sich primär auf Ihren Erfolg in *dem* Verkaufsvorgang konzentriert, für den Sie seine Hilfe erbeten haben.

Die im Diagramm auf Seite 81 aufgeführten Merkmale lassen das Profil dieser vierten, spezifischen Kaufbeeinflusser-Art erkennen.

Die drei Kriterien für die Wahl eines guten Coach

Bei der Suche nach einer geeigneten Person, die Sie als Coach aufbauen können, müssen Sie drei Faktoren berücksichtigen.

1. Sie besitzen persönlich bei ihm Glaubwürdigkeit

Das ist im allgemeinen dann der Fall, wenn diese Person in der Vergangenheit durch einen Kauf bei Ihnen gewonnen hat. *Per definitionem* können Sie also nach einem potentiellen Coach in Ihren Kundenunternehmen suchen, zu denen Sie bereits gute Beziehungen entwickelt haben. Wenn Sie jemandem vor einem Jahr ein Produkt verkaufen konnten, für das er sich Ihnen zu großem Dank verpflichtet fühlt, haben Sie, was das erste Kriterium betrifft, einen idealen Kandidaten für einen Coach gefunden. Aufgrund der Erfahrung mit Ihnen, Ihrem Produkt und Ihrenm Unternehmen konnte sich eine *Vertrauensbasis* entwickeln. Und genau das ist es, was man unter dem Begriff *Glaubwürdigkeit* versteht.

2. Ihr zukünftiger Coach ist bei Ihrer Kundenfirma glaubwürdig

Sobald Sie jemanden gefunden haben, der Ihnen vertraut, müssen Sie sich vergewissern, ob Ihr Kandidat seinerseits in der Käuferorganisation Glaubwürdigkeit genießt. Sollte das nicht der Fall sein, kann er kaum als Bindeglied zu Ihrer Kundenfirma fungieren, und die Informationen, die er Ihnen zum Verkaufsvorgang liefert, sind möglicherweise nicht valide, das heißt für Sie wertlos.

Da die Glaubwürdigkeit beim Kunden ein so wichtiger Faktor ist, finden Sie einen guten Coach oft in der Käuferorganisation selbst. Wir haben bereits gesagt, daß es in einem Verkaufsvorgang möglicherweise Personen gibt, die mehr als eine Rolle spielen. Ein Wächter oder Anwender, der auf Ihrer Seite steht, kann einen ausgezeichneten Coach abgeben. Am vorteilhaftesten ist es natürlich, wenn es Ihnen gelingt, den Entscheider im Kundenunternehmen als Coach zu gewinnen.

3. Ihr Coach möchte, daß Sie Erfolg haben

Das heißt nicht unbedingt, daß ihm Ihr Erfolg im Leben oder Ihre Karriere generell am Herzen liegt. Ein guter Coach kann – muß jedoch nicht – Mentor oder Freund sein. Schon der Begriff »Coach« – der aus dem sportlichen Bereich stammt und mit einem positiven Inhalt besetzt ist – sagt aus, daß er Ihren Erfolg in dieser speziellen

Verkaufssituation wünscht. Er hat – aus welchen Gründen auch immer – erkannt, daß es seinem *Selbstinteresse* dient, wenn die Käuferfirma *Ihre* Problemlösung akzeptiert.

Da sich der Coach auf Ihren Erfolg konzentriert, können Sie auch in Ihrem eigenen Unternehmen gute Kandidaten finden. Daß den Einsatzmöglichkeiten eines Coach nahezu keine Grenzen gesetzt sind, hat vor kurzem erst ein Verkaufsrepräsentant bewiesen, der seinen Chef für diese Rolle auswählte und mit seiner Hilfe spektakuläre Verkaufserfolge bei einem Kunden erzielte. Der Vorgesetzte war früher selbst Verkäufer gewesen und hatte eben diese Kundenfirma betreut; da er stets darauf bedacht gewesen war, daß bei seinen Abschlüssen sowohl Käufer als auch Verkäufer persönlich gewannen, besaß er Glaubwürdigkeit bei den Kaufbeeinflussern. Und weil unser Verkaufsrepräsentant selbst zur Klasse der Spitzenverkäufer zählte, genoß er bei seinem Chef und Coach Glaubwürdigkeit. Das Angebot stellte für das Kundenunternehmen einen sichtbaren Gewinn dar, und so war es nicht verwunderlich, daß dem Coach der Erfolg seines Mitarbeiters am Herzen lag. Sie sehen, dieser Verkäufer hat einen hervorragenden Coach gefunden und aufgebaut, der alle drei Kriterien erfüllt.

Jemanden bitten, die Rolle des Coach zu übernehmen

Sie haben vielleicht nicht immer das Glück, einen Kandidaten zu finden, der die Anforderungen in allen drei Punkten erfüllt. Aber wenn alle Anzeichen darauf hindeuten, daß er einen guten Coach abgeben könnte, sollten Sie seine Qualifikation prüfen, indem Sie ihn bitten, diese Rolle zu übernehmen. Ein echter Coach wird Ihnen nur selten die Unterstützung verweigern, um die Sie gebeten haben. Tatsache ist, daß die meisten Menschen die Gelegenheit, jemandem als Coach zu dienen, sogar begrüßen. In unserem Kulturkreis ist der Begriff »Coach«, wie wir schon gesagt haben, mit einem positiven Inhalt besetzt, und nur wenige Könner lassen sich die Chance entgehen, zu zeigen, wen sie kennen und wieviel sie wissen. Selbst ein Kandidat, der nicht über die für einen spezifischen Verkaufsprozeß erforderlichen Informationen verfügt, kann Sie möglicherweise zu jemandem führen, der diese Kenntnisse besitzt. Wenn es Ihnen gelingt, für Ihre verschiedenen Verkaufsvorgänge im Laufe der Zeit mehrere Personen als Coach zu gewinnen, aufzubauen und zu entwickeln, schaffen Sie ein dichtes Netzwerk von zuverlässigen Informationsquellen, die Ihnen den Weg zu den wichtigen Spielern in jedem Ihrer mehrschichtigen Verkaufsvorgänge weisen – ungeachtet Ihres spezifischen Verkaufsziels.

Jemanden zu fragen, ob er bereit ist, die Rolle des Coach zu übernehmen, ist jedoch nicht dasselbe, als wenn Sie jemanden um eine Referenz oder Hilfe in einem Verkaufsvorgang bitten. Ihnen kann nicht daran gelegen sein, daß Ihr Coach Ihnen die Arbeit abnimmt, und Sie sollten sich hüten, einen solchen Eindruck zu erwekken. Sie sind nicht nur selbst am besten geeignet, Ihre Ware oder Dienstleistung zu verkaufen, sondern es wäre auch eine Zumutung, Ihrem Coach, der selbst genug zu tun hat, auch noch Ihre Arbeit aufzubürden. Wenn Sie ihn fragen: »Würden Sie mir bei dem Gespräch mit Herrn X helfen?« oder »Werden Sie mich ihm empfehlen?« könnte er aus Ihren Worten herauslesen: »Mach Du meine Arbeit; ich bin dazu nicht fähig.« Sie verlieren an Glaubwürdigkeit, wenn Ihr Coach Ihre Aussage so interpretiert.

Wir empfehlen Ihnen daher, Ihren Coach nicht um Referenzen, sondern um Informationen und Empfehlungen zur Vorgehensweise zu bitten. Er soll Ihnen dabei helfen, *Ihre Position gegenüber den einzelnen Kaufbeeinflussern zu durchdenken.* Wenn Sie nicht um Referenzen nachsuchen, sondern klarstellen, daß Sie an einem Coach interessiert sind, sagen Sie damit unmißverständlich aus, daß *Sie* die Verantwortung für Ihre Arbeit tragen und seine Ratschläge dabei eine wertvolle Hilfe für Sie wären. Ihre Botschaft sollte also lauten: »Ich übernehme die volle Verantwortung für diesen Verkaufsvorgang, aber ich möchte von Deinen Kenntnissen und Erfahrungen profitieren. Der Verkaufsakt ist meine Aufgabe, aber ich wäre Dir dankbar, wenn Du mir dazu einige Tips geben könntest.« Vielleicht ist es eine Ironie des Schicksals, daß ein Verkäufer, der um Referenzen bittet, selten einen Coach findet, während derjenige, der jemanden bittet, die Rolle des Coach zu übernehmen, in den meisten Fällen eine Zusage bekommt – und Referenzen obendrein.

Erläuterungen und Modifikationen für Verkäufer im Konsumgüterbereich*)

Viele Verkäufer, die an unserem Workshop »Strategisches Verkaufen« teilgenommen haben, arbeiten im Konsumgüterbereich. Sie verkaufen abgepackte Waren, Getränke und andere Konsumartikel an Großabnehmer im Groß- und Einzelhandel, wie zum Beispiel an Verbrauchermärkte, Discounter, Warenhäuser, Einkaufsgenossenschaften, Filialisten, Handelsketten, Coops und Cash+Carry-Unternehmen. Vielfach gehören auch Restaurant- und Hotelketten, Gastronomiebetriebe sowie Kantinen und Casinos von Unternehmen, Krankenhäusern und Verwaltungen dazu. So verkaufen einige unserer Kunden, etwa Coca-Cola, Wilson Sporting Goods und Kimberly-Clark, nicht direkt an industrielle oder andere kommerzielle Endverbraucher, sondern an Unternehmen und Betriebe der genannten Art.

Wenn Sie im mehrschichtigen – und mehrstufigen – Konsumgüter-Verkauf arbeiten, dann wissen Sie, daß sich hier einige Aspekte von mehrschichtigen Verkäufen in allen anderen Bereichen unterscheiden.

- Zum einen verkaufen Sie nicht an die Endverbraucher Ihrer Produkte; Ihre Kunden handeln als Mittelspersonen zwischen Ihnen und den Konsumenten.
- Zum anderen ist für Ihre Kunden die Umschlagsgeschwindigkeit der Ware von erheblicher Bedeutung. Damit hängt der ständige Kampf der Lieferanten um die beste Plazierung, die Größe der Regal- und/oder Stapelfläche, die Festlegung der Kontaktstrecke oder – je nach Artikel – die Plazierung in der Kassenzone zusammen.
- Auch Fragen der Aufnahme eines Artikels in das Sortiment (Erstdisposition), der Aufnahme des Artikels in den Ordersatz (Listung) und der Erst- und Nachdispositionsmengen spielen im Normalgeschäft eine Rolle.
- Im Aktionsgeschäft geht es darüber hinaus zum Beispiel um die Festlegung der Aktionsartikel, Zeitpunkt und Dauer der Aktion, Bestimmung der Aktionsmengen, Umfang und Ort einer Zweitplazierung und vieles andere mehr.

Im Bereich der Konsumgüter werden also nicht einfach Produkte, sondern *Produkt-Promotions* angeboten, es wird sozusagen auch »hinausverkauft«.

Schon mit diesen wenigen Hinweisen ist sichtbar geworden, daß es im Konsumgü-

---

*) Dieser Abschnitt wurde – unter Zugrundelegung des amerikanischen Originals – von Günther H. Wagner an die differenzierteren und vielschichtigen deutschen (europäischen) Verhältnisse angepaßt (Anmerkung des deutschen Verlages).

terbereich eine besondere Terminologie gibt – deshalb sind hier einige Erläuterungen und Modifikationen erforderlich.

Sie wissen, daß wir den Begriff »Kaufbeeinflusser« in dem Sinne benutzen, daß damit Personen beschrieben werden sollen, die eine oder mehrere *Rollen* in einem Kaufvorgang spielen. Wir haben den Unterschied zwischen funktionellen Titeln – wie »Werkseinkäufer« – und Rollen – wie »Wächter« – erläutert. Und wir haben Sie davor gewarnt, automatisch jedermann mit Einkaufsverantwortung als einen »Käufer« im Hinblick auf Ihr jeweiliges, individuelles Verkaufsziel anzusehen.

Nach unserer Erfahrung bleibt – trotz dieser Vorbehalte – der Begriff »Käufer« auch oder gerade für im Konsumgüterbereich agierende Personen ein Schlüsselbegriff. Weil dieser Jemand nicht in allen Fällen die Art von Kaufbeeinflusser ist, von der wir sonst sprechen, empfiehlt sich hier zum Teil eine andere Terminologie. In den Workshops, an denen Verkäufer von Konsumgütern oder anderen Massenwaren teilnehmen, sprechen wir zwar auch von Entscheidern, nicht aber von Anwendern und Wächtern. Statt dessen benutzen wir die Begriffe *Rausverkäufer* und *Reinkäufer*, um die beiden Rollen zu beschreiben, die sich – wie auch die Rolle des Entscheiders – in einigen Aspekten von den jeweiligen Rollen bei Verkäufen an „industrielle" Endabnehmer unterscheiden.

Ein weiterer, entscheidender Unterschied, der leicht zu Verwirrung und Zweifeln an der Gültigkeit des Konzeptes »Strategisches Verkaufen« in diesem Bereich führen kann, kommt im Konsumgüterbereich hinzu. Während sich nämlich der Verkäufer im »Nicht-Konsumgüterbereich« einer *einstufigen* Einheit auf der Kundenseite gegenübersieht, sind (vor allem) die größeren Handelsunternehmen *drei- oder vierstufig* organisiert – *und auf allen drei beziehungsweise vier Ebenen werden für den Hersteller – und damit den Verkäufer – relevante Entscheidungen getroffen.* Dies haben jüngere empirische Untersuchungen, wie zum Beispiel die von Professor Christian Behrends vorgelegte Studie über das »Entscheidungs- und Informationsverhalten im Handel«, immer wieder bewiesen. Verwirrung entsteht dabei immer dann, wenn unsere Prämisse außer acht gelassen wird, daß eine sinnvolle und effektive Verkaufsstrategie nur im Hinblick auf *ein individuelles, klar und präzise formuliertes und an eine Zeitgrenze gebundenes Verkaufsziel* formuliert werden kann.

Das Verkaufsziel kann sein »die Aufnahme unseres Produktes P in der Ausführung P 1 in den Ordersatz (Listung) der freiwilligen Kette XY bis 31. 12. 1988«. Ein *anderes* Verkaufsziel ist »die Erstdispositionsmenge m dieses Produktes P in der Ausführung P 1 in dem Verbrauchermarkt V der freiwilligen Kette XY bis 31. 3. 1989«. Zweifellos werden die Entscheider dieser beiden Verkaufsziele nicht dieselben Personen (Gremien) sein, wenngleich der Entscheider des zweiten Verkaufszieles (häufig der Marktleiter) in seiner *Rolle als Rausverkäufer* auch auf die Entscheidung zum ersten Verkaufsziel maßgeblichen Einfluß nehmen kann – zum Beispiel als Mitglied des Sortimentsausschusses.

Bei Verkaufsvorgängen im Konsumgüterbereich gilt es also, die Tatsache zu beachten, daß das (scheinbar) »eine« Verkaufsziel eben nicht ein und dasselbe ist, sondern daß sich dieses, abhängig von der jeweiligen Entscheidungsebene und dem warenwirtschaftlichen Aspekt der Entscheidung, auf *mehrere und verschiedene Verkaufsziele* aufteilt. Dabei können die Rollenträger für die Verkaufsziele auf den verschiedenen Entscheidungsebenen zwangsläufig die gleichen, aber auch ganz andere Personen (oder Gremien) sein.

Aus diesem Grund ist die Prämisse des individuellen Verkaufszieles und dessen eindeutige und klare Formulierung für »Strategisches Verkaufen« im Konsumgüterbereich von ganz besonderer Bedeutung.

Der Entscheider

Auch im Konsumgüterbereich ist das wesentliche Charakteristikum des Entscheiders seine *Vetomacht*. Es gibt aber zwei Aspekte, die ihn von den Entscheidern im Nicht-Konsumgüterbereich unterscheiden.

Der Entscheider	
	Nur einer je Kauf (Einzelperson oder Gremium, wie Marketing- oder Sortimentsausschuß)
Rolle	Erteilt die Kaufgenehmigung
	• Entscheidet über Budgets • Kann Mittel freigeben • Kauft Ihr Produkt oder Ihre Promotion • Hat Vetomacht bzw. Vetorecht
konzentriert sich auf	Auswirkungen auf das Unternehmen insgesamt, das Warensortiment und die Profilierung bei den Käufer-Zielgruppen
fragt	"Verbessert sich unsere Kosten- / Ertrags-Situation?"

Sie sehen, daß die genannten Merkmale praktisch identisch sind mit denen in der Übersicht auf Seite 70. Beachten Sie jedoch, daß der Entscheider im Konsumgüterbereich, zusätzlich zu dem Interesse dieses Rollenträgers an den Auswirkungen eines Kaufes auf das Unternehmen insgesamt, ein besonderes Interesse hat an den

Antworten auf zwei spezifische Fragen, nämlich den Auswirkungen auf das *Warensortiment* und die *Käufer-Zielgruppen* einerseits und *warenwirtschaftliche Gesichtspunkte* andererseits. Die Schwerpunkte des Interesses an den Antworten auf diese Fragen verschieben sich dabei im Hinblick auf das individuelle Verkaufsziel und damit die angesprochene Entscheidungsebene. Weitere Bestimmungsfaktoren sind die institutionellen, also organisatorischen Gegebenheiten beim jeweiligen Handelsunternehmen und der »Grad der Entscheidungsfreiheit« nachgelagerter Stufen.

Aus all diesen Überlegungen und Beobachtungen ergibt sich die Feststellung, daß es im Konsumgüterbereich noch weniger als bei anderen mehrschichtigen Verkäufen möglich ist, von bestimmten Funktionsbezeichnungen auf den Entscheider zu schließen: *Der Entscheider muß im Hinblick auf das individuelle Verkaufsziel in einer strategischen Analyse identifiziert werden.*

Der zweite Aspekt, in dem sich Entscheider im Konsumgüterbereich von denen bei anderen Verkaufsvorgängen unterscheiden, ist die Tatsache, daß der Entscheider im zuletzt genannten Fall meistens zu bestimmen hat, *ob* die Mittel zur Finanzierung eines Kaufangebotes überhaupt freigegeben werden sollen oder nicht. Demgegenüber hat der Entscheider im Konsumgüterbereich sehr häufig nicht die Frage zu beantworten, *ob* die erforderlichen Mittel zur Verfügung gestellt werden sollen, sondern *für welches alternative Angebot* dies geschehen soll.

Ungenügende Etatansätze spielen bei Unternehmen im Konsumgüterbereich nur selten eine Rolle. Es geht vielmehr um die Frage, wieviel Mittel für ein bestimmtes Produkt oder eine bestimmte Promotion aufgewandt werden sollen – und zu welchem Zeitpunkt. An den Entscheider im Konsumgüterbereich zu verkaufen heißt deshalb oft, ihn davon zu überzeugen, daß Ihre Promotion den Löwenanteil am bereits für diese Warengruppe vorgesehenen Budget verdient.

Der Rausverkäufer

Das nahezu vollständige Äquivalent zum Anwender nennen wir im Konsumgüterbereich den Rausverkäufer. Wir sagten »nahezu vollständig«, weil es zwischen Anwendern und Rausverkäufern einen wesentlichen Unterschied gibt. Im Gegensatz zu den Anwendern wenden die Rausverkäufer Ihre Produkte nicht selbst an oder überwachen die Anwendung, denn der einzig wirkliche »Anwender« ist hier der Konsument. Statt dessen hat der Rausverkäufer mit warenwirtschaftlichen, mit logistischen Fragen zu tun. Das sind Fragen der Warenpräsentation, der Kontaktstrecke, der Sortimentsgestaltung, wie etwa Sortimentsbreite und -tiefe, oder auch Fragen der Angebotsform, wie Selbstbedienungs-, Vorwahl- oder Bedienungssystem, der Zweitplazierung von Waren im Aktions-Geschäft und so weiter.

Der Rausverkäufer *steuert* den Warenfluß oder *managt die Steuerung* des Warenflusses durch den Verkaufsprozeß, vom eigentlichen Marketing bis hin zur Ladenkasse. Seine Rolle besteht darin, *operationelle Richtlinien* dafür zu erlassen, wie die einzelnen Waren am effektivsten durch den Verkaufsprozeß gesteuert werden können. Personen, die diese Rolle spielen, sind an allem interessiert, was den Ablauf des Prozesses beeinflußt, zum Beispiel Fragen des Platz- oder Raumbedarfs, der Bevorratung, der Konsumenten-Nachfrage und der Preisgestaltung. Ihre Merkmale sind in dem nachfolgenden Diagramm zusammengestellt.

Der / die Rausverkäufer	
	Oft mehrere oder viele (eventuell Verkaufs-besprechungsgremium)
Rolle	Erlassen operationelle Richtlinien und Marketingstrategien für die jeweilige Vertriebslinie
	• Managen das Handling Ihres Produktes • Beeinflussen Sortimentsgestaltung • Bestimmen Warenpräsentation und Angebotsform
konzentriert sich auf	Platz- oder Raumbedarf Bevorratung Waren-Präsentation am point of sale Konsumenten-Nachfragen Plazierungsfragen Preisgestaltung
fragt	"Was bringt es mir? Welcher Umsatz ist damit möglich? Paßt das in meine Märkte?"

Häufig spielen – wie bei den Anwendern – viele Personen die Rolle des Rausverkäufers – und ihre Funktionsbezeichnungen im Kunden-Unternehmen sind genauso vielfältig. Das sind die Markt- oder Filialleiter, deren Abteilungsleiter, die Gebietsverkaufsleiter, die Verkaufsleiter der einzelnen Profit-Center, der verschiedenen Vertriebsschienen und der Zentralen, die Verkaufs- oder Fachberater, aber auch die Verkaufsbesprechungsgremien. Alle diese Personen haben ein gemeinsames Interesse: Sie wollen wissen, wie effizient das Produkt durch *ihren Verantwortungsbereich geschleust* werden kann. Und das wiederum läßt sich leicht als analoges Interesse zu dem Wunsch der Anwender erkennen, zu erfahren, was ein Produkt im Hinblick auf *ihre Tätigkeit leistet*. Wie diese so wollen auch die Rausverkäufer wissen, was das Produkt für sie persönlich bringt.

Der Reinkäufer

Personen, welche die Rolle der Reinkäufer spielen, sind in etwa vergleichbar mit den Wächtern. Wie diese sind sie *Gatekeeper*, mit der Aufgabe, Lieferanten zu *prüfen und auszufiltern* sowie *Empfehlungen auszusprechen*.

Der / die Reinkäufer	
	Oft mehrere oder viele
Rolle	Prüfen, Ausfiltern, Empfehlungen aussprechen
	• Beurteilt meßbare, quantifizierbare Eigenschaften • Ist nicht **direkt** betroffen • Gatekeeper
konzentriert sich auf	Einstandspreise und andere Konditionen Produktqualität Verpackungsfragen Werbung und Promotion Verkaufsförderung Werbekostenzuschüsse
fragt	"Werden unsere Anforderungen erfüllt, (Sortimentsbreite und -tiefe, Qualitätsimage)?"

So wie die Wächter im allgemeinen nichts zu tun haben mit den Auswirkungen eines Produktes auf den betrieblichen Prozeß, so sind auch die Reinkäufer einen Schritt oder sogar mehrere Schritte entfernt von Fragen des direkten Anteils Ihres Produktes oder Ihrer Promotion am Umsatz. Während die Rausverkäufer normalerweise den Verkaufsprozeß auf allen Entscheidungsebenen beeinflussen, finden Sie die Reinkäufer oft weiter hinten in der Kette, nämlich im Wareneinkauf. Viele von ihnen beurteilen Produkte oder Promotionen, *bevor* diese in die Läden kommen. Und naturgemäß sind sie oft auf den obersten Entscheidungsebenen zu finden.

Wie die Beurteilungen durch die Wächter so sind auch die der Reinkäufer weniger subjektiv und in höherem Maße quantifizierbar. Dies gilt auch im Vergleich zu den Rausverkäufern, denn sie beurteilen ein Produkt nach allgemeingültigen, zumeist meßbaren Daten. Ihre wichtigsten Anliegen sind Fragen nach dem Preis, den Rabatten, der Qualität, der Verpackung, den Werbekostenzuschüssen, dem kostenlosen Displaymaterial, der Gewinnmarge, dem Liefer-, dem Merchandising- und dem Reklamationsservice und der sonstigen Verkaufsunterstützung.

Typische »Funktionen« der Reinkäufer sind nationale und regionale Einkaufsleitungen, die Einkaufsleitung von Vertriebslinien und Profit-Centern. Zu den Reinkäufern gehören die Einkäufer auf allen Entscheidungebenen, aber auch manche Fachberater. Und vor allem die Marketing- und Sortimentsausschüsse haben eine erhebliche Bedeutung.

Ein Vorbehalt ist jedoch erforderlich. Die Beurteilungen der Reinkäufer sind nicht immer objektiv – wodurch sie sich deutlich von den Wächtern unterscheiden. Wenn jemand, der die Rolle des Reinkäufers spielt, einmal »richtig danebenhaut«, dann hat er für diese Fehlbeurteilung »geradezustehen«: Es geht um *seinen* Beruf und um *sein* Ansehen. Dies ist die Gemeinsamkeit zwischen ihm und den Anwendern, welche ja auch danach fragen, wie sich ein Produkt für sie persönlich auswirkt. Deshalb stellt auch der Reinkäufer eine Mischung aus Anwender und Wächter dar.

Sinngemäß das gleiche kann über die Rausverkäufer gesagt werden. Obwohl für sie der Erfolg des Produktes im Absatzprozeß im Mittelpunkt steht, sind sie dennoch interessiert an Fragen der Verpackungseinheit, des Gewichtes, der Aufmachung und anderer »logistischer« Merkmale – und diese Merkmale sind objektiv und nicht »persönlich«. Daher findet man auch in jedem Rausverkäufer charakteristische Eigenschaften des Anwenders und des Wächters.

Es gibt keine weiteren Unterschiede

Wir bieten Ihnen diese alternative Terminologie an, um jedes Unbehagen zu vermeiden, das Sie bei der Verwendung von Begriffen empfinden könnten, welche mehr auf die Situation bei einem industriellen Kauf zugeschnitten sind. Und wir legen Wert auf die Feststellung, daß es – neben diesen hier genannten Besonderheiten und der vorgeschlagenen, branchenspezifischen Terminologie – wirklich keinen Unterschied in der Anwendung der Prinzipien des »Strategischen Verkaufens« auf einen Kaufvorgang im Konsumgüterbereich und jeden anderen mehrschichtigen Kaufvorgang gibt. Tausende von Workshop-Teilnehmern aus dem Konsumgütersektor können Ihnen das bestätigen. Wenn Sie sich mit dem Begriff »Käufer« unwohl fühlen, ersetzen Sie ihn für den Rest des Buches gedanklich durch dieses alternative Vokabular: Wann immer Sie auf den Begriff »Anwender« stoßen, ersetzen Sie ihn durch den Begriff »Rausverkäufer«, und bei »Wächter« denken Sie an den »Reinkäufer«.

Erinnern Sie sich aber bitte stets an den Vorbehalt, den wir soeben zum Rausverkäufer und zum Reinkäufer gemacht haben und der besagt, daß *beide* charakteristische Elemente *sowohl* des Anwenders *als auch* des Wächters beinhalten. Darüber hinaus bleibt es dabei, daß Sie *jede einzelne Person* ermitteln müssen, die für Ihr konkretes Verkaufsziel eine der *Käuferrollen* spielt – so wie wir dies am Anfang des Kapitels betont haben. Erinnern Sie sich auch daran, daß immer nur *eine* Person die Rolle des Entscheiders innehat, wohingegen Sie auf *mehrere* Rausverkäufer und *mehrere* Reinkäufer stoßen dürften und – ergänzend hierzu – daß jeder einzelne

Kaufbeeinflusser immer *mehr als eine* Rolle bei Ihrem Verkaufsvorgang spielen kann.

Der Begriff »Coach«, das ist offensichtlich, wird bei sämtlichen Kaufvorgängen in der gleichen Weise benutzt. Und *alle anderen Elemente* des Konzeptes »Strategisches Verkaufen« werden ebenfalls auf einheitliche Weise eingesetzt.

An alle Kaufbeeinflusser-Gruppen verkaufen

Kurz nach der Gründung unseres Unternehmens begann sich das Management eines der größten amerikanischen Lebensmittelhersteller für den Workshop »Strategisches Verkaufen« zu interessieren. Man plante, Hunderten von Verkäufern unsere Methode zu vermitteln. Der Unternehmenspräsident selbst reagierte begeistert auf unsere Präsentation, und wir begannen bereits, nach geeigneten Workshopräumen zu suchen.

Der einzige Haken an der Geschichte war der firmeninterne Leiter der Verkaufstrainings-Abteilung; er sah in unserem Workshop eine Bedrohung. Er war daran gewöhnt, die Trainings nach seiner eigenen Methode durchzuführen, und obwohl er es verstand, seine Einwände durch sachlich klingende Argumente wie »konzeptionelle Unvereinbarkeit« oder »grundlegende strukturelle Unzulänglichkeiten« zu kaschieren, war der wahre Grund für seine Ablehnung ganz offensichtlich Angst. Er befürchtete, auf dem Abstellgleis zu landen, falls man unsere Methode akzeptierte.

Wir glaubten, diesen Widerstand problemlos überwinden zu können. Nicht nur, weil wir wußten, daß seine Befürchtung unbegründet war – *er* sollte, sobald er mit unserer Methode vertraut war, die Leitung der Workshops übernehmen –, sondern auch deshalb, weil wir den Firmenchef höchstpersönlich auf unserer Seite hatten.

Unsere Sorglosigkeit erwies sich als riesiger Fehler. Als nämlich der Präsident auf die ablehnende Haltung des Trainingsleiters aufmerksam wurde, entzog er uns seine Unterstützung. Er war nach wie vor von unserer Methode beeindruckt, aber nicht bereit, die guten Beziehungen zu einem langjährigen Mitarbeiter zu gefährden, dem er voll und ganz vertraute. Das Ergebnis war, daß er einen Rückzieher machte, und es wurde nichts aus dem Auftrag, den wir bereits »in der Tasche« zu haben glaubten.

Dieses Beispiel zeigt, von welch entscheidender Bedeutung es in jedem mehrschichtigen Verkaufsvorgang ist, nicht nur einen, sondern *alle vier* Kaufbeeinflusser-Gruppen zu überzeugen. Wenn Sie sich, so wie wir, allein auf den Entscheider konzentrieren, kann das Ergebnis genauso katastrophal sein, als würden Sie ihn völlig ignorieren und Ihr Angebot statt dessen jemandem unterbreiten, der gar keine Befugnis hat, das endgültige »Ja« zu sprechen – wie im Fall des Flugzeugherstellers, den wir bereits geschildert haben. Wir hätten versuchen sollen, den Firmenpräsidenten als Coach zu gewinnen und mit seiner Hilfe den Trainingsleiter (der die Rolle des Anwenders und Wächters innehatte) davon zu überzeugen, daß die Angst um seine berufliche Zukunft unbegründet war. Statt dessen begingen wir den Fehler, den leider nur allzu viele Verkäufer machen: wir nahmen fälschlicherweise an, daß alles in bester Ordnung sei, solange »Big Boss« uns gewogen war. Diese Fehleinschätzung kam uns teuer zu stehen.

Viele Verkäufer zahlen auch heute noch diesen hohen Preis, weil sie sich darauf beschränken, entweder die Entscheidungsträger an der Unternehmensspitze (wie wir) oder die auf der mittleren Managementebene (wie der Flugzeughersteller) zu überzeugen. Es ist nicht einfach, mit alten Gewohnheiten zu brechen, und viele Verkäufer richten, wie gewohnt, ihr Augenmerk vornehmlich auf den Personenkreis, in dem sie sich wohlfühlen. Verkäufer im Elektronikbereich sind oft ausgebildete Ingenieure und fühlen sich häufig nicht dem Verkauf zugehörig, sondern als »technische Außendienstmitarbeiter«. Sie fühlen sich wohl im Umgang mit Angehörigen ihrer Profession und sind daran gewöhnt, ihre Produkte an Anwender und Wächter zu verkaufen, die ihre Sprache sprechen. Da sie sich in Topmanagement-Kreisen weit weniger heimisch fühlen, übersehen sie oft ihre Entscheider und verlieren wichtige Aufträge an den Konkurrenten, der alle vier Kaufbeeinflusser-Arten zu überzeugen versteht.

Wenn wir diesen Punkt in unseren Workshops betonen, stellt für gewöhnlich jemand die Frage: »Ja, aber was ist mit den Verkaufsvorgängen, in denen eine einzige Person alles macht? Gibt es denn nicht Situationen, in denen ein einzelner alle vier Rollen übernimmt?«

Diese Frage läßt sich fast immer verneinen. Wir wissen, daß es heute noch viele kleinere Firmen gibt, in denen der Gründer für alles zuständig zu sein *scheint,* und wir wissen ebenfalls, daß es – wenn Sie an eine solche Firma verkaufen – den Anschein erwecken mag, als ob die Entscheidungen von einer einzigen Person getroffen würden. Aber bevor Sie die Schlußfolgerung ziehen, daß alle vier Kaufbeeinflusser-Rollen auf diesen einen CEO und niemanden sonst entfallen, sollten Sie die Situation noch einmal gründlich analysieren. Prüft er tatsächlich alle juristischen Fragen, die die Firma betreffen, selbst? Ist er wirklich derjenige, der die Anwendung Ihrer Ware oder Dienstleistung persönlich vornimmt oder überwacht? Sind Sie sicher, daß er auf jede Art von Beratung oder Zustimmung verzichten kann? Oder, wenn Sie die Entscheidungsfindungsprozesse in diesem Unternehmen betrachten, könnte es nicht sein, daß seine Mitarbeiter Rollen spielen, die wesentlich komplexer und fundamentaler sind, als sie auf den ersten Blick scheinen?

Ein echtes Ein-Mann-Unternehmen gehört de facto der Vergangenheit an; ein Kauf, über den mit nur einer Stimme entschieden wird, entspricht weder heute noch in Zukunft der Realität. Die Komplexität der Entscheidungsfindung bei mehrschichtigen Verkaufsvorgängen ist die Regel, von der es nahezu keine Ausnahmen gibt. Sollten Sie sich also mit einer Verkaufssituation befassen, in der es nur einen einzigen Kaufbeeinflusser zu geben *scheint*, ist Vorsicht geboten. Wir haben zugegeben, daß die Kaufbeeinflusser nicht nur eine, sondern zwei und mehr Rollen übernehmen können, aber wenn Sie bei einem mehrschichtigen Verkaufsvorgang lediglich einen einzigen Rollenträger entdecken, dann liegt das mit sehr großer Wahrscheinlichkeit daran, daß Sie die Situation falsch beurteilen.

94

6 Schlüsselelement 2: Rote Flaggen – Gefahrensignal oder Chance?

In einem kürzlich durchgeführten Workshop »Strategisches Verkaufen« waren die Teilnehmer gerade damit beschäftigt, die verschiedenen Kaufbeeinflusser zu identifizieren, als plötzlich ein dynamischer junger Mann, der in seinem Unternehmensbereich zweimal zum Verkäufer des Jahres gekürt worden war, seinen Füllfederhalter fallen ließ und mit einem Ausdruck von Verwirrung und Begeisterung zugleich von seinen Unterlagen aufsah. Wir entdeckten, daß auf seinem Arbeitsblatt unzählige rote Flaggen prangten. »Ich habe gerade etwas festgestellt«, erklärte er mit süffisanter Genugtuung, »ich war immer der Meinung, dies sei einer meiner besten Kunden, und nun habe ich erkannt, daß ich ihn nicht einmal als Interessenten einstufen darf. Ich schätze, ich muß noch einmal ganz von vorne beginnen.«

Wir freuten uns über seine Erkenntnis und noch mehr über die Schlußfolgerung, die er daraus gezogen hatte. Man brauchte nicht lange, um zu erkennen, warum er ein Spitzenverkäufer war. Er hatte die roten Flaggen genauso eingesetzt, wie wir es in unserer Verkaufsstrategie empfehlen: als Zeichen für Probleme in einem Verkaufsvorgang, auf die man beizeiten seine Aufmerksamkeit lenken sollte. Wir haben immer wieder festgestellt, daß die Crème de la Crème unter den Spitzenverkäufern, die an unseren Workshops teilnehmen – diejenigen, die regelmäßig ihre Planzahlen weit übertreffen –, die *meisten* roten Flaggen setzen, wenn sie mit ihrer strategischen Kundenanalyse beginnen. Sie sind es, die den Signalcharakter der roten Flaggen in seiner vollen Tragweite erfaßt haben und die Hinweise – wie unser Workshop-Teilnehmer – zum Anlaß nehmen, den Verkaufsvorgang noch einmal zu überdenken.

Wie bereits gesagt, haben wir uns für die roten Flaggen als Hilfsmittel entschieden, weil sie im allgemeinen eine »Warnung« oder eine »Gefahr« signalisieren. Genauso sollten Sie diese Hinweise auf unsichere oder problematische Bereiche in Ihrer Verkaufsstrategie verstehen, auf Bereiche also, die keine vage, sondern eine ganz konkrete und unmittelbare Bedrohung für diesen Verkaufsabschluß darstellen. Das Symbol der roten Flaggen dient demselben Zweck wie die roten Flaggen, die Straßenbautrupps oder Sprengmeister verwenden: sie sollen rechtzeitig auf eine Gefahr aufmerksam machen, um uns vor Schaden zu bewahren.

»Automatische« rote Flaggen

Es gibt zahllose Faktoren, die einen Verkaufsabschluß gefährden können. Über viele werden wir in diesem Buch sprechen. Zunächst wollen wir jedoch auf fünf Problembereiche hinweisen, die für jeden Verkaufsvorgang eine immanente und so große Bedrohung darstellen, daß wir sie »automatisch« mit roten Flaggensignalen markieren.

1. Fehlen wichtiger Informationen

In unseren Workshops bitten wir die Teilnehmer, bei der Identifizierung der Kaufbeeinflusser in einem bestimmten Verkaufsvorgang die Namen derjenigen, deren Rolle unklar ist, sowie diejenige(n) Gruppe(n) von Kaufbeeinflussern, in der (denen) sie den oder die Rollenträger nicht ermitteln können, mit einer roten Flagge zu markieren. In beiden Fällen lenken wir die Aufmerksamkeit damit auf Bereiche, in denen *Informationen fehlen*, die für das Verständnis der Vorgänge im Verkaufsprozeß und den Verkaufserfolg absolut unerläßlich sind. Fehlende Informationen sollten Sie immer als ein Signal dafür betrachten, daß *Ihr Verkaufsabschluß in Gefahr ist* – gleichgültig, ob Ihre Wissenslücke sich auf einen der Kaufbeeinflusser oder eines der übrigen Schlüsselelemente der Verkaufssstrategie bezieht, die wir Ihnen noch vorstellen werden. Immer dann, wenn Sie in einem Verkaufsvorgang eine Frage haben, auf die Sie keine Antwort finden, ist es an der Zeit, Ihre Position noch einmal zu überdenken.

2. Ungewißheit über die Bedeutung der Information

Eine Überprüfung Ihrer Position ist auch dann geboten, wenn Ihnen die Antwort auf Ihre Frage vage oder ungesichert erscheint. In unseren Workshops sehen wir immer wieder einen klaren Unterschied zwischen Situationen, in denen ein Verkäufer nicht über die relevanten Daten verfügt und dieses auch weiß, und solchen, in denen er zwar im Besitz bestimmter Daten und Informationen ist, aber nicht mit Sicherheit bestimmen kann, welche Bedeutung sie für diesen Verkaufsvorgang haben. Oft birgt die letztgenannte Situation größere Risiken als die erste in sich, denn jemand, der weiß, daß ihm ein Teil des Puzzles fehlt, wird zumindest danach suchen. Verfügen Sie jedoch über ein Informationsbruchstück, das zwar wie das »richtige aussieht«, aber sich doch nicht nahtlos einpassen läßt, besteht die Gefahr, daß Sie es notfalls »zurechtbiegen«, um es in Ihre Situationsanalyse einzufügen – und damit genau das ignorieren, was Sie wissen *müßten*.

Da die Unsicherheit darüber, inwieweit eine Information als »gesichert« gelten kann, so häufig als Ursache für Mißerfolge im Verkauf nachzuweisen ist, möchten wir Ihnen denselben Rat geben wie unseren Workshop-Teilnehmern: Immer dann, wenn Sie »ziemlich« oder »beinahe« oder »zu neunzig Prozent« sicher sind, daß Sie eine Information verstehen, die für den Abschluß unerläßlich ist, *überprüfen Sie sie noch einmal genau* . . . , und greifen Sie zu den roten Flaggen.

3. Fehlender Kontakt zu einem Kaufbeeinflusser

Wir möchten Ihnen auch empfehlen, die Namen derjenigen Rollenträger in Ihrem Verkaufsvorgang mit einer roten Flagge zu markieren, die Sie noch nicht persönlich oder mit Hilfe einer anderen Person, die dafür besser geeignet ist, kontaktiert haben. *Jeder Kaufbeeinflusser, den Sie übersehen, stellt eine Gefahr dar.* Im Fußball rächt es sich oft bitter, wenn die Spieler nicht für eine lückenlose Deckung sorgen. Wenn Sie, als Verkäufer, solche Deckungslücken aufweisen, das heißt es versäumen, sämtliche Rollenträger in Ihrem Verkaufsvorgang zu identifizieren, ist das Ergebnis unter Umständen nicht minder katastrophal. Natürlich *kann* man ein Fußballspiel auch ohne eine starke Verteidigung oder ohne guten Vorstopper gewinnen und einen mehrschichtigen Verkaufsvorgang mit Erfolg beenden, auch ohne alle relevanten Rollenträger zu kontaktieren, aber der Ausgang ist alles andere als gewiß – warum also dieses Risiko eingehen?

Sie müssen nicht jeden Ihrer Kaufbeeinflusser selbst kontaktieren und überzeugen. Das ist sowieso nicht immer die effektivste Strategie. Aber *irgend jemanden* damit zu betrauen, Kontakt zu sämtlichen vier Kaufbeeinflusser-Gruppen herzustellen, gehört zu den vorrangigsten Pflichten eines strategischen Verkaufsprofis, der seine mehrschichtigen Verkaufsvorgänge umsichtig steuern will. Was für den Trainer einer Fußballmannschaft gilt, gilt auch für Sie: Sie haben dafür zu sorgen, daß sämtliche Positionen mit *den Personen besetzt sind, die dafür die beste Qualifikation mitbringen.*

In manchen Fällen sind Sie derjenige, der am besten für die Kontaktaufnahme mit einem Kaufbeeinflusser geeignet ist. In anderen ist es vielleicht ein Mitarbeiter Ihrer Firma oder einer der Kaufbeeinflusser in Ihrem Kundenunternehmen, der Ihrem Angebot wohlwollend gegenübersteht, oder Ihr Coach. Viele unserer Klienten – Saga, Coca-Cola, Hewlett-Packard oder Ryder/P.I.E., um nur einige wenige zu nennen – wenden die Strategie an, *Gleichrangige* einzusetzen. Da sie sich der Tatsache bewußt sind, daß sich ein Kaufbeeinflusser oft wohler fühlt, wenn er mit einer gleichgestellten Person zu tun hat, sorgen sie dafür, daß Verkaufsgespräche zwischen Vizepräsidenten und Vizepräsidenten stattfinden, daß Angehörige des mittleren Managements zu solchen der gleichen Hierarchiestufe im Käuferunternehmen Kontakt aufnehmen, daß Juristen in der Kundenfirma mit Fachkollegen Gespräche führen und so weiter. Hier sind viele Spielarten möglich. Keine Methode gleicht der anderen exakt, weil es keine zwei absolut identischen mehrschichtigen Verkaufsvorgänge gibt. All diesen äußerst erfolgreichen Arrangements ist jedoch eines gemein: *Sämtliche* Kaufbeeinflusser werden kontaktiert.

4. Kaufbeeinflusser, die neu in ihrer Position sind

Jedesmal, wenn ein neuer Rollenträger in Ihrem Verkaufsvorgang erscheint, sollten Sie automatisch eine rote Flagge setzen, insbesondere, wenn Sie ihn bisher noch nicht kontaktiert haben. Aber selbst dann, wenn der Kontakt zu einem neuen potentiellen Kaufbeeinflusser schon besteht, stellt er noch so lange eine Bedrohung für Ihren Verkaufserfolg dar, bis Sie seine Rolle in diesem Verkaufsvorgang mit absoluter Sicherheit bestimmt und herausgefunden haben, welche gefühlsmäßige Haltung er Ihrem Angebot gegenüber im Augenblick einnimmt. Das mag übervorsichtig klingen, aber da sich die Rollenträger in einem mehrschichtigen Verkaufsvorgang – und somit auch die Wahrnehmungen des einzelnen – schnell und auf subtile Weise verändern, wird diese Empfehlung vom gesunden Menschenverstand diktiert.

Ein Freund von uns, der medizinische Ausrüstungen verkauft, mußte nach *Abschluß* eines lukrativen Geschäftes mit einem medizinischen Zentrum entdecken, wie gefährlich es sein kann, die Bedrohung, die ein neuer Rollenträger darstellt, zu unterschätzen. Der Entscheider war in diesem Fall Jacobsen, Vizepräsident des Rechnungswesens. Dieser hatte den Auftrag bereits unterzeichnet, als ein neuer Mann namens Kolbe sein Amt übernahm. Unser Freund trat – in der irrigen Annahme, das Geschäft sei »unter Dach und Fach«, weil die Tinte schon trocken war und aufgrund seiner Überzeugung, daß auch Kolbe nichts mehr daran ändern könne –, einen Kurzurlaub an. Als er zurückkam, mußte er feststellen, daß ihm sowohl der Auftrag als auch die beachtliche Provision verlorengegangen war. Kolbe, der neue Entscheider, hatte den von seinem Vorgänger erteilten Auftrag storniert und einem preisgünstigeren Wettbewerber den Vorzug gegeben.

Wer einen neuen Kaufbeeinflusser auf diese Weise ignoriert, kann seinen Verkaufsvorgang nicht mehr zielgerecht steuern. Wie man sich in einer solchen Situation richtig verhält, hat einer unserer Workshop-Teilnehmer, der für eine Versicherungsgesellschaft arbeitet, demonstriert. Die Verhandlungen über eine Gruppenversicherung waren schon weit fortgeschritten, als das Kundenunternehmen, das dreitausend Mitarbeiter beschäftigte, plötzlich beschloß, einen Berater hinzuzuziehen – einen Experten im Bereich Gruppenversicherungen. Unser Teilnehmer wußte, daß sein schärfster Konkurrent, eines der größten Versicherungsunternehmen des Landes, sich keiner so starken Position bei diesem Kunden erfreute wie er. Hätte er sich auf seinen »Lorbeeren« ausgeruht und vergessen, daß neue Rolleninhaber eine Gefahr darstellen, wäre er vielleicht versucht gewesen, den Berater zu ignorieren – und hätte es sein Leben lang bereut. Zum Glück war er mit dem Konzept der roten Flaggen vertraut und stufte deshalb den Experten sofort als mögliche Bedrohung ein. Anstatt die Dame zu übergehen, nahm er sofort Kontakt mit ihr auf und überzeugte sie davon, daß es dem Interesse sämtlicher Beteiligten – einschließlich ihrem eigenen – diente, wenn sich die Käuferfirma für sein Angebot entschiede.

Der Konkurrent, der die Beraterin ignoriert *hatte*, hatte sich selbst ausmanövriert, und unser Teilnehmer machte das Rennen. Dies ist ein klassisches Beispiel dafür, wie man als strategischer Verkaufsprofi einen potentiell bedrohlichen Wächter in einen wertvollen Verbündeten verwandelt.

Neue Kaufbeeinflusser müssen keine Bedrohung *bleiben*. Eine Ihrer vordringlichsten Aufgaben als strategischer Verkaufsprofi besteht darin, so viele neue Rollenträger wie möglich als Sponsoren Ihres Angebotes zu gewinnen. Das gelingt Ihnen jedoch nur, wenn Sie jedem einzelnen von ihnen die gebührende Aufmerksamkeit widmen – und sich nicht dazu verleiten lassen, irgendeinen von vorneherein als Befürworter zu betrachten.

5. Reorganisation im Käuferunternehmen

Ein neuer Rollenträger bei den Kaufbeeinflussern ist ein relativ leicht auszumachendes Gefahrensignal. Weit schwieriger erweist es sich, eine Bedrohung zu erkennen, wenn die für einen Verkaufsvorgang relevanten Titel, Funktionen und Personen gleich bleiben, diese aber unvermutet andere *Rollen* als bei früheren Kauf/Verkaufssituationen innehaben. Wir haben gesagt, daß die Identität der Rollenträger, die zu den vier Kaufbeeinflusser-Gruppen zählen, selbst in einem beständig scheinenden Unternehmensumfeld kontinuierlich wechseln kann und daß Sie für jedes angestrebte neue Verkaufsziel die Kaufbeeinflusser aufs neue identifizieren müssen. Sich daran zu erinnern ist besonders wichtig, wenn sich die Organisationsstruktur des Käuferunternehmens verändert hat oder sich noch in einer Umwandlungsphase befindet. Die Einstellung neuer und das Ausscheiden langjähriger Mitarbeiter, Beförderungen, Konsolidierung, Expansion, Straffung der Organisation – all diese und andere Faktoren, die die Organisationsstrukturen bei den Entscheidungsträgern nachhaltig verändern, sollten automatisch als Gefahrenbereiche mit einer roten Flagge markiert werden.

Veränderungen in den Organisationsstrukturen, die in mehreren Bereichen oder unternehmensweit stattfinden, sind in der Regel leicht erkennbar. Wenn zwei Milliardenunternehmen fusionieren oder ein Vorstandswechsel bei einem marktführenden Unternehmen stattfindet, müssen Sie keine hellseherische Gabe besitzen, um zu wissen, daß diese Ereignisse sich auch auf Ihren Verkaufsvorgang auswirken können. Viel schwieriger ist es dagegen, einen Gefahrenbereich zu identifizieren und automatisch mit einer roten Flagge zu versehen, wenn die Veränderungen subtil und nur firmenintern bekannt sind. Und am schwersten lassen sich solche Reorganisationsprozesse ausmachen, bei denen die Rollenträger zwar ihre Titel und angeblichen Zuständigkeiten im Kundenunternehmen behalten, aber nicht länger dieselbe Autorität genießen.

Der Vizepräsident einer uns bekannten Konsumgüterhersteller-Gruppe beispielsweise bekleidete zehn Jahre lang dasselbe Amt und war für denselben Geschäftsbereich zuständig. Es gehörte unter anderem zu seinen Aufgaben, jeden Auftrag, der seinen Unternehmensbereich betraf und den Wert von zwanzigtausend DM überstieg, zu bewilligen. Bei derartigen Verkaufsvorgängen war er der Entscheider. Vor zwei Jahren wurde er zum Senior Vice-President ernannt, eine Beförderung, die mit einer geringfügigen Erhöhung seiner Bezüge verbunden war. Nach außen hin schien er dieselben Privilegien zu genießen und noch dieselbe Rolle als Entscheider zu spielen. Aber dieser Eindruck täuschte. Wie in so vielen Fällen, wo Führungskräfte die »Treppe hinauffallen«, verlor auch er seine Rolle als Entscheider in dem Augenblick, als er zum »Senior«Vice-President ernannt wurde. Nach seiner Beförderung war für alle Aufträge im Wert von zwanzigtausend DM und mehr ein »Junior« Vice-President zuständig, der einer niedrigeren Hierarchieebene angehörte. Ein Verkäufer, der diese Ereignisse nur oberflächlich registriert und deshalb annimmt, daß allem Anschein nach keine nennenswerten Veränderungen eingetreten sind, würde mit großer Wahrscheinlichkeit seine Zeit vergeuden und den Verkaufsabschluß dadurch gefährden, daß er an einen Entscheider verkaufen will, der kein solcher mehr ist.

In unserer heutigen Zeit, die durch den Hang zu Unternehmenszusammenschlüssen und administrativem Wandel gekennzeichnet ist, sind Umstrukturierungsmaßnahmen eher die Regel als die Ausnahme. Einer unserer Workshop-Teilnehmer beklagte sich über das notorisch instabile Strukturgefüge eines Bankkunden: »Die Verhältnisse sind dort maximal neunzig Tage konstant. Veränderungen in der Organisationsstruktur stellen bei diesem Klienten den größten Gefahrenbereich dar.« Für die in unsere Strategie Eingeweihten genügt es, noch einmal darauf hinzuweisen: sobald sich in Ihrem Käuferunternehmen die Organisationsstrukturen ändern, sollten Sie sich diesen Kunden noch einmal genau ansehen und aufs neue die Personen identifizieren, die eine oder mehrere Rollen innerhalb der vier Kaufbeeinflusser-Gruppen spielen.

Die Bereiche, die automatisch mit einer roten Flagge zu versehen und in diesem Abschnitt besprochen worden sind, werden in dem folgenden Diagramm noch einmal aufgeführt. Sie zählen zu den häufigsten und gefährlichsten Gefahrenzonen in jedem mehrschichtigen Verkaufsvorgang. Aber sie stellen nur die Spitze des Eisberges dar. Jedes Verkaufsziel kann durch zahllose Hindernisse blockiert werden. Deshalb ist der Verkaufserfolg primär davon abhängig, wie umsichtig Sie jeden einzelnen unbekannten oder unsicheren Faktor handhaben. Die Technik der roten Flaggen – die einen Gefahrenbereich signalisieren – zeitigt nur dann ihre maximale Wirksamkeit, wenn Sie sie als unverzichtbaren Bestandteil in Ihre Verkaufsstrategie integrieren und sich angewöhnen, sich ihrer immer wieder ohne Zögern zu bedienen, bis sie Ihnen zur zweiten Natur geworden ist.

Rote Flaggen

- bei Fehlen wichtiger Informationen ⟶ ⚑

- bei Ungewißheit über die Bedeutung einer Information ⟶ ⚑

- bei fehlendem Kontakt zu einem Kaufbeeinflusser ⟶ ⚑

- wenn Kaufbeeinflusser neu in ihrer Position ⟶ ⚑

- Reorganisation im Käufer-Unternehmen ⟶ ⚑

Feedback und Chance

Wenn Sie sich der Technik der roten Flaggen auf diese Weise bedienen, haben Sie ein Mittel zur Hand, mit dem sich Ihre Positionierung »kontinuierlich überprüfen« läßt. Sie stellt einen Feedback-Mechanismus dar, der den strategischen Verkaufsprofi befähigt, sich trotz und angesichts aller Unsicherheiten beim Kunden optimal zu positionieren, denn sie gibt Aufschluß darüber, an welchem Punkt Ihre Position gefährdet ist und deshalb eine alternative Position in Betracht gezogen werden sollte.

Da die roten Flaggen Ihnen die Möglichkeit bieten, Unsicherheiten in Ihrer augenblicklichen Position zu erkennen und Ihre Strategie gegebenenfalls zu überarbeiten, sollten sie niemals als negatives, sondern immer als *positives* Zeichen betrachtet werden! Sie dienen nicht nur als Gefahrensignal, sondern weisen Sie auch auf *Chancen* hin, Ihre Position zu verbessern, die Sie ohne die Markierung vielleicht übersehen hätten. Spitzenverkäufer sind sich der Tatsache bewußt, daß eine Strategieanalyse ohne rote Flaggen keine neuen Möglichkeiten aufzeigt. Sie *begrüßen* die Technik, wie der Teilnehmer unseres Workshops, der mit ihrer Hilfe zu der Schlußfolgerung gelangte: »Ich habe erkannt, daß ich ihn nicht einmal als Interessenten einstufen darf!« Spitzenverkäufer wissen, daß man ohne ständige Überprüfung der eigenen Position mit diesem Hilfsmittel nur allzu leicht in einer »Traumwelt« endet.

Gefahrenbereiche im Verkauf sind, wie im Straßenverkehr, besonders gefährlich, wenn sie nicht markiert, sondern verborgen sind. Deshalb weichen diejenigen, die sich fürchten oder zögern, ihre Position in einem Verkaufsvorgang zu bestimmen, so häufig vom richtigen Kurs ab. Sie vertrauen blind ihrem Orientierungssinn bis zu dem Augenblick, wo sie erkennen müssen, daß das Geschäft verloren ist – und dann geraten sie in wilde Panik. In Panik zu geraten bedeutet aber, den Bezug zur Realität zu verlieren. Das »Frühwarnsystem« der roten Flaggen zwingt Sie, Verborgenes aufzuspüren und sich somit der Realität zu stellen.

Stärken ausnutzen

Sobald Sie irgendwo einen Gefahrenbereich mit einer roten Flagge markiert haben, können Sie etwas unternehmen, um diesen zu beseitigen: Sie bedienen sich dabei einer Technik, die wir »Stärken ausnutzen« nennen und die wir sozusagen als »Spiegelbild« des Konzeptes der roten Flaggen, allerdings mit umgekehrtem Vorzeichen, betrachten. Sie dient dazu, die von Ihnen identifizierten und mit einem Flaggensignal markierten Schwächen und Unsicherheiten zu eliminieren und Chancen zur Optimierung Ihrer Strategie auszuschöpfen.

Es ist erstaunlich, daß diese Technik, mit der sich die Positionierung in einem Verkaufsvorgang entscheidend verbessern läßt, so selten angewandt wird – selbst von Spitzenverkäufern. Viele Verkäufer ziehen es – wenn sie mit einem Hindernis konfrontiert werden – vor, dieses so lange mit Gewalt zu »bearbeiten«, bis es von selbst weicht, – oder so zu tun, als sei es gar nicht vorhanden. Beide Reaktionen stellen eine Flucht vor dem Unbekannten dar, und beide haben einen Bumerang-Effekt: sie führen den Verkäufer ins Ungewisse und den Auftrag zu einem anderen Wettbewerber.

Um zu illustrieren, warum diese Verhaltensweisen ein Scheitern geradezu vorprogrammieren und wie das Prinzip, Stärken auszunutzen, in der Praxis funktioniert, lassen Sie uns einmal eine typische Situation aus dem Verkaufsalltag betrachten. Nehmen wir an, Sie haben Ihr Angebot einem Kundenunternehmen unterbreitet, in dem ein Produktionsleiter, den wir Herrn Schuster nennen wollen, als Anwender und der Vizepräsident/Finanzen, Dr. Weber, als Entscheider fungieren. Der Anwender ist eindeutig auf Ihrer Seite und bereit, den Auftrag an Sie zu vergeben. Aber der Entscheider verweigert seine Unterschrift. Und, was noch schlimmer ist, Sie machen bei ihm nicht die geringsten Fortschritte. Wie so viele Entscheider hält auch er Distanz zu Verkäufern und reagiert nicht einmal auf Ihre Anrufe. Ihnen stehen nun drei Alternativen offen.

Erste Option: Den Widerstand mit Gewalt brechen

Wie viele Verkäufer nehmen auch Sie an, Sie hätten sich nicht genug Mühe gegeben, den Kontakt zum Entscheider, Herrn Dr. Weber, herzustellen, und es sei *Ihre* Schuld, wenn Sie nicht an ihn herankommen. Sie glauben, wenn Sie eine positivere Einstellung zu ihm finden und ihn weiterhin mit Telefonaten bombardieren, würde sich Ihre Ausdauer schon irgendwann einmal auszahlen. Diese Methode, die allein auf einer »positiven Einstellung« basiert, trägt erfahrungsgemäß selten Früchte. Selbst wenn Fortuna (oder die Sekretärin) ihnen gewogen scheint und man Ihnen ein Gespräch von fünf Minuten mit dem Entscheider gewährt, ist es äußerst unwahrscheinlich, daß Sie in dieser kurzen Zeitspanne Ihr Ziel erreichen. Sie bleiben für ihn derselbe Unbekannte, der Sie vor der persönlichen Begegnung waren. Das einzige, was er nun vermutlich von Ihnen kennt, sind Ihre Schwächen.

Zweite Option: Den Widerstand ignorieren

Das bedeutet, daß Sie den Entscheider voll und ganz aus Ihren Überlegungen ausklammern. Sie akzeptieren die Tatsache, daß Sie nicht an ihn herankommen, und konzentrieren sich auf den Anwender, der Ihrem Angebot, wie Sie wissen, positiv gegenübersteht. Natürlich ist nichts dagegen einzuwenden, den Kontakt zu Ihrem Befürworter zu pflegen (wenn Sie es versäumen würden, müßten Sie sogar mit einem neuen Hindernis rechnen). Aber da kein Verkaufsvorgang abgeschlossen werden kann, ohne daß die nötigen Mittel freigegeben werden, ist Ihre Position reichlich schwach, solange Sie sich nur auf den Anwender konzentrieren. Ein Entscheider, zu dem Sie noch keinen Kontakt aufgenommen haben, ist für jeden Verkaufsvorgang eine akute Gefahr, die ein riesiges rotes Flaggensignal erfordert. Wenn Sie sich allein auf Ihre guten Beziehungen zum Anwender verlassen und annehmen, Sie könnten Ihre Schwäche durch *diese* ausgleichen, lassen Sie sich auf ein Pokerspiel mit hohem Einsatz ein, bei dem Sie die denkbar schlechtesten Karten in der Hand haben.

Dritte Option: Stärken ausnutzen

Die wahrscheinlich einzig erfolgreiche Strategie in einem solchen Fall *nutzt Stärken aus*. Wenn Sie sich dieses Prinzip hier zunutze machen wollen, bitten Sie den Anwender um seine Hilfe, um den Entscheider zu überzeugen. Dadurch, daß Sie sich für diesen Verkaufsvorgang in ihm einen Coach aufbauen, nutzen Sie eine bereits vorhandene Stärke aus (sein vorrangiges Interesse an Ihrem Verkaufserfolg), um einen Gefahrenbereich, der durch ein rotes Flaggensignal markiert ist, zu beseitigen (die Ablehnung des Vizepräsidenten, Hern Dr. Weber, Sie zu empfangen). »Das Angebot ist für uns beide vorteilhaft«, könnten Sie beispielsweise Herrn Schuster erklären. »Aber noch sind die nötigen Mittel nicht bewilligt. Wie können wir die Finanzexperten davon überzeugen, daß mit diesem Kauf Ihre Produktivität steigen wird?«

Herr Schuster hat sicherlich einige gute Ideen. Er könnte Ihnen beispielsweise vorschlagen, Sie bei Dr. Weber einzuführen. Oder anbieten, mit Ihnen gemeinsam oder alleine den Entscheider aufzusuchen und über Ihr Angebot zu sprechen. Auf jeden Fall besitzt er als Produktionsleiter im Käuferunternehmen größere Glaubwürdigkeit beim Vizepräsident/Finanzen als Sie. Und da er Sie für glaubwürdig hält und wünscht, daß Sie das Geschäft machen, ist er der ideale Anwärter für die Rolle des Coach.

Nicht immer können Sie den Anwender als Coach gewinnen. Aber wenn er bereit ist, Ihnen dabei zu helfen, zum Entscheider vorzudringen, haben Sie zumindest Ihre Position bei ihm gefestigt; im Idealfall können Sie diese Stärke ausnutzen und Ihre gesamte Positionierung in diesem Verkaufsvorgang verbessern. Wichtig ist allein, daß *irgend jemand* Kontakt mit dem Entscheider, der einen akuten Gefahrenbereich darstellt, aufnimmt. Und ein Anwender, der Ihnen gewogen ist, kann Sie zu der Person führen, die sich am besten dafür eignet.

Der große griechische Mathematiker und Naturwissenschaftler Archimedes, der den Flaschenzug erfand, soll einmal gesagt haben, daß er sich zutraue, mit Hilfe eines entsprechend langen Hebelarms und bei Kenntnis des richtigen Drehpunktes die Welt aus den Angeln zu heben. Auch wenn dieser Ausspruch vermessen klingen mag, er illustriert ein grundlegendes Prinzip und eine unumstößliche Wahrheit: Die Hebelwirkung, die wir damit erreichen, daß wir unsere Stärken ausnutzen, befähigt uns, durch »übersetzte« Kraft etwas zu bewegen, das durch einen vergleichbaren oder größeren Aufwand an direkter Kraft um keinen Zentimeter weichen würde.

Dieses Prinzip läßt sich nicht nur auf die Mechanik, sondern auch auf jeden Verkaufsvorgang anwenden. Sie gewinnen klare strategische Vorteile, wenn Sie, statt direkten Druck auszuüben, auf indirektem Wege versuchen, an einen unschlüssigen oder unzugänglichen Entscheider heranzukommen. Strategische Verkaufsprofis wissen, daß sie, wie Archimedes, lediglich nach dem richtigen »Angelpunkt« suchen müssen, um ihre Position entscheidend zu verbessern. Und dieser befindet sich, wie Sie feststellen werden, zumeist dort, wo Sie bereits eine solide Basis geschaffen haben.

Zusammenfassend läßt sich über unser zweites strategisches Schlüsselelement sagen, daß die Technik der roten Flaggen/Stärken ausnutzen drei aufeinanderfolgende Schritte umfaßt:

1. *Gefahrenbereiche lokalisieren (Rote Flaggen)*
2. *Stärken identifizieren*
3. *Die Stärken ausnutzen, um Flaggensignale zu beseitigen*

7 Die Kaufbereitschaft der Kaufbeeinflusser

Bisher haben wir uns mit Ihren eigenen Wahrnehmungen einer bestimmten Verkaufssituation befaßt, damit Sie imstande sind, Ihre jeweilige Position im Hinblick auf Ihr spezifisches Verkaufsziel besser zu beurteilen und Gefahrenbereiche oder Unsicherheiten aufzuspüren, die einen Erfolg Ihrer Verkaufsstrategie in Frage stellen. Nun wollen wir uns den Wahrnehmungen der verschiedenen Kaufbeeinflusser in einem bestimmten Verkaufsvorgang zuwenden. Nachdem Sie sämtliche Kaufbeeinflusser ermittelt haben, müssen Sie als nächstes herausfinden, wie jeder einzelne von ihnen gefühlsmäßig auf Ihr Kaufangebot reagiert. Das dritte Schlüsselelement unserer Strategie – die *Haltungen der Kaufbeeinflusser* – gibt Ihnen Aufschluß darüber, wie die Käufer über Ihr Angebot denken, und damit eine Möglichkeit, sich effektiver gegenüber jedem einzelnen zu positionieren.

Sie müssen in der Lage sein, die gefühlsmäßige Einstellung Ihrer Kaufbeeinflusser gegenüber Ihrem Angebot festzustellen; andernfalls laufen Sie Gefahr, an einen Kaufbeeinflusser zu verkaufen, der nicht »bei der Sache ist« – an einen, dessen Wahrnehmung der Realität sich so sehr von der Ihren unterscheidet, daß er gar nicht imstande ist, zu verstehen, was Sie mit Ihrem Angebot überhaupt erreichen wollen. Verkäufern, die der Haltung der Kaufbeeinflusser nicht die nötige Aufmerksamkeit widmen, unterlaufen immer wieder drei fatale Fehler.

1. Sie halten ihre *eigene* Wahrnehmung der Realität für den Schlüssel zum Verkaufserfolg.
2. Sie nehmen an, daß ihre Wahrnehmung der Realität die *gleiche* ist wie die der Kaufbeeinflusser.
3. Sie erkennen zwar, daß sich ihre Wahrnehmung der Realität von der eines oder mehrerer Kaufbeeinflusser unterscheidet, schließen daraus aber, daß jene *falsch* oder *irrelevant* ist.

Unser drittes strategisches Element hilft Ihnen, diese Fehler in der Beurteilung zu vermeiden und sich auf das zu konzentrieren, was bei einem Verkaufsvorgang wirklich zählt: nämlich, wie der Kaufbeeinflusser wahrscheinlich auf die mit Ihrem Angebot verbundene *Veränderung* reagieren wird.

Veränderung: Der verborgene Faktor

Wir haben bereits die Veränderungen erwähnt, die nicht nur unsere vom Zukunftsschock geprägte Welt, sondern jeden mehrschichtigen Verkaufsvorgang beeinflussen. Im Hinblick auf ein bestimmtes Verkaufsziel werden manche von ihnen überwiegend als positiv, andere nahezu als Bedrohung empfunden. Ungeachtet der »äußeren Umstände« Ihres Verkaufsumfeldes, lassen sich die meisten Veränderungen entweder als Bedrohung oder als Chance einstufen, je nachdem, wie Sie darauf reagieren.

Dasselbe gilt für diejenigen, die bei Ihrem Verkaufsvorgang die Rollen der Kaufbeeinflusser spielen. Der Zukunftsschock macht sich auch in ihrem Arbeitsumfeld bemerkbar, und auch sie können die einzelnen Veränderungen unterschiedlich bewerten. Außerdem sind sie gezwungen, auf *eine* signifikante Veränderung zu reagieren, die *Sie* ohne jede Frage als Chance empfinden, die von ihnen aber unter Umständen als Bedrohung betrachtet werden kann: nämlich *Ihr Angebot selbst*.

Wahrscheinlich behagt Ihnen der Gedanke nicht, daß jemand in Ihrem Angebot auch nur im entferntesten eine Bedrohung sehen könnte; aber Kaufbeeinflusser können so reagieren und tun dies auch oft. Der strategische Verkaufsprofi weiß: *Jedesmal, wenn er jemandem ein Kaufangebot unterbreitet, versucht er, diesen Menschen dazu zu bewegen, bei sich etwas zu verändern.* Vielleicht ist weder dem Verkäufer noch dem Käufer in diesem Augenblick bewußt, daß es sich bei dem Angebot in Wahrheit um ein Ansinnen handelt, etwas zu verändern. Aber diese Veränderung ist in jedem Verkaufsvorgang ein, *wenn auch verborgener, so doch ganz besonders kritischer Faktor.* Da Menschen unterschiedlich auf Veränderungen reagieren und da buchstäblich jede Form der Veränderung entweder als Chance oder als Bedrohung empfunden werden kann, besteht immer die Möglichkeit, daß einer Ihrer Kaufbeeinflusser eine Bedrohung in Ihrem Angebot sieht, auch wenn es für Sie selbst »selbstverständlich« scheint, daß es sich nicht um eine solche handelt.

Ein Verkäufer ohne effektive Kundenstrategie ignoriert diesen verborgenen Faktor »Veränderung« nur allzu oft. Hingerissen von der Eleganz der eigenen Präsentation und beeindruckt davon, daß sein Produkt für die Bedürfnisse des Käufers maßgeschneidert scheint, übersieht er, daß der Kaufbeeinflusser sein Angebot als unerwünschte oder gar bedrohliche Veränderung einstufen könnte, und geht davon aus, daß dieser darauf »ohne jeden Zweifel« positiv reagiert.

Die Erfahrung hat uns und unseren Kunden immer wieder gezeigt, daß dies eine äußerst gefährliche, kurzsichtige Annahme ist. Gleichgültig, wie gut die »Argumente« in einem Verkaufsvorgang auch sein mögen, der Käufer kann sie als etwas Bedrohliches empfinden. Wenn das der Fall ist, dann sind die *Argumente* und *nicht die Art*, wie er sie sieht, irrelevant im Hinblick auf Ihr Verkaufsziel. Nur wenn Sie begreifen, wie *er* die Realität wahrnimmt, können Sie seine Reaktion auf Ihr Kaufangebot voraussagen.

Die Wahrnehmung des Kaufbeeinflussers

Unter »Wahrnehmung der Realität« verstehen wir, um das noch einmal in aller Deutlichkeit zu sagen, nicht die Grundhaltung, die Lebens- oder die Geschäftsphilosophie eines Kaufbeeinflussers. Mit diesem Begriff bezeichnen wir allein seine *unmittelbare gefühlsmäßige* Reaktion auf das, was Sie in diesem Verkaufsvorgang zu erreichen versuchen, und auf die Veränderungen, die Ihr Angebot – würde es akzeptiert – nach seiner Meinung mit sich brächte.

Die vier möglichen Reaktionen der Kaufbeeinflusser auf ein Kaufangebot bezeichnen wir als *Haltungen*. Jede dieser Haltungen leitet sich aus einer spezifischen Wahrnehmung der in Ihrem Angebot für den jeweiligen Käufer manifestierten Realität ab. Und jede signalisiert einen unterschiedlichen Grad der Bereitschaft, Ihr Angebot anzunehmen.

Da jede der vier Möglichkeiten, die Realität wahrzunehmen, zu einer anderen Haltung führt und da jede Haltung einen unterschiedlichen Bereitschaftsgrad beinhaltet, Ihr Angebot zu akzeptieren, muß der strategische Verkaufsprofi für *jede der vier Wahrnehmungsmöglichkeiten und die daraus resultierenden Haltungen eine eigene Strategie entwickeln.* Diese Strategien werden wir Ihnen erläutern, wenn wir nun die vier Haltungen vorstellen.

Wir möchten jedoch noch einmal darauf hinweisen, daß die vier Haltungen weder die Grundeinstellung noch die Persönlichkeit des jeweiligen Kaufbeeinflussers charakterisieren. Sie ordnen die Kaufbeeinflusser nicht bestimmten Persönlichkeitskategorien zu, sondern beschreiben die Art und Weise, wie diese gefühlsmäßig in einer spezifischen Verkaufssituation reagieren. Sie geben Ihnen Aufschluß darüber, wie der einzelne die Veränderung wahrnimmt, die Ihr Angebot darstellt – mehr nicht. Man könnte sagen, jeder Kaufbeeinflusser nimmt in einer spezifischen Situation eine spezifische Haltung ein. Zu behaupten, daß er sich *stets* in dieser Haltung befindet, wäre jedoch falsch.

Dieser Punkt ist ganz besonders wichtig, denn es kann Ihnen passieren, daß Sie an einen wachstumsorientierten, positiv denkenden Kaufbeeinflusser geraten, der im Augenblick Ihres Angebots in diesem nichts als Probleme sieht. Wenn Sie sich auf seine Persönlichkeit konzentrieren, gelangen Sie vielleicht zu der falschen Schlußfolgerung, Sie hätten es mit einem von Haus aus wenig entgegenkommenden Gesprächspartner zu tun, bei dem Sie niemals eine Chance haben. Wenn Sie jedoch seine Reaktion anhand unseres strategischen Schlüsselelementes, der Haltung der Kaufbeeinflusser, analysieren, werden Sie entdecken, daß es lediglich Ihre bisherige Strategie ist, die sich als Hindernis erweist. Sie werden feststellen, daß Sie ihn vielleicht als Ihren stärksten Fürsprecher gewinnen können, wenn Sie diese Strategie ändern. Wie Sie gleich sehen werden, ist auch bei Ihrem Kaufbeeinflusser die Wahrnehmung der Realität – wie die meisten Faktoren in einem mehrschichtigen Verkaufsvorgang – alles andere als konstant. Nur wenn Sie das dritte strategische Schlüsselelement verstehen, können Sie diese unumstößliche Tatsache zu Ihrem Vorteil nutzen.

8 Schlüsselelement 3: Die vier Haltungen der Kaufbeeinflusser

Der Grad der Kaufbereitschaft leitet sich bei jedem einzelnen Kaufbeeinflusser aus seiner individuellen Beurteilung der Realität im Hinblick auf drei Faktoren ab: aus seiner Wahrnehmung der *augenblicklichen* Situation, aus seiner Wahrnehmung der *Veränderungen*, die Ihr Angebot für diese Situation mit sich bringt, und aus der möglichen *Diskrepanz* zwischen der derzeitigen Realität und den Ergebnissen, die der Kaufbeeinflusser erzielen möchte.

Im letzten Abschnitt haben wir gezeigt, wie die ersten beiden Faktoren sich auf die Bereitschaft zur Annahme Ihres Angebotes auswirken. Um zu verstehen, inwieweit die *Diskrepanz* die Kaufbereitschaft des Kaufbeeinflussers determiniert, müssen Sie mit dem dritten Schlüsselelement des »Strategischen Verkaufens« vertraut sein: den Haltungen der Kaufbeeinflusser. Wie wir bereits gesagt haben, gibt es in einer spezifischen Verkaufssituation stets vier mögliche Haltungen.

Die Wachstumshaltung

Die Wachstumshaltung eines Kaufbeeinflussers wird im nachfolgenden Diagramm dargestellt.

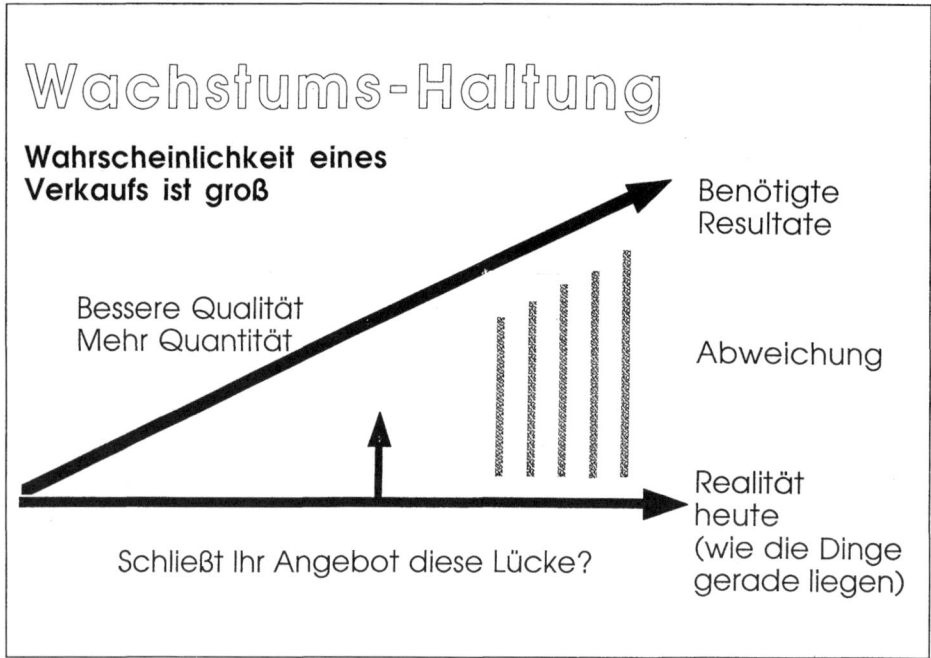

Die Grundlinie zeigt, wie der Kaufbeeinflusser die *Realität* in diesem Augenblick wahrnimmt. Die aufsteigende Linie zeigt, wie die Situation *nach Meinung des Käufers* sein müßte, um die gewünschten *Resultate* zu erzielen. Der Abstand zwischen den beiden Linien stellt die Abweichung oder *Diskrepanz* zwischen Realität und den Ergebnissen dar, die erforderlich sind. Aufgrund dieser Diskrepanz ist die Wahrscheinlichkeit eines Verkaufs hoch.

Wir wissen aus Erfahrung, daß die negative Diskrepanz, die ein Kaufbeeinflusser zwischen der Realität, wie sie sich ihm heute darstellt, und den Ergebnissen sieht, die er nach seiner Meinung zur Zielerfüllung benötigt, ausschlaggebend für die Kaufbereitschaft ist. Wir haben schon gesagt, daß es in den meisten Verkaufssituationen wichtig ist, zu wissen, wann der richtige *Zeitpunkt* gekommen ist, an einen Kaufbeeinflusser heranzutreten, wann dieser also bereit ist, zu kaufen. Die Wahl des richtigen Zeitpunktes ist bei der Präsentation Ihres Angebotes oft ebenso ausschlaggebend, wenn auch in der Regel weniger vorhersagbar, wie die Identifizierung der

Kundenbedürfnisse. Selbst wenn Sie über ein maßgeschneidertes Produkt verfügen, das den Bedürfnissen des Käuferunternehmens in allen Aspekten gerecht wird, dieses aber im falschen Monat, in der falschen Woche oder in einer falschen Phase des Verkaufszyklus präsentieren, stoßen Sie vermutlich – ohne eigenes Verschulden – auf taube Ohren.

Um diesen Unsicherheitsfaktor abzubauen und zu erkennen, wann Ihre Verkaufschancen groß sind, schlagen wir Ihnen vor, sich an folgende Faustregel zu halten:

Die Verkaufschancen sind groß, wenn der Kaufbeeinflusser eine negative Diskrepanz zwischen seiner Wahrnehmung der Realität und den von ihm gewünschten Ergebnissen sieht.

Wir haben festgestellt, daß diese Faustregel für alle Verkaufsvorgänge gilt, trotz der zahlreichen und vielschichtigen Faktoren, die eine Kaufentscheidung beeinflussen können. Diese Regel zu verstehen ist viel wertvoller als das, was Ihnen in Büchern und Schriften über Käuferpsychologie oder den »Einfluß seiner Unternehmenskonjunktur auf den Käufer« geboten wird.

Ein Kaufbeeinflusser, der sich in der Wachstumshaltung befindet, ist kraft Definition bereit, *irgendein* Angebot zu befürworten – es muß also nicht unbedingt das Ihre sein. Er empfindet eine negative Diskrepanz zwischen wahrgenommener Realität und benötigten Erfolgen und glaubt, weil er in der Wachstumshaltung ist, diese Abweichung nur durch qualitativ und/oder quantitativ bessere und schnellere Resultate beseitigen zu können. Gleichgültig, ob es sich dabei um eine notwendige Steigerung des Produktionsvolumens, um die Beseitigung eines Auftragsüberhanges oder eine kürzlich verfaßte Forderung nach Verbesserung der Qualitätskontrolle handelt: Aus welchen Gründen auch immer Ihr Kaufbeeinflusser bestrebt ist, die *Qualität* und/oder *Quantität* einer betrieblichen Leistung zu steigern – Sie haben gute Verkaufschancen bei ihm, *vorausgesetzt, daß er Ihr Angebot als den Weg sieht, auf dem sich die Diskrepanz beseitigen läßt.*

Kaufbeeinflusser in der Wachstumshaltung bedienen sich häufig solcher Schlüsselbegriffe wie »mehr« »besser«, »schneller« und »optimieren«, die ihre Kaufbereitschaft signalisieren. An Kaufbeeinflusser in dieser Haltung ist oft am leichtesten zu verkaufen. Aus diesem Grund fühlen sich viele Verkäufer instinktiv zu Kaufbeeinflussern, die sich in der Wachstumshaltung befinden, hingezogen und sind auf Anhieb bereit, sich voll und ganz auf sie zu konzentrieren.

Aber hier liegt eine große Gefahr: Man sollte sich hüten, die ganz *persönliche* Wachstumshaltung eines einzelnen Kaufbeeinflussers mit der Wachstumsorientierung des Käuferunternehmens zu verwechseln. Wenn wir von Haltungen sprechen, meinen wir damit die persönliche, individuelle Reaktion der Menschen, die in Ihrem

Verkaufsvorgang als Rollenträger von Kaufeinflüssen auftreten, und nicht die »Wachstumsprofile« ihrer Firmen. Da Sie für jeden einzelnen von ihnen eine spezifische Verkaufsstrategie entwickeln müssen, könnten Sie sich große Probleme schaffen, wenn Sie davon ausgehen, daß sich sämtliche Kaufbeeinflusser in einem expandierenden Unternehmen automatisch in einer Wachstumshaltung befinden. Das ist nicht unbedingt der Fall.

Sie erinnern sich sicher noch an das in Kapitel 5 beschriebene Beispiel, in dem ein Verkäufer dem Präsidenten eines Textilunternehmens ein Trainingsprogramm verkaufen konnte, das sich als »Mißerfolg« erwies, weil er es versäumt hatte, die Werksleiter der Werke – das heißt, die Anwender – zu kontaktieren. Diese wichtigen Kaufbeeinflusser zu ignorieren war jedoch nicht der einzige Fehler, der ihm unterlief. Er nahm darüber hinaus fälschlicherweise an, daß sämtliche Anwender, wie das Unternehmen als ganzes, wachstumsorientiert und an quantitativ und/oder qualitativ besseren Ergebnissen interessiert sein müßten. Es stellte sich jedoch heraus, daß die Anwender an dem von ihm angebotenen Wachstum nicht interessiert waren; sie wollten die Situation so belassen, wie sie war. Daß der Verkäufer diese Tatsache außer acht gelassen hatte, war einer der Hauptgründe dafür, daß das eigentliche Geschäft blockiert wurde.

Ungeachtet der wirtschaftlichen Situation, in der sich ein Käuferunternehmen gerade befindet, müssen Sie sich in Ihrem Verkaufsvorgang stets an den individuellen Wahrnehmungen und den daraus resultierenden Haltungen der einzelnen Kaufbeeinflusser und *nicht* an der »Grundeinstellung« des Unternehmens orientieren. Strategische Verkaufsprofis wissen: es gibt keine *Wahrnehmung* der Realität durch ein »Unternehmen«, sondern nur individuelle *Wahrnehmungen durch Menschen*. Und diese gilt es zu berücksichtigen, wenn ein anspruchsvoller Verkaufsvorgang erfolgreich abgeschlossen werden soll.

Die Problemhaltung

Auch hier sind die Verkaufschancen groß. Lassen Sie sich nicht durch die Bezeichnung irritieren: wenn Sie einem Kaufbeeinflusser begegnen, der sich in der Problemhaltung befindet, bedeutet das nicht, daß Sie derjenige sind, der Probleme hat. Warum das so ist, verdeutlicht das folgende Diagramm.

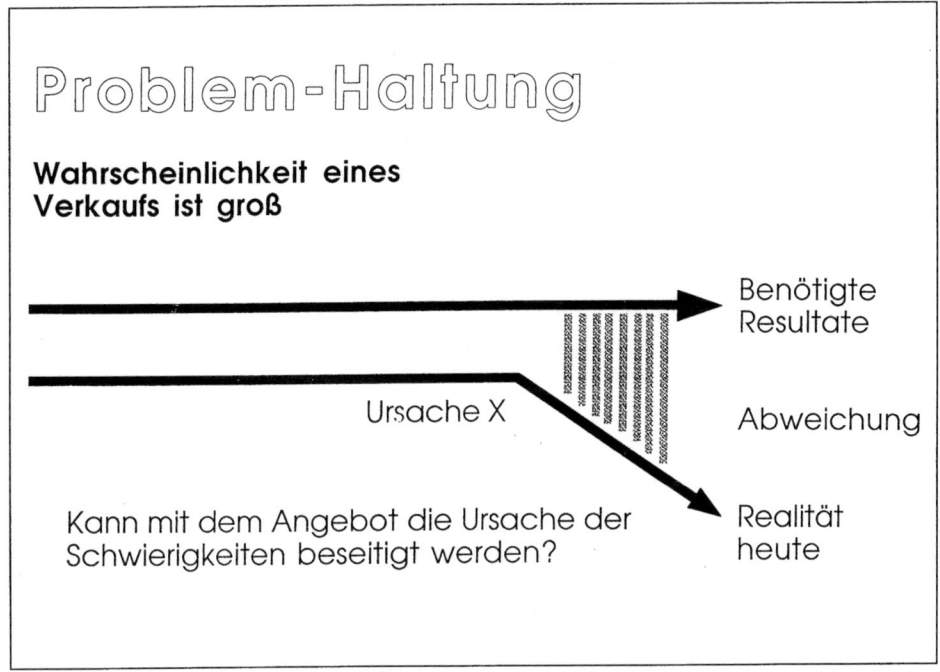

Auch hier stellt die untere Linie wieder dar, wie der Kaufbeeinflusser die Realität augenblicklich wahrnimmt. Die obere Linie zeigt, welche Ergebnisse er zu benötigen glaubt, um persönlich zu »gewinnen«. Auch hier wird wieder die Abweichung zwischen der Realität und den für einen persönlichen Erfolg erforderlichen Resultaten als negative Diskrepanz empfunden. Und deshalb zeigt ein Kaufbeeinflusser, der sich in der Problemhaltung befindet, einen hohen Grad an Kaufbereitschaft.

Die von ihm erkannte negative Diskrepanz unterscheidet sich jedoch in einem wesentlichen Punkt von der, die ein Kaufbeeinflusser in der Wachstumshaltung empfindet. Letzterer sieht in der Veränderung, die Ihr Angebot darstellt, eine Möglichkeit, eine bereits zufriedenstellende Situation noch zu verbessern; der Kaufbeeinflusser in der Problemhaltung betrachtet Ihr Angebot als eine Art Strohhalm, nach dem er greift, um einen drohenden Mißerfolg abzuwenden. Seine Welt war bis zu einem bestimmten Zeitpunkt in Ordnung; dann trat plötzlich eine Krise ein. Diese Krise hat zu einer Diskrepanz zwischen der angestrebten Realität und der aktuellen Leistung geführt. Alles, was er wünscht, ist, die Schwierigkeiten – welcher Art sie auch sein mögen – schnellstmöglich zu beheben und die Situation wieder zu normalisieren.

Das bedeutet, daß ein Kaufbeeinflusser in der Problemhaltung bereit, ja vielleicht sogar versessen darauf ist, zu kaufen – *aber nicht unbedingt bei Ihnen.* Das Angebot, das er anzunehmen bereit ist, muß nicht das am geschicktesten präsentierte, das billigste oder technisch ausgereifteste sein, sondern vielmehr das, welches die Ursache der Schwierigkeiten *am schnellsten* zu beseitigen verspricht.

Die Dringlichkeit eines Problems

Dies ist ein Faktor, den viele zu vergessen scheinen. Es gibt zahllose Verkäufer, die selbst so wachstumsorientiert und auf »Verbesserungen« bedacht sind, daß sie die wahren Bedürfnisse der Kaufbeeinflusser, die sich in der Problemhaltung befinden, nur schwer verstehen, geschweige denn, sie zu befriedigen wissen. Dieses Defizit macht sich vor allem bei Verkäufern bemerkbar, die in der High-tech-Industrie tätig sind, wo den Kunden vorrangig die neuesten technischen Errungenschaften angepriesen werden. Sie haben sicher erkannt, daß dieser übertriebene Glaube an die Wunder des technischen Fortschritts zu einer marktschreierischen Verkaufsmethode verführt. Darüber hinaus zeugt er von einer Produktorientierung, die für »Strategisches Verkaufen«, wie wir schon sagten, nur von begrenztem Wert ist. Der produktorientierte Verkäufer fühlt sich bemüßigt, ständig auf die innovativen Eigenschaften seiner Ware oder Dienstleistung oder die neuesten technischen Errungenschaften hinzuweisen, um dem Kunden regelrecht »einzubleuen«, daß eben diese es sind, die dem Verkäuferunternehmen immer einen »Riesenvorsprung« vor der Konkurrenz verschaffen.

Das mag bei einem Kaufbeeinflusser, der sich in der Wachstumshaltung befindet, vielleicht noch seine Wirkung zeigen; aber einen Kaufbeeinflusser in der Problemhaltung mit technischen Neuerungen überzeugen zu wollen erweist sich nahezu ausnahmslos als verhängnisvoller Fehler. Dieser Kaufbeeinflusser steht extrem unter Druck und ist einer Panik nahe. Wenn jemand bis zum Hals im Sumpf steckt, hat er wenig Lust, sich einen Vortrag darüber anzuhören, wie man mit einem aufsehenerregenden neuen Drainagesystem den Sumpf trockenlegen kann. Er will aus dem Sumpf heraus – und zwar schnellstens. Einem Kaufbeeinflusser, der sich in der Problemhaltung befindet, brauchen Sie nicht zu erzählen, wie er mit Ihrem Produkt seinen »Lebensstil« verbessern, Sie müssen ihm zeigen, wie er sein Leben retten kann. Das Fazit, das sich daraus ziehen läßt, könnte man in dem Leitsatz zusammenfassen:

Probleme haben immer Vorrang vor Wachstum.

Das bedeutet nicht, daß Wachstum unwichtig ist, sondern daß ein Kaufbeeinflusser, der in Schwierigkeiten steckt (vergessen Sie nicht, es ist *seine Wahrnehmung* der Realität, die zählt), der Ansicht ist, quantitative und/oder qualitative Verbesserungen könnten so lange *warten*, bis die Problemursache beseitigt ist. Einem Kaufbeeinflusser in der Problemhaltung ein Produkt anzubieten, das Wachstum ermöglicht, ist genauso unsinnig, als wollten Sie einem Bauern, dessen Scheune angefangen hat, zu brennen, ein neues Scheunendach verkaufen. Selbst wenn er ein neues Dach braucht, dann ganz sicher nicht *jetzt*, in diesem Augenblick.

Wenn Wachstum zum Problem wird

Daß der Leitsatz »Probleme haben immer Vorrang vor Wachstum« eine Tatsache ist, wird auf Anhieb klar, wenn Sie einem Kaufbeeinflusser begegnen, der so dringend »mehr Qualität oder Quantität« braucht, daß dies eher auf eine Problem- als auf eine Wachstumshaltung hindeutet. So, wie bei jedem Kaufbeeinflusser zu jedem beliebigen Zeitpunkt eine Haltung die anderen überlagert, unterliegt seine gefühlsmäßige Einstellung zur betrieblichen Realität ebenso einem steten Wandel. Deshalb müssen Sie oft an jemanden verkaufen, der sich von einer der genannten Haltungen zur nächsten bewegt. Ein typisches Beispiel: Jemand erhält die Anweisung, das Produktionsvolumen zu steigern oder die Produktqualität zu verbessern, ohne daß ihm jedoch die dafür benötigten zusätzlichen Mittel zur Verfügung gestellt werden.

Der Produktionsleiter einer Haushaltsgerätefabrik berichtete uns, daß er erst kürzlich mit einer derartigen Situation konfrontiert worden sei. Die Verkaufsleitung hatte einen großen Auftrag mit einem Katalogversandhaus abgeschlossen, und seine Aufgabe bestand darin, die Produktion innerhalb weniger Monate um 30 Prozent zu steigern. Das Unternehmen befand sich augenscheinlich in einer Wachstumsphase – der unser Produktionsleiter persönlich wenig abgewinnen konnte. »Ich brauche alles möglichst schon vorgestern«, stöhnte er. »Wir expandieren so rapide. Wenn ich nicht bis zur nächsten Woche alle benötigten Teile beisammen habe, sind wir geliefert.«

Diese Aussage läßt sich auf zwei Arten interpretieren. Entweder betrachtet man sie als Zeichen für eine reine Wachstumshaltung – »Ich brauche sofort *mehr*« – oder als verzweifelten Appell aus einer Problemhaltung heraus: »Ich brauche mehr, *und zwar sofort!*« Hier kommt es auf die Betonung an. Wenn Sie einem »Hilfesuchenden« mit Ihrem Produkt lediglich eine Wachstumsmöglichkeit anbieten – also die Neuerungen Ihrer Ware oder Dienstleistung in den Vordergrund stellen, ohne auf die unmittelbaren Probleme Ihres Kunden einzugehen –, dann werden Sie den Auftrag mit hoher Wahrscheinlichkeit an einen Konkurrenten verlieren, der erkannt hat, daß es hier in erster Linie darum geht, sich als »Lebensretter« zu bewähren.

Wir haben gesagt, daß ein Kaufbeeinflusser sich dann in der Problemhaltung befindet, wenn irgend etwas eine Abweichung von der geplanten Entwicklung verursacht hat. Die Problemursache muß nicht unbedingt negativ sein. Es ist nichts dagegen zu sagen, wenn sich das Auftragsvolumen um 30 Prozent erhöht. Aber diese Steigerungsrate wird zu einem Problem, wenn einer Ihrer Kaufbeeinflusser darin eine ihn persönlich betreffende Krisensituation sieht. Und genau das war bei unserem oben erwähnten Produktionsleiter der Fall. Für ihn stellte die Produktionssteigerung ein *Problem* dar, und deshalb befand *er* sich in einer Problemhaltung.

Da es unwahrscheinlich ist, daß Ihnen ein Kaufbeeinflusser frank und frei erklärt: »Ich habe ein Problem« oder »Ich fühle mich scheußlich; ich brauche bessere Resultate«, müssen Sie auf Nuancen und Zwischentöne achten, um zwischen Problem- und Wachstumshaltung differenzieren zu können. Sollte Ihr Produkt die spezifischen Bedürfnisse sowohl der Wachstums- als auch der Problemhaltung befriedigen, um so besser. Sie müssen jedoch trotzdem für jeden einzelnen Kaufbeeinflusser eine eigene Strategie entwickeln, die sich an der jeweiligen Haltung orientiert, in der er sich zum Zeitpunkt Ihres Angebots befindet. Und vergessen Sie niemals, die Aspekte Ihrer Ware oder Dienstleistung zu betonen, die mit *seiner gegenwärtigen Wahrnehmung der Realität* in Einklang stehen.

Die Alles-Okay-Haltung

Bei Kaufbeeinflussern, die sich in einer der ersten beiden Haltungen befinden, haben Sie relativ gute Erfolgsaussichten. Anders ist es bei den beiden folgenden Haltungen. Befindet sich ein Kaufbeeinflusser in der Alles-Okay-Haltung, sind Ihre Verkaufschancen gering, weil dieser überhaupt keine Diskrepanz zwischen der Realität, wie er sie wahrnimmt, und seinen Zielvorstellungen empfindet. Die Wahrnehmungen eines Kaufbeeinflussers, der sich in der Alles-Okay-Haltung befindet, werden in folgendem Diagramm veranschaulicht.

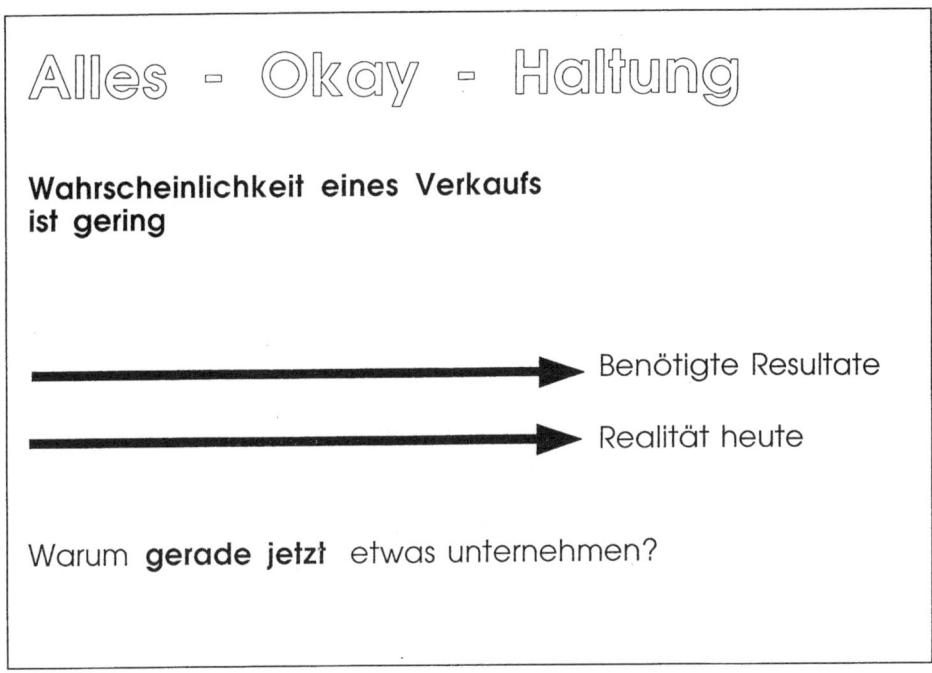

Hier decken sich die obere Linie, die die Resultate darstellt, und die untere Linie, die seine Wahrnehmung der Realität repräsentiert. (Wir haben die beiden Linien in der graphischen Darstellung der visuellen Klarheit wegen getrennt gezeichnet. Sie stellen in den Augen des Käufers jedoch eine identische, völlig deckungsgleiche Linie dar.) Sie können mit Ihrem Angebot keine Lücke schließen und daher nicht mit einer Bereitschaft zu Veränderungen rechnen. Für Kaufbeeinflusser in der Alles-Okay-Haltung gilt die Maxime: »Keine Abweichung, kein Kauf.«

Ihm erscheint Ihr Angebot möglicherweise sogar als eine Bedrohung. Da Realität und Zielvorstellungen für ihn identisch sind, kann er gar nicht umhin, in Ihrem Angebot etwas zu sehen, was dieser Übereinstimmung schaden könnte. Ein Kaufbeein-flusser in der Alles-Okay-Haltung hat eine Abneigung gegen *jede Form* von Verän-derung. Er denkt – und sagt vielleicht sogar: »Lassen Sie mich in Ruhe. Warum sollte ich gerade jetzt etwas ändern?«

Die Verkaufschancen erhöhen

Wenn ein Kaufbeeinflusser in der Alles-Okay-Haltung fest »verwurzelt« ist, gibt es nur drei Möglichkeiten, um die Wahrscheinlichkeit eines Abschlusses zu erhöhen: Erstens, der Kaufbeeinflusser erkennt, daß Wachstumsbedarf oder Probleme auf ihn zukommen; zweitens, ein anderer Kaufbeeinflusser, der sich schon in der Wachstums- oder Problemhaltung befindet, übt Druck auf ihn aus; und drittens, Sie weisen ihn auf eine Abweichung hin, die er übersehen hat.

1. Der Kaufbeeinflusser sieht Wachstumsbedarf oder Probleme auf sich zukommen

Die Anwender in der Textilfabrik, die wir in unserem Beispiel erwähnt haben, be-fanden sich eindeutig in der Alles-Okay-Haltung. Sie betrachteten das Problemlö-sungsseminar, daß ohne ihre Zustimmung gekauft worden war, als unnötige und beunruhigende Veränderung, die den status quo gefährdete. Vielleicht hätte unser Freund ihre Unterstützung gewinnen können, wenn es ihm gelungen wäre, sie davon zu überzeugen, daß sein Angebot Wachstumsmöglichkeiten erschloß oder daß sie ohne sein Programm bald Probleme haben würden.

Im allgemeinen ist das Risiko eines Mißerfolges geringer, wenn Sie an jemanden verkaufen, der Ihr Angebot als Wachstumsmöglichkeit betrachtet und nicht als den sprichwörtlichen Strohhalm, an den sich der Ertrinkende klammert. In der Regel sollte man sich also bemühen, dem Kaufbeeinflusser in der Alles-Okay-Haltung den Weg zur Wachstumshaltung zu erleichtern. Darüber hinaus müssen sich die Wachs-tumsstrategie und die Problemlösungsstrategie, die Sie bei einem Kaufbeeinflusser in der Alles-Okay-Haltung entwickeln könnten, um Ihre Verkaufschancen zu erhö-hen, nicht zwangsläufig gegenseitig ausschließen: Eine Problemlösung kann auch als Wachstumsmöglichkeit gesehen werden. Wenn Sie einem Kaufbeeinflusser in der Alles-Okay-Haltung einen Weg aufzeigen, um *künftige* Probleme zu verhindern, sa-gen Sie: »Ich weiß, daß zur Zeit alles zum besten steht. Und ich kann Ihnen eine Möglichkeit bieten, daß dies so bleibt.«

Das gelingt Ihnen am besten, wenn Sie mögliche Probleme voraussehen. Deshalb ist es so ungeheuer wichtig, auf die objektiven Bedürfnisse Ihres Kunden oder Inter-essenten nicht nur dann einzugehen, wenn seine Unterschrift winkt, sondern auch zu einem Zeitpunkt, an dem die Wahrscheinlichkeit eines Verkaufs gering ist. Wenn Sie wissen, auf welche Weise Sie einem Käufer mit Ihrem Produkt helfen können, dann wissen Sie auch, mit welchen Problemen er konfrontiert werden könnte, wenn er es ausschlägt. Dieses Wissen befähigt Sie, eine effektive Strategie zu entwickeln, mit der Sie auch einen Kaufbeeinflusser, der sich noch in der Alles-Okay-Haltung befindet, von Ihrer Problemlösung überzeugen können. Wie wichtig diese für ihn ist, wird er dann erkennen, wenn die Realität ihn eingeholt hat und aus einem potentiellen ein akutes Problem geworden ist.

2. Sie üben indirekt – mittels eines anderen Kaufbeeinflussers – Einfluß auf ihn aus

Oft ist es empfehlenswert, wenn man einen Kaufbeeinflusser, der sich in der Alles-Okay-Haltung befindet, indirekt mit Hilfe eines anderen Kaufbeeinflussers – vorzugsweise in einer ihm übergeordneten hierarchischen Position – dazu veranlaßt, die Situation noch einmal kritisch zu überprüfen. Kaufbeeinflusser in der Alles-Okay-Haltung schenken den Ansichten eines wachstums- oder problemorientierten Vorgesetzten im allgemeinen wesentlich mehr Aufmerksamkeit als den »Warnungen« eines Verkäufers.

Entscheider sind im allgemeinen am besten geeignet, Einfluß auf andere Kaufbeeinflusser auszuüben; das liegt daran, daß sie mögliche Probleme schneller identifizieren als die übrigen Rollenträger in einem Verkaufsvorgang. Wächter und Anwender erkennen aufgrund ihrer Ausrichtung auf das zeitlich Nächstliegende nur selten die ersten Sturmsignale. Sie wollen oft gar nicht wissen, daß ihr »Boot« in absehbarer Zeit »untergehen« wird. Entscheider (die dafür bezahlt werden, daß sie zukünftige Entwicklungen vorhersehen) verfügen im Gegensatz dazu über ein nahezu perfektes »Frühwarnsystem«, das ihnen einen nahenden Sturm ankündigt, und sind daher schneller bereit, vorbeugende Maßnahmen zu ergreifen.

Deshalb ist es empfehlenswert, den Entscheider von einer Wachstumsmöglichkeit oder Problemlösung zu überzeugen und dafür zu sorgen, daß dieser wiederum den Kaufbeeinflusser in der Alles-Okay-Haltung von seiner Ansicht überzeugt. Auf diese Weise kann man möglichem Widerstand vorbeugen, indem man eine Stärke ausnutzt. Kaufbeeinflusser in der Alles-Okay-Haltung lassen sich, auch ohne aktive Hilfe des Verkäufers, durch diese Form der indirekten Einflußnahme dazu bewegen, sich nicht länger an ihre starre Haltung zu klammern. Alles, was dazu beiträgt, diesen Einfluß zu verstärken – wohlgemerkt, ohne den Kaufbeeinflusser in der Alles-Okay-Haltung dadurch in die Defensive zu drängen –, wird sich zu Ihrem Vorteil auswirken.

Wenn sich jedoch der Entscheider in der Alles-Okay-Haltung befindet, sind Ihre Verkaufschancen, zumindest kurzfristig, verhältnismäßig gering. Sie sollten nicht damit rechnen, zu diesem Zeitpunkt einen Auftrag zu erhalten.

3. Sie weisen ihn auf eine Abweichung hin, die er übersehen hat

Da Kaufbereitschaft nur dann gegeben ist, wenn der Kaufbeeinflusser eine negative Diskrepanz zwischen wahrgenommener Realität und gewünschten Erfolgen sieht, bietet sich eine dritte Möglichkeit an, Ihre Verkaufschancen bei Kaufbeeinflussern in der Alles-Okay-Haltung zu erhöhen: Sie müssen diesen Kaufbeeinflussern Abweichungen aufzeigen, die sie bis dato noch nicht erkannt haben. Es gibt zwei Wege, dieses Ziel zu erreichen: entweder führen Sie ihnen vor Augen, daß die Realität keineswegs so zufriedenstellend ist, wie sie im Augenblick glauben; oder Sie machen ihnen bewußt, daß sie bessere Ergebnisse erzielen könnten, als die von ihnen angestrebten. Für beide Fälle gilt: wenn es Ihnen gelingt, zwingend nachzuweisen, daß sich die Realität, wie sie sie heute sehen, *nicht* mit den erreichbaren Resultaten deckt, machen Sie sie auf die negative Diskrepanz aufmerksam, die eine unerläßliche Voraussetzung für jeden Kauf ist.

Ein Produktlinienmanager, der an ein Produktionsvolumen von 500 Einheiten pro Tag gewöhnt ist und dieses auf 510 steigert, befindet sich vermutlich eher in der Alles-Okay-Haltung als in der Problemhaltung. Aber wenn Sie ihn darauf aufmerksam machen, daß ein anderer Wettbewerber 700 Einheiten eines vergleichbaren Produktes mit der technischen Ausrüstung herstellt, die Sie dieser Firma verkauft haben, wird er wahrscheinlich verstehen, daß mit den gegenwärtigen Produktionsmöglichkeiten die im Vergleich zum Wettbewerb erforderlichen Resultate nicht erzielt werden können. Seine Bereitschaft, eine Veränderung zu akzeptieren, wächst somit.

Diese drei Strategien, die auf Kaufbeeinflusser in der Alles-Okay-Haltung zugeschnitten sind, haben sich in den meisten Fällen als äußerst wirksam erwiesen. Aber sie enthalten auch gewisse Risiken – Risiken, die sich aus der Tatsache ergeben, daß Kaufbeeinflusser in der Alles-Okay-Haltung den status quo als *angenehm* empfinden und sich innerlich dagegen sträuben, desillusioniert zu werden. Da sich der trügerisch sichere Wall, hinter dem sie sich verschanzen, nur schwer erstürmen läßt, ist es oft am besten, geduldig, aber stets einsatzbereit, abzuwarten. Vergessen Sie nicht: im Augenblick mag Ihr Angebot vielleicht noch nicht mit den Bedürfnissen Ihres Kaufbeeinflussers übereinstimmen, aber das kann sich schon morgen ändern.

Die Euphorie-Haltung

Dasselbe gilt für Kaufbeeinflusser in der Euphorie-Haltung. Hier sind Ihre Verkaufschancen gleich Null. Das Diagramm zeigt, warum das so ist.

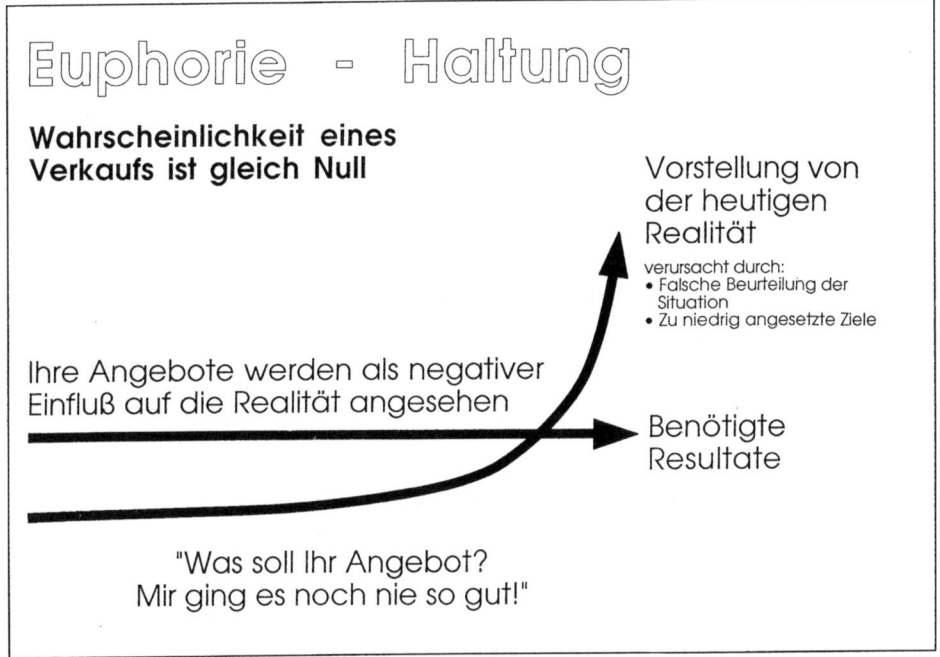

Ein Kaufbeeinflusser, der sich in der Euphorie-Haltung befindet, erkennt ganz klar und deutlich eine Abweichung zwischen Realität und Ergebnissen, aber in diesem Fall wirkt sich die Diskrepanz zum Nachteil und nicht zugunsten des Verkäufers aus. In der Wahrnehmung des Kaufbeeinflussers übertrifft die Realität nämlich bei weitem die Ergebnisse, die er benötigt. Da er bereits *weit mehr* erreicht als erwartet, besteht für ihn kein Anlaß, etwas zu verändern. Wie der Kaufbeeinflusser in der Alles-Okay-Haltung so ist auch er abgeneigt, etwas zu unternehmen, was das Boot, in dem er sitzt, zum Schaukeln bringen könnte. Er fühlt sich darin nicht nur sicher, sondern ist der festen Überzeugung, er könne damit den Admiral's Cup gewinnen. Wenn Sie ihm also vorschlagen, etwas am status quo zu verändern, wird er Sie für verrückt erklären. »Mir ging es noch nie so gut wie heute«, wird er prahlen. »Besser könnte es gar nicht gehen. Und Sie machen mir den Vorschlag, daran etwas zu ändern? Nein danke!«

Was Kaufbeeinflusser in der Euphorie-Haltung nicht sehen, ist, daß die Situation wirklich zu schön ist, um wahr zu sein. Sie nehmen die Realität verzerrt wahr, wofür es in der Regel zwei Gründe gibt:

- Sie schätzen die Situation falsch ein, entweder weil sie die Fakten nicht wahr haben wollen oder weil ihre Wahrnehmung auf reinem Wunschdenken basiert.
- Sie haben ihre Ziele so niedrig angesetzt, daß ihnen gar nicht bewußt wird, wie schwach die Leistung ist.

Dies sind vornehmlich die Ursachen, die zu einer Euphorie-Haltung führen. Kaufbeeinflusser, die sich in dieser Haltung befinden, haben mitunter den Bezug zur Realität verloren. Sie verhalten sich gegenüber Verkäufern meistens herablassend, ja sogar arrogant.

Wir alle kennen die Gefahren, die jemandem drohen, der allzu euphorisch ist, sei es im Berufs- oder im Privatleben. Es gibt in der jüngsten Geschichte genügend Beispiele für die Neigung zur Selbsttäuschung, die dieser Haltung zu eigen ist. Denken Sie nur an Vietnam, die Watergate-Affäre, den Machtwechsel im Iran oder an die Zwischenfälle im Luftverkehr, die zum Teil auf das Unvermögen der Fluglotsen zurückzuführen sind, den hohen Anforderungen ihres Berufes zu genügen. All diese Beispiele zeigen die katastrophalen Folgen allzu positiven Denkens. Sie erinnern daran, wie nahe Euphorie und Panik beieinander liegen und *daß eine euphorische Haltung zwangsläufig zu Problemen führt* – man braucht nur lange genug zu warten.

Dem Überbringer schlechter Nachrichten droht der Tod

Ein Kaufbeeinflusser, der sich in der Euphorie-Haltung befindet, leidet trotz der Tatsache, daß er sich großartig fühlt, an einer Art »Wahrnehmungsschwäche«, einer Krankheit, für die es – wie uns die Erfahrung gelehrt hat – nur ein einziges Heilmittel gibt: die harte Konfrontation mit der Wirklichkeit. Wir möchten Ihnen aber dennoch zu besonderer Vorsicht raten, denn Sie sind unter Umständen am wenigsten geeignet, einem Kaufbeeinflusser, der sich in der Euphorie-Haltung oder auch in der Alles-Okay-Haltung befindet, diese Radikalkur zu verabreichen. Ersterer ist sogar noch weniger bereit als ein Kaufbeeinflusser in der Alles-Okay-Haltung, eine Veränderung zu akzeptieren. Er klammert sich an seine Illusionen und will gar nicht hören, daß er die Situation falsch einschätzt. Wenn Sie also versuchen, ihn auf den Boden der Tatsachen »zurückzuholen«, gehen Sie immer das Risiko ein, nicht als »Retter« in der Not, sondern als »Eindringling« betrachtet zu werden.

Wie Sie sich sicher erinnern, wartete auf die Überbringer schlechter Nachrichten im Griechenland der Antike nicht selten der Tod, denn sie hatten es gewagt, das Mißfallen des Herrschers zu erregen. Als Überbringer schlechter Nachrichten müssen auch Sie – wenn auch nicht mit Ihrer Hinrichtung – zumindest damit rechnen, das Mißfallen des Kaufbeeinflussers in der Euphorie-Haltung zu erregen. Sie können sicher aus eigener Anschauung zahlreiche Beispiele dafür anführen, wie ein übereifriger Verkäufer – überzeugt, nur die schonungslose Wahrheit könne helfen – sich jede Aussicht auf weitere Geschäfte dadurch verbaute, daß er einen kaufunwilligen Kunden zwang, »sich den Tatsachen zu stellen, bevor es zu spät ist«.

Warten Sie darauf, daß ihn die Realität einholt

Da es so überaus schwierig ist, einen Kaufbeeinflusser, der sich in der Euphorie-Haltung befindet, davon zu überzeugen, daß er die Realität falsch beurteilt, raten wir Ihnen, es gar nicht erst zu versuchen. Unsere erfolgreichsten Kunden haben erklärt, die beste Strategie sei in einem solchen Fall, in Ruhe abzuwarten und die Zeit für sich arbeiten zu lassen. Ein strategischer Verkaufsprofi hält den Kontakt aufrecht, übt keinen Druck aus und ist jederzeit bereit, zu reagieren, sobald der Kaufbeeinflusser mit den ersten, unvermeidlichen Problemen konfrontiert wird.

Einer unserer Kunden, Verkäufer in einer Computerfirma, hatte mit dieser Strategie den gewünschten Erfolg bei einem Verkaufsvorgang, in dem es um ein Softwareangebot und einen Auftrag von beträchtlicher Höhe ging. Das Kundenunternehmen, das Telefon-Schaltboards herstellte, hatte gerade eine starke Nachfrage zu verzeichnen und suchte nach einer Möglichkeit, das Produktionsvolumen von fünfzig auf fünfhundert Einheiten pro Tag zu steigern. Man fürchtete jedoch, daß sich bei dieser Zuwachsrate Probleme mit der Qualitätskontrolle ergeben könnten. Und hier kam unser Kunde ins Spiel: Die Dame war Expertin in Fragen der Qualitätskontrolle.

Sie wußte, daß das Qualitätskontrollverfahren, welches das Kundenunternehmen bis dato benutzte, gravierende Leistungsmängel aufwies. Bei einem Volumen von fünfzig Einheiten pro Tag konnte man damit gerade noch Fehler aufspüren; bei fünfhundert Einheiten war es jedoch praktisch wertlos. Als sie den Mitarbeiter des Kundenunternehmens darauf aufmerksam machte, der für die Qualitätskontrolle und die Überprüfung des Systems zuständig war – und sowohl die Rolle des Wächters als auch des Anwenders innehatte –, stieß sie auf Unverständnis. »Sie übertreiben und sehen Probleme, wo es gar keine gibt«, erklärte dieser ihr im Brustton der Überzeugung. »Unser System ist doch phantastisch! Selbst bei einem Produktionsvolumen von tausend Einheiten pro Tag würde es keine Schwierigkeiten geben.«

Die Uneinsichtigkeit dieses Mannes ist typisch für jemanden, der sich in euphorischer Stimmung befindet, und deshalb entschloß sich unsere Kundin, abzuwarten, wie wir es ihr empfohlen hatten. Drei Monate verstrichen, ohne daß sich etwas tat; sie hielt in dieser Zeit Kontakt mit dem Kaufbeeinflusser und ließ ihn wissen, daß sie jederzeit zur Verfügung stehe, falls sich Probleme ergeben sollten. Und das war bald der Fall: das System zeigte die ersten »Risse« – immer mehr fehlerhafte Schalt-tafeln passierten die Qualitätskontrolle, und die Kundendienstnachfragen begannen sich zu häufen. Plötzlich sah sich der Kaufbeeinflusser in einer Zwangslage. »Die Reklamationen bei diesen verdammten Schalttafeln sind inzwischen auf 27 Prozent gestiegen«, stöhnte er. »Wann können Sie liefern?« – »Auf der Stelle«, erwiderte unsere Kundin und sorgte dafür, daß das Kontrollsystem installiert wurde, das die Firma – wie sie wußte – von Anfang an gebraucht hätte.

Das Fazit dieser Geschichte ist auf Anhieb klar: Verschwenden Sie nicht Ihre kostbare Verkaufszeit damit, einen Kaufbeeinflusser zu überzeugen, der sich in der Euphorie-Haltung befindet, denn die Sicherheit, in der er sich wähnt, ist meistens trügerisch, und daß Probleme auf ihn zukommen, ist abzusehen. Und Sie sollten zur Stelle sein, wenn der Zeitpunkt gekommen ist, an dem er die Augen nicht länger vor den Tatsachen verschließen kann und erkennt, daß er Probleme hat.

Übereinstimmungen und Abweichungen in den Haltungen von Kaufbeeinflussern

Als ideal könnte man eine Verkaufssituation und die Verkaufschancen bezeichnen, wenn sich sämtliche Kaufbeeinflusser entweder in der Wachstums- oder in der Problemhaltung befinden würden. Wer sagt: »Ich möchte jetzt mehr Qualität oder Quantität« oder »Ich brauche bessere Ergebnisse«, ist geneigt, zuzugreifen, wenn das Angebot »stimmt«. Und ähnlich groß ist die Wahrscheinlichkeit eines Abschlusses, wenn Sie einen Kaufbeeinflusser in der Problemhaltung davon überzeugen können, daß Ihr Angebot seinen Schwierigkeiten ein Ende setzt. Wenn das Bild, das sich Ihre Kaufbeeinflusser in der Wachstums- oder Problemhaltung von der Realität machen, übereinstimmt, haben Sie größere Verkaufschancen, als wenn es hier Abweichungen gibt.

Angesichts der rapiden Veränderungen, die für mehrschichtige Verkaufsvorgänge charakteristisch sind, und in Anbetracht der Tatsache, daß die Wahrnehmungen der einzelnen Kaufbeeinflusser eine individuelle Prägung aufweisen, werden Sie dieser idealen Konstellation nicht oft begegnen. In der Regel ist die Situation eher gemischt, das heißt, daß beispielsweise vier Kaufbeeinflusser vier klar unterschiedliche Wahrnehmungen von derselben »Realität« haben.

Ein Verkäufer, der ein schlechter oder unerfahrener Stratege ist, verliert bei einem derartig gemischten Feld leicht die Übersicht. Wie wir bereits gesagt haben, neigen viele Verkäufer, die sich auf ihre eigenen Faustregeln verlassen, dazu, sich auf die Kaufbeeinflusser zu konzentrieren, die ihnen – oder denen sie – gefühlsmäßig nahestehen, anstatt den Kontakt zu allen Rollenträgern aufzunehmen. Genauso verhält er sich in bezug auf die verschiedenen Kaufbeeinflusser-Haltungen. Ein Verkäufer, der auch nur die Andeutung einer Wachstumshaltung zu erkennen glaubt, macht vielleicht der Firma XY ein Angebot, welches das Produktionsvolumen um ein Vielfaches zu steigern verspricht. Aber dann muß er feststellen, daß es nur einen einzigen Anwender gibt, der die Situation so wie er beurteilt; alle übrigen Kaufbeeinflusser befinden sich in der Problemhaltung, weil sie auf irgendeine – wie er meint – »triviale«, noch ungelöste Frage fixiert sind. Da der Anwender seine Ansicht teilt, konzentriert sich der Verkäufer auf ihn – und verliert mit großer Wahrscheinlichkeit den Auftrag alsbald an einen Konkurrenten, der für das Problem, das bei den übrigen Kaufbeeinflussern Priorität hatte, eine Lösung anbieten kann.

Derselbe Verkäufer wendet sich vielleicht sechs Monate später erneut an die Firma XY; dieses Mal mit einem todsicheren System, die Fehlzeiten der Belegschaft zu verringern – ein Problem, von dem er durch einen Wächter in der Personalabteilung erfahren hat. Es stellt sich heraus, daß alle übrigen Kaufbeeinflusser sich zur

Zeit in der Alles-Okay-Haltung befinden. Sie haben sich mit den Fehlzeiten abgefunden, weil die Produktivität nie höher war, und sie möchten diesen status quo nicht gefährden. Die Problemlösung, die der Verkäufer dieses Mal anzubieten hat, bringt ihn dem Wächter natürlich näher, der eine Lösung dieses Problems begrüßen würde, spricht aber alle anderen nicht an.

Der strategische Verkaufsprofi orientiert sich nicht nur an den Kaufbeeinflussern, deren Wahrnehmungen er teilt. Er entwickelt eine Verkaufsstrategie, die sämtliche Rollenträger, die für das Verkaufsziel relevant sind, und ihre Haltungen gleichermaßen berücksichtigt.

Nochmals: Kontaktieren Sie alle Kaufbeeinflusser

Einer der schwerwiegendsten Fehler, der Ihnen in einem mehrschichtigen Verkaufsvorgang unterlaufen kann, ist der, einen der Kaufbeeinflusser zu ignorieren, weil dessen Wahrnehmung der Realität nicht mit Ihrer eigenen übereinstimmt. Sie müssen nicht an jeden Ihrer Kaufbeeinflusser persönlich verkaufen, um Ihre Verkaufschancen zu erhöhen. Aber Sie haben seine Wahrnehmung der Realität zu respektieren, denn sie ist der Schlüssel zum Verkaufserfolg.

Wir haben mehrfach betont, daß es von zentraler Bedeutung ist, daß Sie sämtliche für Ihr Verkaufsziel relevanten Rollenträger von Kaufeinflüssen identifizieren und die Kontaktaufnahme und -pflege durch die Person herbeiführen, die am besten dafür geeignet ist. Ebenso wichtig ist allerdings, daß diejenigen, die Sie mit dieser Aufgabe betrauen, verstehen, daß es die Wahrnehmung des jeweiligen *Kaufbeeinflussers* ist, die über die Wahl der Strategie entscheidet, und nicht ihre eigene Wahrnehmung. Der Ausgangspunkt ist dabei für jede Strategie derselbe: nämlich die *gefühlsmäßige* Haltung, die der Kaufbeeinflusser gegenüber der augenblicklichen Situation einnimmt.

Diese Gefühle unterscheiden sich fast immer voneinander, auch wenn die »Fakten« für Sie ganz offensichtlich sein mögen. Eine Situation, in der einer der Kaufbeeinflusser ein gravierendes Problem sieht, kann bei einem anderen Kaufbeeinflusser desselben Käuferunternehmens die ohnehin schon euphorische Haltung noch verstärken. Deshalb müssen Sie jeden Verkaufsvorgang unter den – zugegebenermaßen – recht ungewöhnlichen Leitsatz stellen, daß so etwas wie eine verbindliche Realität nicht existiert – sondern daß es nur *individuelle Wahrnehmungen* der Realität gibt. Und Sie müssen dafür sorgen, daß nur solche Personen Kontakt zu den einzelnen Rollenträgern aufnehmen, die bereit sind, die *individuelle* gefühlsmäßige Haltung der Kaufbeeinflusser als Ausgangspunkt für ein Verkaufsgespräch zu akzeptieren.

Als »Impresario«*) Ihres mehrschichtigen Verkaufsvorganges müssen Sie das ge-

---

*) Theater-, Konzertagent, der für einen Künstler die Verträge abschließt und die Geschäfte führt.

samte »Spielfeld« im Auge behalten und nach Möglichkeiten Ausschau halten, eine Annäherung oder Übereinstimmung der unterschiedlichen Haltungen zu erzielen. Im allgemeinen gelingt Ihnen das am besten, wenn Sie sich an das bewährte Prinzip halten, Stärken auszunutzen, wenn Sie sich also zunächst an die Kaufbeeinflusser wenden, die sich in der Wachstums- oder Problemhaltung befinden, und diese dann veranlassen, gemeinsam mit Ihnen die Kaufbeeinflusser in der Alles-Okay- oder in der Euphorie-Haltung zu überzeugen.

Zusammenfassend läßt sich sagen, daß ein Abschluß auch dann möglich ist, wenn sich die Kaufbeeinflusser in unterschiedlichen Haltungen befinden, aber nur, wenn Sie sich nach den Grundprinzipien richten, die für die Haltungen der Kaufbeeinflusser gelten:

1. Ausgangspunkt bei der Kontaktaufnahme mit jedem einzelnen Kaufbeeinflusser ist die Erkenntnis, wie dieser die Realität wahrnimmt und ob er eine Abweichung zwischen Realität und gewünschten Ergebnissen feststellt.
2. Jeder Kaufbeeinflusser muß von einer Person kontaktiert werden, die diese Wahrnehmung als Ausgangspunkt akzeptiert und am besten für die Kontaktaufnahme mit diesem Kaufbeeinflusser geeignet ist.
3. Um die voneinander abweichenden Haltungen der einzelnen Kaufbeeinflusser einander näherzubringen, sollten Sie sich stets an das Prinzip halten, Stärken auszunutzen.

9 Warum Gewinnen so wichtig ist

In den ersten Kapiteln dieses Buches haben wir Ihr Verkaufsziel aus der Perspektive *Ihrer* persönlichen Bedürfnisse betrachtet. Es ging darum, *Ihre* augenblicklichen Gefühle im Hinblick auf dieses spezifische Ziel zu beurteilen und alternative Positionen zu erarbeiten, die *Ihnen* zu mehr Sicherheit hinsichtlich des angestrebten Verkaufserfolges verhelfen können.

Daran anschließend haben wir Ihr Verkaufsziel unter dem Aspekt der Bedürfnisse Ihrer verschiedenen Käufer analysiert und Ihnen das Rüstzeug zur Analyse *ihrer* Gefühle sowie zur Erstellung einer Prognose geliefert, mit der sich die Wahrscheinlichkeit Ihres Verkaufserfolges auf der Basis *dieser* Gefühle sicher vorausberechnen läßt.

Diese beiden Elemente werden wir nunmehr zusammenfügen, indem wir den Verkauf als einen Weg definieren, sowohl Ihre eigenen als auch die Bedürfnisse Ihrer Käufer zu befriedigen. Wir möchten Ihnen ein Verkaufsmodell vorstellen, das die Befriedigung beider Partner als Fundament langfristiger Erfolge determiniert.

Die Betonung liegt hier auf »langfristig«, denn wenn Sie sich der *Jeder-gewinnt-Philosophie* anschließen, die im Mittelpunkt dieses Kapitels steht, werden Sie imstande sein, Ihre Erfolge vorhersagbar und auf Dauer zu steigern.

Ein einzelnes Geschäft abzuschließen kann ein relativ einfaches Ziel sein – wenn Sie sich mit diesem einen Auftrag bescheiden. Der erfolgreiche Profi bei mehrschichtigen Verkäufen gibt sich jedoch mit einer einmaligen Provisionseinnahme nicht zufrieden. Er strebt ein weit ehrgeizigeres Ziel an: Er will

- den Auftrag,
- einen zufriedenen Kunden,
- eine langfristige Geschäftsbeziehung,
- Folgeaufträge und
- aktive Vollreferenz.

Als strategischer Verkaufsprofi geht es Ihnen bei jedem Verkauf – mag der Auftrag groß oder klein sein – primär darum, *alle* diese genannten Ziele vorhersagbar zu erreichen. Der Schlüssel zum Erfolg liegt darin, die Jeder-gewinnt-Methode zu verstehen und anzuwenden.

Gewinnen – der Schlüssel zum langfristigen Erfolg

Über die Jeder-gewinnt-Methode ist viel Unsinniges geschrieben worden, und so manches kann für den Verkäufer fatale Folgen haben. Wenn Sie zum Beispiel glauben, dadurch gewinnen zu können, daß Sie Ihre Kaufbeeinflusser einschüchtern, dann machen Sie sich besser auf ein unsanftes Erwachen gefaßt, sobald Sie bei diesem Kunden neue Verkaufsziele oder Folgegeschäfte anstreben. Und wenn Sie der Meinung sind, ein Gewinn ließe sich allein mit monetären Maßstäben messen, dann werden Sie bald feststellen, daß Sie nicht nur Ihren Kunden, sondern letztlich auch sich selbst betrügen.

Unsere Definition des Gewinnens unterscheidet sich von allen anderen Begriffserklärungen, denen Sie bisher vielleicht begegnet sind. Sie basiert auf dem Stellenwert, den wir dem menschlichen Eigeninteresse zuordnen. Wir haben an früherer Stelle gesagt, daß Sie bei einem Verkaufsvorgang gewinnen, wenn dieser bei Ihnen gute Gefühle hinterläßt. Und diese guten Gefühle sind auf die Erkenntnis zurückzuführen, daß dieser Vorgang Ihrem ganz persönlichen Eigeninteresse dienlich war.

Das für den Menschen so charakteristische Eigeninteresse ist von vielen, sogar wohlmeinenden Zeitgenossen mißverstanden und scharf kritisiert worden. Selbst die Verkäufer, die sich als Gewinner zu profilieren trachten, geben nur widerwillig zu, welche Bedeutung dem Drang zu gewinnen in ihrem Leben zukommt, oder entwickeln seinetwegen sogar Schuldgefühle. Das liegt daran, daß sie Eigeninteresse mit Egoismus verwechseln und daraus die Schlußfolgerung ziehen, die persönlichen Interessen zu verfolgen sei moralisch verwerflich.

Menschen, die den Begriff Eigeninteresse so verstehen, verkennen jedoch seine wahre Bedeutung. In Wirklichkeit ist Eigeninteresse ein absolut notwendiger, langfristig nützlicher, natürlicher Instinkt, dem alle Kreaturen gehorchen, um zu überleben.

Dem Eigeninteresse zu dienen ist für unsere soziale Ordnung und den Mikrokosmos, den der Verkauf darstellt, gleichermaßen entscheidend. In allen sozialen Situationen dient der Mensch seinem Eigeninteresse, indem er nach dem strebt, was er als ganz persönlichen Gewinn empfindet. Im Verkauf äußert sich dieses Bestreben darin, daß er geschäftlichen Transaktionen zustimmt, von denen er sich einen *persönlichen* Vorteil erhofft.

Aber das wissen Sie ja aus eigener Erfahrung. Sie wissen, daß nur die Verkäufe ein Gefühl der Zufriedenheit hinterlassen, die Ihnen einen individuellen Gewinn geboten haben, weil sie irgendeinem Aspekt Ihres Selbstinteresses – sei er finanzieller, persönlicher oder sozialer Art – dienlich waren.

Die vier Quadranten der Gewinnermatrix

Selbst wenn beide Partner – also Sie und der Käufer – den Kauf/Verkaufsprozeß zunächst noch als eine Chance betrachten, persönlich dabei zu gewinnen, entwickeln sich die Dinge manchmal anders als erhofft. In jedem Kauf/Verkaufsvorgang sind vier unterschiedliche Ergebnisse möglich. Diese vier Optionen werden in den vier Quadranten der Gewinnermatrix dargestellt, die unten abgebildet ist. Am Ende jedes Kauf/Verkaufsgespräches befinden Sie sich in einem dieser Quadranten.

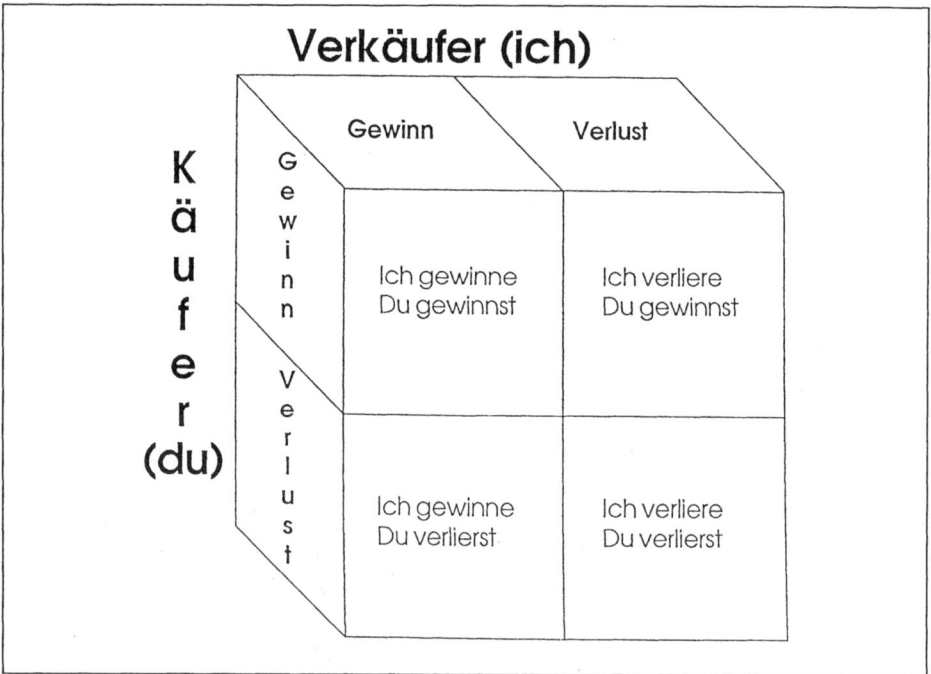

Bei der Beschreibung der vier Quadranten sollten Sie die beiden nachfolgenden Punkte im Auge behalten, die in engem Bezug zueinander stehen.

Erstens: Jeder Quadrant der Matrix beschreibt die Beziehung zwischen Ihnen und jedem *einzelnen* Ihrer Käufer – also nicht die Beziehung zwischen Ihnen und »dem Kunden« oder »dem Verkaufsvorgang« generell. Sie können einen Verkaufsprozeß nicht so steuern, daß eine beliebige *Firma* in ihrer Gesamtheit dabei gewinnt. Sie können und müssen jedes einzelne Verkaufsziel vielmehr so handhaben, daß jeder *einzelne Kaufbeeinflusser* den Kauf als einen ganz persönlichen Gewinn betrachtet. Ihr Ziel muß es sein, durch die Anwendung der Jeder-gewinnt-Methode eine beidseitige Befriedigung in *allen* Ihren Käufer/Verkäuferkontakten herbeizuführen;

wenn Sie auch nur einem einzigen das Gefühl geben, am Ende der Verlierer zu sein, berauben Sie sich selbst der Möglichkeit, mit ihm auf Dauer gute Beziehungen zu pflegen und ihn somit als Kunden zu halten.

Zweitens: Die Matrix erläutert nicht nur Ihre aktuelle Position gegenüber dem Käufer (also während des Verkaufsvorganges selbst), sondern auch die Beziehung, die *nach dem Verkaufsabschluß* zwischen Ihnen und jedem einzelnen Kunden besteht. Wir gehen in jedem Quadranten davon aus, daß Sie das Geschäft gemacht haben oder machen werden. Aber *diesen einen* Abschluß zu tätigen ist nicht ausreichend. Jeder *erfolgreiche Abschluß* kann sowohl für Sie als auch für jeden Ihrer Käufer ebenso ein persönlicher Verlust wie ein persönlicher Gewinn sein. Deshalb dient die Gewinnermatrix außerdem dazu, das zu erwartende *langfristige* Ergebnis eines Verkaufs zu beschreiben – wobei wir auch hier wieder voraussetzen, daß Sie den Auftrag erhalten haben.

Um auf Dauer optimale Verkaufsergebnisse zu erzielen, müssen Sie bemüht sein, jedes einzelne Verkaufsziel in den Quadranten zu steuern, den wir als Ich-gewinne/ Du gewinnst- oder »Joint-venture-Quadranten« bezeichnen und der als einziger zu langfristigen Erfolgen im definierten Sinne führt.

Ich gewinne/Du gewinnst:
Der Joint-venture-Quadrant

Das Webster-Dictionary definiert *adventure* (Abenteuer) als »ein Unternehmen, das Gefahren und unbekannnte Risiken beinhaltet«. Naive Verkäufer begrüßen Abenteuer. Sie betrachten den Käufer als Gegner, mit dem es sich zu messen gilt, den Verkaufsvorgang als faszinierenden Wettkampf mit ungewissem Ausgang und den Auftrag als Krönung ihres Sieges. Diese verwegene Einstellung zum Verkaufen führt in den meisten Fällen zu Schwierigkeiten, denn sie verstärkt die Unsicherheit, also genau das Element, welches der gute Stratege abbauen will.

Wir fordern die Teilnehmer unserer Workshops immer wieder auf, nicht *adventures* (Abenteuer), sondern *joint* ventures (kooperative Zusammenarbeit) zu suchen, in denen die Kaufbeeinflusser nicht als Bedrohung von außen, sondern als Mitglieder des eigenen Teams betrachtet werden. Diejenigen unter uns, die ihre Erfolge durch »Strategisches Verkaufen« gesteigert haben, wissen, daß der Verkaufsvorgang niemals ein Wettkampf ist, in dem die Verluste des Käufers unsere Gewinne darstellen. Vielmehr verlieren auch wir, wenn sie verlieren, und wir gewinnen im gleichen Maße wie sie, denn ihre Gewinne dienen unserem Eigeninteresse ebenso wie dem ihren. Nur wenn wir unsere Käufer als echte *Partner* in einem für alle Beteiligten vorteilhaften Joint-venture behandeln, läßt sich eine langfristig befriedigende Beziehung zu ihnen entwickeln und aufrechterhalten.

Wie Sie wissen, sind nicht alle sozialen Situationen durch wechselseitige Abhängigkeit gekennzeichnet. Es gibt Konstellationen im Bereich menschlicher Aktivitäten, die per se ein Joint-venture ausschließen. In einem Fußballspiel oder Scheidungsprozeß zum Beispiel können Sie nicht erwarten, daß die Kontrahenten miteinander kooperieren. Aber in jeder Situation, die durch wechselseitige Abhängigkeit charakterisiert ist, müssen Sie lernen, die Beteiligten nicht als Kontrahenten, sondern als Partner zu betrachten und mit diesen Partnern zusammenzuarbeiten, sonst stehen Sie am Ende alleine da. In Amerika haben Gewerkschaften und Arbeitgeber – wenn auch reichlich spät – begonnen, diese Tatsache bei ihren Gesprächen zu berücksichtigen und sich nicht länger als eingeschworene Feinde zu betrachten. Diese Einstellungsänderung hat merklich dazu beigetragen, die oft eisige Atmosphäre in Tarifverhandlungen aufzulockern. In Japan legen Arbeitgeber- und Arbeitnehmerverbände schon seit langem Wert darauf, sich als Sozialpartner zu verstehen; sie haben der Welt gezeigt, welche ungeahnten Vorteile diese Perspektive bietet.

Denken Sie doch einmal an Ihre größten Verkaufserfolge, an diejenigen, die Sie sowohl emotionell als auch finanziell befriedigt haben; an einen Verkaufsvorgang, in dem Sie sowohl Ihrem *persönlichen* Eigeninteresse als auch den Eigeninteressen

Ihrer *Käufer* dienen konnten und Ihre Partner wußten, daß Sie dies *bewußt* getan hatten: Dieser Verkauf hatte unserer Definition zufolge ein Ich-gewinne/Du-gewinnst-Ergebnis.

Nichts verschafft einem Verkäufer größere Befriedigung, als einen schwierigen Verkaufsvorgang in den Ich-gewinne/Du-gewinnst-Quadranten der Matrix, der eine echte Partnerschaft voraussetzt, zu steuern. Jeder Verkaufsprofi, der diesen Namen verdient, wünscht sich, *alle* seine Geschäfte in dieses Feld zu leiten.

Das ist beileibe kein Wunsch, der allein auf altruistischen Motiven basiert. Wir empfehlen Ihnen keineswegs, aus purer Höflichkeit oder ethischen Gründen eine Joint-venture-Beziehung zu Ihren Kunden zu entwickeln. Der Grund dafür ist vielmehr rein pragmatischer Natur: Wenn Ihre Käufer gewinnen, dann gewinnen auch Sie, weil Sie Folgeaufträge erhalten und lernen, was erforderlich ist, um aus Ihren aktuellen und künftigen Verkaufsvorgängen auch im qualitativen Sinn Spitzenverkäufe zu machen. Deshalb dienen Sie letztlich am besten Ihren Eigeninteressen, wenn Sie den Eigeninteressen Ihrer Käufer dienen.

Ich gewinne/Du verlierst: Den Käufer schlagen

In der Öffentlichkeit scheint immer noch die Meinung vorzuherrschen, daß jeder, der im Verkauf tätig ist, es darauf abgesehen hat, seine potentiellen Kunden in den zweiten Quadranten der Matrix zu manipulieren.

Wer kennt nicht die zahllosen Geschichten, die diese Situation beschreiben: vom Gebrauchtwagenhändler, der den Kilometerzähler zurückdreht, vom Haushaltsgeräte-Hersteller, der Garantieleistungen aus fadenscheinigen Gründen verweigert, bis hin zum Botendienst, der das Paket zu spät oder dem Versandhaus, das die Bestellung gar nicht liefert. Die Gerichte bemühen sich redlich, die Meister des Ich-gewinne/Du-verlierst-Spielchens zur Rechenschaft zu ziehen und ihren moralisch verwerflichen Praktiken Einhalt zu gebieten, aber es gibt zu viele, die sich darauf verstehen – auch ohne gesetzliche Bestimmungen zu verletzen.

Zum Beispiel:

1. Sie verkaufen eine Ware oder Dienstleistung zu einem deutlich überhöhten Preis, und zwar zu einem Zeitpunkt, zu dem der dringende Bedarf es dem Kunden unmöglich macht, Ihr Angebot auszuschlagen.
2. Sie stellen die Serviceleistungen Ihres Unternehmens so unrealistisch, aber glaubhaft dar, daß der Kunde zu der Überzeugung gelangt, Sie seien allzeit in der Lage, jedes noch so große Problem unverzüglich zu beseitigen.
3. Sie liefern dem Käufer Waren oder Dienstleistungen, die seinen Anforderungen nicht genügen – oder sie bei weitem übertreffen.

In jedem dieser Beispiele handelt der Verkäufer wie ein Desperado, der den Kunden zum Dank für die schnell verdiente Provision düpiert.

Im Gegensatz zu dem, was man die Öffentlichkeit glauben macht, sind diese »weit verbreiteten, traditionsreichen« Verkaufspraktiken weder weit verbreitet noch traditionsreich – zumindest nicht unter erfolgreichen Verkäufern. Den *besten* Unternehmen und den *besten* Verkäufern war stets bewußt, daß die Ich-gewinne/Du-verlierst-Politik insbesondere dann, wenn es um Folgegeschäfte geht, katastrophale Konsequenzen haben kann. Denn das einzige, was sie ihnen bringt, ist die Erteilung eines (einmaligen) Erstauftrages – sowie das letzte, was sich ein Verkäufer wünschen kann: einen Kunden, der auf Rache aus ist.

Die Rache des Käufers

Der Hauptgrund, warum Sie die Konstellation Ich-gewinne/Du-verlierst vermeiden sollten, ist die Tatsache, daß Ihre Verkaufserfolge von kurzer Dauer – weil instabil – sind. Im Laufe der Zeit entwickelt sich daraus zwangsläufig eine Ich-verliere/Du verlierst-Situation. Es kann daher keinesfalls Ihrem *persönlichen* Eigeninteresse dienen, sich mit einem Kunden, von dem Sie sich eine langfristige Geschäftsbeziehung versprechen, auf das Ich-gewinne/Du-verlierst-Spiel einzulassen.

Früher oder später werden diejenigen, denen Sie die Position des Verlierers aufgezwungen haben, erkennen, daß sie bewußt getäuscht worden sind. Sie werden – um noch einmal auf unsere Beispiele zurückzukommen – feststellen, daß

1. die Preise Ihrer Konkurrenten für vergleichbare Produkte um 35 Prozent niedriger liegen,
2. die Kundendienstanfragen nicht so bedient werden, wie Sie es versprochen hatten, und
3. Ihr Produkt trotz seiner technischen Möglichkeiten nicht geeignet ist, die spezifischen Bedürfnisse dieses Kunden zu befriedigen.

Die Konsequenzen machen sich vielleicht nicht gleich bemerkbar, aber wenn Sie die Eigeninteressen eines Käufers tatsächlich ignoriert haben, wird dieser es mit Sicherheit irgendwann herausfinden. Und sollte dieser Fall eintreten, dann können Sie nur noch hoffen, daß er Ihnen lediglich die kalte Schulter zeigt und die ganze Angelegenheit vergißt. Aber viel wahrscheinlicher ist, daß Ihr Käufer zum Gegenangriff übergeht und überall erzählt, man könne Ihnen nicht trauen. Was er auch tun mag, fest steht, daß *Sie* über kurz oder lang als Verlierer dastehen werden.

Wir haben bereits ein klassisches Beispiel für die Rache des Käufers geschildert: den Verkauf eines Problemlösungsseminars an ein Textilunternehmen. Dieses Seminar kam im Käuferunternehmen über die Testphase nie hinaus, weil der Verkäufer die Anwender nicht beachtet hatte. Sie zu ignorieren bedeutete soviel wie: »Euer Eigeninteresse ist für mich nicht von Belang. Bei diesem Verkauf kann ich sogar dann noch gewinnen, wenn Ihr verliert.« Wie die nachfolgenden Ereignisse gezeigt haben, war das eine reichlich törichte Annahme. Die Anwender sorgten nämlich dafür, daß das Seminar seinen Zweck nicht erfüllte. Am Ende dieses Verkaufsvorganges war nicht einmal die ohnehin schon unbefriedigende Ich-gewinne/-Du-verlierst-Situation eingetreten, sondern die schlechteste, die man sich überhaupt nur vorstellen kann: nämlich Ich-verliere/Du-verlierst.

Ich verliere/Du gewinnst:
Dem Käufer einen »Gefallen« erweisen

Jeder Verkaufsprofi weiß, daß das Ich-gewinne/Du-verlierst-Spiel sich bei weitem nicht so großer Beliebtheit erfreut wie das Spiel Ich-verliere/Du-gewinnst. Hierbei übernimmt der Verkäufer die Rolle des Märtyrers, der dem Käufer – zum Schaden des verkaufenden Unternehmens – einen Gefallen erweist. »Ich verliere freiwillig«, sagt der Verkäufer damit in Wirklichkeit aus, »damit du, König Kunde, gewinnen kannst.« Diese Haltung kennen Sie sicher zur Genüge aus eigener Erfahrung. Einer unserer Workshop-Teilnehmer erklärte, daß sie in seiner Firma so weit verbreitet sei, daß man sie »de facto als Firmenpolitik bezeichnen könne«. Jedesmal, wenn ein Verkäufer einen Auftrag mit Hilfe eines geradezu lächerlichen Preises hereinholt, jedesmal, wenn dem potentiellen Käufer ein Angebot mit außerordentlichen Preisnachlässen bei Großabnahme, mit kostenlosem Kundendienst, Gratisexemplaren oder anderen zusätzlichen Leistungen »schmackhaft« gemacht wird, ist das Spiel Ich-verliere/Du-gewinnst in vollem Gang.

Hinter dieser Methode steht die Überlegung, daß sich der Kunde durch die großzügige Geste beeindruckt zeigt und verpflichtet fühlt, in Zukunft ebenso großzügig zu sein. »Eine Hand wäscht die andere«, lautet die Devise. Leider kommt es oft ganz anders, als man denkt.

Im Grunde geht es hier nämlich um ein Wahrnehmungsproblem. Wenn Sie sich auf das Ich-verliere/Du-gewinnst-Spiel einlassen, vermitteln Sie dem Käufer einen *falschen Eindruck von der Realität*, einer Realität, die sich nicht endlos aufrechterhalten läßt, ihm aber als Norm erscheinen muß. Wenn Sie sich die Gunst des Kunden dadurch »erkaufen«, daß Sie Ihre Waren, Dienstleistungen oder Ihre Zeit verschleudern, zwingen Sie auch ihm die Rolle des Verlierers auf, weil Sie einen unrealistischen Erwartungshorizont bei ihm schaffen.

Kein Unternehmen kann es sich auf Dauer leisten, seine Waren oder Dienstleistungen zu verschenken. Sobald Ihr Unternehmen beschließt, nun sei es an der Zeit, »zur Kasse zu bitten«, sind Sie gezwungen, Ihrem »Gewinner-Kunden« die Hiobsbotschaft zu überbringen, daß »nunmehr die Reihe an ihm ist, zu verlieren«. Normalerweise erinnert er sich nicht mehr daran, daß und wie oft Sie ihm bisher einen »Gefallen« erwiesen haben. Er stellt lediglich fest, daß Sie nun fest entschlossen sind, das Ich-gewinne/Du-verlierst-Spiel zu beginnen, was verständlicherweise Rachegelüste bei ihm weckt. Und damit sind die Weichen gestellt: Sie verlieren beide.

Der Ich-verliere/Du-gewinnst-Quadrant ist letztlich genauso *instabil* wie das Ich-gewinne/Du-verlierst-Feld. Auch er führt zwangsläufig zur Ich-verliere/Du-verlierst-Konstellation und dient somit keinesfalls Ihrem Eigeninteresse.

Wann – und wie – Ich verliere/Du gewinnst gespielt werden soll

Wir sagen keineswegs, daß Sie sich *niemals* auf das Ich-verliere/Du-gewinnst-Spiel einlassen sollten. In bestimmten Situationen kann es eine zumindest *kurzfristig* brauchbare Strategie sein. Nichts kann bei einem Käufer beispielsweise mehr Interesse wecken, als wenn man ihm ein neues Produkt mit Einführungsrabatt anbietet. Aber wenn Sie sich für das Ich-verliere/Du-gewinnst-Spiel entscheiden, dann sollten Sie es Ihren Käufer *wissen lassen*. Und vergewissern Sie sich, daß er Ihre »Einladung zum Essen« als einmaliges Angebot versteht. Die Ich-verliere/Du-gewinnst-Strategie ist in unserer Wirtschaft vornehmlich in Verbrauchsgütermärkten anzutreffen. Die Hersteller, die sich ihrer bedienen, müssen den Kunden ihr Verhalten nicht erklären, weil sie es als bekannt voraussetzen können. Wenn der Supermarkt an der Ecke beschließt, Schappi nicht mehr mit Verlust, sondern zum gängigen Preis zu verkaufen, klagt niemand: »Warum versuchen Sie, uns das Fell über die Ohren zu ziehen?« Und wenn Sie im Januar Gratisproben von einem Kosmetikkonzern in Ihrem Briefkasten finden, fragen Sie nicht einen Monat später an: »Wo bleibt meine Februar-Probe?« Daß das Ich-verliere/Du-gewinnst-Spiel in Form von Proben oder Verlustverkäufen nur ein kurzfristiger Schachzug sein kann, bedarf auf den Verbrauchsgütermärkten keiner zusätzlichen Erklärung.

Das ist in Ihrer Branche unter Umständen nicht der Fall. Und vor allem sollten Sie nie davon ausgehen, daß Ihre Kunden die soeben beschriebenen Überlegungen anstellen. Der schwerwiegendste Fehler, den ein Verkäufer begehen kann, wenn er sich für das Ich-verliere/Du-gewinnst-Spiel entscheidet, besteht wohl darin, *seine Kunden nicht darüber aufzuklären, daß es sich um ein einmaliges Angebot handelt.* Dieses Versäumnis führt zu immer neuen Mißverständnissen und zur wachsenden Verärgerung des Kunden, der überzeugt war, das Besondere sei die Norm, und der auf das Normale dann so reagiert, als sei es übertrieben oder unfair. Diese mißliche Situation läßt sich dadurch vermeiden, daß Sie klar und deutlich aussprechen, nach welchen »Spielregeln« Sie sich im Augenblick richten.

Und vergessen Sie nicht, diese »Spielregeln« schriftlich zu fixieren. Verlassen Sie sich nicht darauf, daß man Ihnen freundschaftliches Wohlwollen entgegenbringt, um die Beziehung gesund und tragfähig zu erhalten, wenn Sie wissen, daß Sie eines Tages gezwungen sein werden, Ihren Kunden auf den harten Boden der Tatsachen zurückzuholen. Wenn das Besondere der Ich-verliere/Du-gewinnst-Situation nicht schriftlich festgehalten wird – sei es anhand eines Vertrages, auf einer Rechnung oder in einer gesonderten Vereinbarung –, hat es der Käufer in Zukunft leicht, Ihre Konditionen rigoros abzulehnen.

Selbst dann, wenn Sie das Ich-verliere/Du-gewinnst-Spiel meisterhaft beherrschen, kann und darf es nur als kurzfristige Strategie in Betracht gezogen werden. Ihr Endziel muß darin bestehen, die Beziehungen zu all Ihren Kaufbeeinflussern in den Ich-gewinne/Du-gewinnst-Quadranten zu steuern.

Ich verliere/Du verlierst:
Der Krimskrams-Quadrant

Wir bezeichnen den Ich-verliere/Du-verlierst-Quadranten als den Krimskrams-Quadranten, weil alle Verkaufsvorgänge, die Sie nicht bewußt oder aktiv zu einem Ich-gewinne/Du-gewinnst-Ergebnis führen, früher oder später hier landen werden. Wir haben darauf hingewiesen, daß jeder Quadrant der Matrix sowohl die Situation *während* des Verkaufsvorganges als auch *nach* Auftragserteilung darstellt. Wenn Sie nicht sicherstellen, daß all Ihre Käufer in dem Angebot einen persönlichen Gewinn sehen, dann zeichnet sich unaufhaltsam und über kurz oder lang ein Ich-verliere/Du-verlierst-Ergebnis ab – gleichgültig, wie sich die Situation zum Zeitpunkt der Auftragserteilung dargestellt hat.

Das gilt – aus den oben genannten Gründen – sowohl für die Ich-gewinne/Du-verlierst- als auch für die Ich-verliere/Du gewinnst-Situation und darüber hinaus für die wenigen Fälle, die sich an irgendeinem Punkt des Verkaufsvorganges bereits im Ich-verliere/Du-verlierst-Quadranten befinden. Zum Beispiel dann, wenn ein Kunde den Preis eines Produktes, das er dringend benötigt, für überhöht hält und auf außergewöhnlichen Liefertermin-Zugeständnissen besteht, sozusagen als Ausgleich für die Mehrkosten. Die Termin-Zugeständnisse wecken vielleicht bei dem Verkäufer das Gefühl, er sei der Verlierer, während der Kunde sich aufgrund des überhöhten Preises ebenfalls als Verlierer fühlt.

Aber, wie schon gesagt, solche Situationen sind selten. Nur eine kleine Minderheit von Verkäufern legt es darauf an, Ich verliere/Du verlierst zu spielen. Abgesehen von einigen wenigen Masochisten und Exzentrikern wissen sie, daß niemand dadurch gewinnen kann, daß man sich gegenseitig zerstört.

Das ist auch Ihren Kunden bewußt. Aus diesem Grunde sollten Sie ihnen auch klarmachen, daß Sie nicht gerade glücklich über eine Situation sind, in der beide Partner verlieren. Sobald Ihre Käufer begriffen haben, daß es Ihnen nicht darum geht, sie in die Verliererposition zu drängen, sind sie in der Regel bereit, mit Ihnen zusammenzuarbeiten, damit keiner als Verlierer dasteht.

Aus dem, was wir bisher in diesem Kapitel gesagt haben, läßt sich folgendes Fazit ziehen: Obwohl kaum jemand darauf aus ist, Ich verliere/Du verlierst zu spielen, kann praktisch jeder Verkaufsvorgang mit einem beidseitigen Verlust *enden*, wenn er nicht effektiv zu einem Ich-gewinne/Du-gewinnst-Ergebnis für Sie und jeden einzelnen Ihrer Käufer geführt wird.

Ihr Joint-Venture-Team

Gute Verkäufer verstehen die Dynamik der Jeder-gewinnt-Philosophie intuitiv. Wir alle kennen Menschen, die die Gabe besitzen, den »Stein ins Rollen« zu bringen: die immer zur *richtigen Zeit* am *richtigen Ort* sind, scheinbar mühelos den *richtigen Ansprechpartner* für die Realisierung ihrer Ziele und die *richtigen Worte* finden und deren Höhenflüge eine Glückssträhne widerspiegeln, die nicht abzureißen scheint. Wenn Sie allerdings einmal näher in Augenschein nehmen, wie diese Menschen vorgehen, werden Sie feststellen, daß ihre spektakulären Erfolge nicht das mindeste mit Glück zu tun haben. Sie sind erfolgreich, weil sie das grundlegende biologische und psychologische Gesetz verstehen, demzufolge *jeder seinem Eigeninteresse dienen muß*. Sie haben dieses Gesetz in die Praxis umgesetzt, indem sie sich bemühen, stets ihrem *und* dem Eigeninteresse jedes ihrer Käufer zu dienen und gleichzeitig dafür zu sorgen, daß sich jeder einzelne dieser Tatsache bewußt ist.

Jedesmal, wenn Sie das Eigeninteresse eines Ihrer Käufer befriedigt haben, haben Sie ein neues Mitglied für ein Joint-Venture-Team gewonnen, dessen Ziel die Zufriedenheit beider Partner ist. Wenn Sie und Ihre Käufer diese Form der Zusammenarbeit pflegen, machen Sie es allen Beteiligten leichter, *gemeinsam* zu gewinnen. Bereits nach der ersten diesbezüglichen Erfahrung werden Sie bestrebt sein, die Perspektive und die notwendigen Voraussetzungen zu schaffen, die Ihnen eine Wiederholung dieser Erfahrung bei jedem neuen Verkaufsprozeß gestatten, den Sie einleiten.

Ihre aktuelle Gewinner-Position

Die Jeder-gewinnt-Philosophie ist nicht statisch, sondern stellt einen fortwährenden Prozeß dar. Während des Verkaufsvorganges müssen Sie daher Ihre Position in der Gewinner-Matrix ständig überprüfen, um sicherzugehen, daß Sie bei der geringfügigsten Veränderung der Rahmenbedingungen oder Hauptakteure Ihren Kurs in Richtung des Ich-gewinne/Du-gewinnst-Quadranten unbeirrt beibehalten.

Diese Überprüfung ist für jeden Kaufbeeinflusser eines bestimmten Verkaufszieles gesondert vorzunehmen. Wir haben gesagt, daß Sie Ihrem persönlichen Eigeninteresse am besten dienen, wenn Sie das Eigeninteresse jedes einzelnen Kaufbeeinflussers befriedigen. Stellen Sie fest, ob dies der Fall ist, indem Sie sich für jeden einzelnen Käufer Ihres jeweiligen Verkaufszieles folgende Fragen stellen:

- Versuche ich tatsächlich und mit allen mir zu Gebote stehenden Mitteln, seinem Eigeninteresse in diesem Verkaufsvorgang zu dienen? Das heißt, *will* ich wirklich, daß er gewinnt?
- Begreift er, daß ich versuche, sein Eigeninteresse zu befriedigen? Das heißt, *weiß* er, daß ich ihn gewinnen lassen will?

Stellen Sie sich dieselben Fragen zu jedem einzelnen Kaufbeeinflusser in jedem Vorgang.

Sollten dabei einige Antworten verneint oder nicht mit absoluter Sicherheit beantwortet werden, dann markieren Sie diese als Risikoelemente des Verkaufsvorganges mit einer roten Flagge. Vielleicht sind Sie mit diesem Kaufbeeinflusser noch nicht im Ich-gewinne/Du-gewinnst-Quadranten angelangt und müssen deshalb bestrebt sein, diese Position *anzusteuern*.

Auch wenn Sie die Fragen klar und positiv beantworten können, sollten Sie daran denken, daß Ihre *augenblickliche* Ich-gewinne/Du-gewinnst-Position lediglich das ist, was der Name besagt – ein momentaner Zustand. Sie müssen alles daransetzen, diese Position zu *halten*, so daß Sie beide sich auch noch bei Abschluß des Verkaufsvorganges im Ich-gewinne/Du-gewinnst-Quadranten befinden.

Sie können jeden Ihrer Verrkaufsvorgänge in den Ich-gewinne/Du-gewinnst-Quadranten steuern und diese Position gemeinsam mit jedem Ihrer Kaufbeeinflusser halten, indem Sie sich eines Schlüsselelementes unserer Strategie bedienen, das wir Ihnen nun vorstellen werden: das Konzept der *Gewinner-Resultate*.

10 Schlüsselelement 4: Gewinner-Resultate

Manche unserer Fortune 500-Kunden – wie zum Beispiel Coca-Cola, Hewlett-Packard und Wilson Sporting Goods – finden unser Gewinner-Konzept so überzeugend, daß sie es in ihre eigenen Verkaufsphilosophien integriert haben. Einige Unternehmen haben sogar die Gewinner-Matrix in ihre Verkaufspräsentation vor Kunden aufgenommen. Einer der dortigen Marketing-Manager erklärte uns neulich: »Wir haben Ihre Matrix als visuelles Grundelement in unsere Präsentationen eingebaut; sie ist ein ausgezeichnetes Hilfsmittel, um unseren Kunden zu zeigen, daß wir auf ihrer Seite stehen.«

Um das Gewinner-Konzept so effektiv wie diese Großunternehmen anwenden zu können, brauchen Sie die gleiche Kundenphilosophie – und noch etwas: nämlich eine anwendbare, bewährte Methode, um die Jeder-gewinnt-Philosophie in die Praxis umzusetzen. Diese Methode werden wir Ihnen jetzt vorstellen.

Die Jeder-gewinnt-Philosophie in der Praxis nachzuvollziehen bedeutet, den Ichgewinne/Du-gewinnst-Quadranten für jeden einzelnen Ihrer Kaufbeeinflusser *operationell* zu machen. Mit anderen Worten: Jeder der Beteiligten muß erkennen können, daß er gewonnen hat. Wie ist das nun praktisch machbar?

Die Antwort lautet: Sie müssen jedem Kaufbeeinflusser einen sichtbaren Beweis dafür an die Hand geben, daß Sie seinem Eigeninteresse gedient haben. Und dieser sichtbare Beweis sind die *Gewinner-Resultate*.

Was sind Gewinner-Resultate?

Den Begriff »Gewinner-Resultate« haben wir schon zu einem sehr frühen Zeitpunkt der Entwicklung unseres Programms »Strategisches Verkaufen« geprägt. In all den Jahren, in denen wir nun schon Workshops mit diesem Programm durchführen, konnten wir beobachten, daß das Konzept der Gewinner-Resultate mehr Diskussionen, mehr Verwirrung, aber auch mehr Einsichten mit sich bringt als jede andere Arbeitshypothese. Wir haben auch festgestellt, daß die Teilnehmer unserer Workshops sich schneller mit dem Konzept vertraut machen, wenn wir zu Beginn einige Erläuterungen dazu geben. Das Konzept der Gewinner-Resultate leitet sich aus folgenden Begriffen ab:

- *Verkaufen:* Verkaufen ist die professionelle Aufgabe, jedem Ihrer Kaufbeeinflusser zu zeigen, wie Ihre Ware oder Dienstleistung seinem individuellen Eigeninteresse dient.
- *Produkt:* Ein Produkt ist dazu bestimmt, einen betrieblichen Prozeß Ihres Kunden zu determinieren oder zu verbessern. Im »Strategischen Verkaufen« wird unter dem Begriff »Produkt« all das zusammengefaßt, was *Sie* verkaufen – sei es eine Ware oder Dienstleistung.
- *Prozeß:* Unter einem Prozeß verstehen wir eine Aktivität oder eine Reihe von Aktivitäten, welche aus etwas augenblicklich Vorhandenem etwas anderes entstehen läßt. Beispiele für solche betrieblichen Prozesse sind u. a. die Produktion, Forschung und Entwicklung, Buchhaltung, Fakturierung, Qualitätskontrolle oder auch das Transportwesen.
- *Resultat:* Ein Resultat ist die Auswirkung eines Produktes auf einen oder mehrere der betrieblichen Prozesse Ihrer Kunden. Resultate sind objektiv meßbar und für mehr als einen Menschen relevant. Das heißt, sie wirken sich gleichzeitig auf einen größeren Personenkreis aus, wenn auch auf *verschiedene Weise.*
- *Gewinn:* Ein Gewinn ist die Erfüllung eines subjektiven persönlichen Versprechens, das man sich selbst gegeben hat, um seinem spezifischen Eigeninteresse zu dienen. Was der einzelne als persönlichen Gewinn bewertet, ist *unterschiedlich.*
- *Gewinner-Resultate:* Ein Gewinner-Resultat ist ein objektives, geschäftliches Resultat, welches einem oder mehreren Ihrer Kaufbeeinflusser einen subjektiven, persönlichen Gewinn bringt.

Da Sie nur dann in den Ich-gewinne/Du-gewinnst-Quadranten gelangen, wenn Sie Ihren Käufern Gewinner-Resultate liefern, ist es besonders wichtig, beide Bestandteile des Konzeptes der Gewinner-Resultate zu verstehen. Sie können die Resultate nicht einfach ignorieren, denn diese müssen vorliegen, *bevor* ein Käufer einen Gewinn für sich erkennen kann; das Resultat ist also die notwendige *Voraussetzung* für jeden Gewinn. Andererseits sollten Sie aber auch nicht die individuellen Gewinne Ihrer Käufer unberücksichtigt lassen. Wenn Sie sich *alleine* auf die Resultate konzentrieren, werden Sie früher oder später einem Ihrer Käufer ein Resultat liefern, das er als für sich irrelevant oder – schlimmer noch – als persönlichen Verlust betrachtet.

Das passiert bei mehrschichtigen Verkäufen leider nur allzu häufig. Wir möchten Ihnen anhand eines Beispiels zeigen, welche Probleme daraus entstehen können.

Ein Workshop-Teilnehmer hat uns kürzlich erzählt, daß er nur schwer verstehen könne, warum es ihm nicht gelinge, eine bestimmte Anbahnung zum Abschluß zu bringen. Die Verkaufschancen seien an sich »ideal«, aber aus Gründen, die sich seiner Kenntnis entzögen, blockiere der Präsident des Kundenunternehmens das Geschäft. »Unser Angebot stimmt in jeder Hinsicht mit ihren Bedürfnissen überein«, erklärte er. »Wir hatten uns auf solide Zahlungsmodalitäten geeinigt. Unser Angebot war sogar das preisgünstigste. Wenn ich an seiner Stelle wäre, dann hätte ich den Vertrag bereits vor Monaten unterschrieben. Aber er ließ sich durch nichts dazu bewegen.«

»Erzählen Sie uns etwas über den Präsidenten«, sagten wir. »Was ist er für ein Mensch?«

»Sie meinen, wie er perönlich ist?« fragte unser Teilnehmer. »Ja«, erwiderten wir ihm. »Persönlich.«

Er beschrieb uns einen Mann, der aus dem Nichts ein Unternehmen aufgebaut, dreißig Jahre lang seine ganze Energie in die Leitung investiert und nun beschlossen hatte, in zwei Monaten endlich in den immer wieder hinausgeschobenen Ruhestand zu treten. Unser Teilnehmer zeichnete das Bild eines ausgelaugten, nur noch auf ein Ziel konzentrierten Mannes, den der tägliche Gang ins Büro inzwischen große Mühe kostete. Nach und nach stellte sich heraus, daß die Resultate, die unser Teilnehmer anzubieten hatte – ungeachtet ihrer Qualität –, auf ihn keinerlei Wirkung haben konnten, weil er sich bereits mehr oder weniger aus dem Arbeitsleben zurückgezogen hatte. »Ihre Beschreibung läßt darauf schließen, daß dieser Mann nur eines will: seine Ruhe«, erklärten wir ihm. »Gibt es bei diesem Geschäft überhaupt etwas für ihn persönlich zu gewinnen?«

Unser Workshop-Teilnehmer erkannte plötzlich und mit aller Deutlichkeit, daß dies nicht der Fall war. Und nachdem er zu dieser Einsicht gelangt war, entschied er sich für die Strategie, die angesichts der Unnachgiebigkeit des Präsidenten als einzige Erfolg versprach: er beschloß zu warten, bis der Mann in den Ruhestand getreten war.

Der Verkäufer wußte, daß das Unternehmen spätestens in drei Monaten einen neuen Präsidenten haben würde – und sein Verkaufsvorgang damit einen neuen Entscheider. Also wartete er den richtigen Zeitpunkt ab und wandte in der Zwischenzeit

die von uns für Alles-okay-Käufer empfohlene Strategie an, indem er – gewissermaßen auf Sparflamme – losen Kontakt zu den Mitarbeitern des Unternehmens
pflegte.

Als der Nachfolger sein Amt antrat, zahlte sich die Geduld unseres Teilnehmers
endlich aus. Der neue Mann an der Unternehmensspitze – eifrig darum bemüht,
gleich zu Beginn mit Erfolgen aufzuwarten – war begeistert, als er von dem preisgün-
stigen Angebot hörte, das zudem noch sämtlichen Bedürfnissen gerecht wurde, und
unterzeichnete den Vertrag. Durch die Auftragserteilung konnte er für sein Unternehmen nicht nur die gewünschten Resultate erzielen, sondern auch sein ganz persönliches Eigeninteresse auf eine Weise befriedigen, die für seinen Vorgänger unin-
teressant war: er schuf sich damit das Image eines Mannes, der eine Chance erkennt
und wahrnimmt und sich auf Problemlösungen versteht.

Dasselbe Resultat – aber unterschiedliche Gewinne. Die Lektion, die sich daraus
ableiten läßt, dürfte klar sein: Selbst wenn ein Resultat nur eine einzige, klar abgegrenzte Auswirkung auf einen betrieblichen Prozeß hat, ist seine Auswirkung auf
die individuellen Kaufbeeinflusser bei einem Kaufprozeß unterschiedlich. Und
diese persönlichen Auswirkungen können negativ sein, auch wenn das Resultat
selbst positiv ist.

Aus dieser Erkenntnis läßt sich ein Lehrsatz für »Strategisches Verkaufen« ableiten: *Unternehmen erzielen Resultate, aber nur Menschen können gewinnen.* Da Ihr
wichtigstes Verkaufsziel darin besteht, jedem Ihrer Käufer zu zeigen, wie Ihre Ware
oder Dienstleistung seinem persönlichen Eigeninteresse dient, ist es nicht ausreichend, ihm nur Resultate zu liefern. Er muß verstehen, auf welche Weise er *persönlich* gewinnt, denn nur so gelangen Sie gemeinsam in den Ich-gewinne/Du-gewinnst-
Quadranten.

Die spezifischen Unterschiede zwischen Resultaten und Gewinnen sind in der anschließenden Übersicht zusammengestellt.

Resultate	*Gewinne*
1. Auswirkung eines Produktes auf einen betrieblichen Prozeß	1. Erfüllung eines sich selbst gegebenen Versprechens
2. Greifbar, meßbar, quantifizierbar	2. Nicht greifbar, nicht meßbar, nicht quantifizierbar
3. Kollektiv	3. Individuell

Mit Hilfe dieser Übersicht wollen wir nunmehr die beiden Bestandteile des Begriffes
Gewinner-Resultate ausführlicher erklären. Da die Resultate sichtbar sein müssen,
bevor ein Kunde seinen persönlichen Gewinn zu erkennen vermag, beginnen wir mit
den Resultaten.

Charakteristika der Resultate

1. Ein Resultat ist die Auswirkung Ihrer Ware oder Dienstleistung auf einen oder mehrere der betrieblichen Prozesse Ihres Kunden

Sie müssen bestrebt sein, die betrieblichen Prozesse Ihrer Kunden positiv zu beeinflussen, denn diese Prozesse sind der eigentliche Grund dafür, daß sich etwas innerhalb oder außerhalb des Geschäftslebens wandelt. Prozesse bewirken eine Veränderung im Zustand einer bestimmten Materie. So wie aus rohem Fleisch und rohen Kartoffeln durch den Kochvorgang eine delikate Mahlzeit entsteht oder der Körper bei entsprechendem Training Fett in Muskelgewebe umsetzt, dienen die betrieblichen Prozesse Ihrer Kunden dazu, eine gegebene Situation in eine neue zu verwandeln.

Wir haben erwähnt, daß Unternehmensaktivitäten wie Produktion, Forschung und Entwicklung, Buchhaltung, Fakturierung, Qualitätskontrolle und Transportwesen als Prozesse zu verstehen sind. Im Grunde kann jede betriebliche Aktivität – vom Auskehren des Lagerraumes bis hin zu Aufsichtsratsdebatten – als Prozeß betrachtet werden, solange sie dem Zweck dient, dem »Rohmaterial« eine neue nutzbringende Form zu geben.

Natürlich möchte jeder, der an einem Prozeß beteiligt ist, aus etwas Nützlichem etwas noch Nützlicheres machen. Und genau das ist Ihre Chance. *Sie sind für Ihre Käufer dann – und nur dann – von Nutzen, wenn sich Ihre Ware oder Dienstleistung positiv auf einen oder mehrere ihrer betrieblichen Prozesse auswirkt.* Um das zu erreichen, stehen Ihnen zwei Möglichkeiten offen:

- Sie können einen bisher zufriedenstellenden betrieblichen Prozeß *verbessern*.
- Sie können dafür sorgen, daß etwas *richtig* läuft, was bisher falsch gelaufen ist.

Das bringt uns wieder zu unserer Diskussion in Kapitel 8 über die Haltungen der einzelnen Kaufbeeinflusser zurück. Dort haben wir gesagt, daß Käufer dann empfänglich für Veränderungen und zum Kauf geneigt sind, wenn sie sich in einer Wachstums- oder Problemhaltung befinden. In jeder dieser beiden Haltungen suchen sie nach der spezifischen Auswirkung eines Produktes auf ihre betrieblichen Prozesse. In der Wachstumshaltung wollen sie diese quantitativ oder qualitativ *verbessern*. In der Problemhaltung erwarten sie von Ihnen, daß Sie etwas *in Ordnung bringen*. In beiden Fällen ist man an Ihnen interessiert, weil Ihre Ware oder Dienstleistung bestimmte betriebliche Prozesse positiv zu beeinflussen verspricht.

2. Ein Resultat ist greifbar, meßbar, quantifizierbar

Wenn Sie an Erika Meier ein Inventarkontrollsystem verkaufen, mit dem diese ihre Überstunden um 16 Prozent abbauen kann, müssen Sie nichts über ihre Person oder ihre Einstellung zur Realität wissen, um das Resultat zu ermitteln, das Sie ihr geliefert haben: Das Resultat ist die Verminderung der Überstunden um 16 Prozent.

3. Resultate haben Kollektiv-Charakter

»Kollektiv« bedeutet in diesem Zusammenhang nicht, daß die Resultate für das gesamte Unternehmen als wichtig gelten (obwohl das oft der Fall ist), sondern daß sie für *verschiedene* Mitarbeiter in der Käuferorganisation relevant sind. Da betriebliche Prozesse in modernen Unternehmensformen – und somit auch beim mehrschichtigen Verkauf – in einer Wechselwirkung zueinander stehen, beeinflußt jedes Resultat, das Sie liefern, folglich auch mehrere Prozesse gleichzeitig. Und selbst wenn nur ein einziger Prozeß dadurch verändert wird (zum Beispiel Erika Meiers Inventarkontrollsystem), gibt es dennoch eine *Reihe* von Personen, die davon betroffen sind (Frau Meiers gesamte Abteilung), das heißt, von den Resultaten tangiert werden, die Sie geliefert haben.

Charakteristika der persönlichen Gewinne

1. Ein Gewinn ist die Erfüllung eines sich selbst gegebenen Versprechens

Das Bedürfnis, zu gewinnen, ist von zentraler Bedeutung für das Überleben aller Arten. Wir Menschen erleben das Gefühl, gewonnen zu haben, wenn wir ein uns selbst unbewußt oder bewußt gegebenes Versprechen eingelöst und somit unserem persönlichen Eigeninteresse gedient haben. Zum Thema Versprechen sind noch zwei weitere Anmerkungen notwendig.

Erstens: Versprechen, die man sich selbst gibt, entstehen nicht willkürlich. Sie entwickeln sich vielmehr im Verlauf eines individuellen Entwicklungsprozesses im Rahmen einer spezifischen *Kulturlandschaft* und ihrer zahlreichen *Subkulturen*, in denen der einzelne aufwächst. Unsere Träume und Wunschvorstellungen sind ein Spiegelbild unserer *Wertvorstellungen* und *Lebenseinstellungen* – und diese werden wiederum in beträchtlichem Ausmaß von der Kultur und den Subkulturen geprägt, in denen wir uns bewegen. Ein Ureinwohner Australiens, der im Busch am Rande des Existenzminimums dahinvegetiert, würde in einer Spülmaschine oder der Mitgliedskarte für die Städtische Bücherei wohl kaum einen persönlichen Gewinn sehen. Was der einzelne als Gewinn betrachtet, wird von den spezifischen kulturellen Gegebenheiten bestimmt.

Zweitens: Versprechen, die man sich selbst gibt, *ändern sich,* so, wie sich Wertvorstellungen und Haltungen ändern. In manchen Fällen sind sie schon überholt, bevor sie erfüllt wurden. Das gilt besonders für Kulturen wie die unsrige, in der Veränderungen und Zukunftsschock allgegenwärtig sind. Ein Mann mittleren Alters, der sich in seiner Jugend geschworen hat, irgendwann einmal ein Ferienhaus in Florida und einen Bentley sein eigen zu nennen, stellt – wenn er sich beides leisten könnte – vielleicht fest, daß er das Interesse daran verloren hat: er betrachtet sie nicht länger als einen persönlichen Gewinn. Deshalb gilt es festzustellen, was jeder Ihrer Kaufbeeinflusser *jetzt, in diesem Augenblick*, als persönlichen Gewinn betrachtet.

2. Gewinne sind nicht greifbar, nicht meßbar, nicht quantifizierbar

Für die meisten Menschen sind die wichtigsten Ziele im Leben subjektiver Natur. Sie streben zum Beispiel nach einem harmonischen Familienleben, nach sozialer Sicherheit und der Gewißheit, ihr Bestes gegeben zu haben. Diese Bedürfnisse zu befriedigen und die damit verbundenen Gefühle stets aufs neue zu erleben und anzureichern ist letztlich der größte Gewinn.

Psychologen machen immer wieder die »erstaunliche Entdeckung«, daß dies auch für Verkäufer gilt. Sie haben möglicherweise auch schon einmal solche Untersuchungsergebnisse von Sozialwissenschaftlern über unseren Berufsstand gesehen. In jedem einzelnen, das wir zu Gesicht bekommen haben, sind die Analytiker zu derselben »aufsehenerregenden« Schlußfolgerung gelangt, daß Spitzenverkäufer nicht durch sechsstellige Jahresprovisionen, sondern vielmehr dadurch motiviert sind, daß sie in ihrem Beruf Zufriedenheit, Anerkennung und echte Herausforderungen finden. Die offenbar weitverbreitete Meinung, für Spitzenverkäufer sei lediglich Geld ein Leistungsanreiz, ist längst widerlegt. Das wundert uns nicht, denn wir haben festgestellt, daß in allen »Motivationslisten«, die von den Betroffenen selbst zusammengestellt wurden, das Geld ziemlich weit unten rangiert. Auf den ersten Plätzen finden Sie weit weniger greifbare, weniger konkrete Motive.

Das gleiche gilt für die Menschen, die bei Verkaufsverhandlungen auf der »anderen Seite« des Tisches sitzen. Wie Sie selbst, so üben auch Ihre Käufer ihren Beruf vor allem deshalb aus, weil er ihnen Anerkennung und Befriedigung – und damit Gewinne verschafft.

Diese nicht greif- und meßbaren Formen der Bedürfnisbefriedigung, die als individueller Gewinn empfunden werden, sind außerordentlich zahlreich und vielseitig. Deshalb können die nachfolgenden Gewinnbeispiele in der Übersicht gegenüber die ganze Bandbreite und Vielfalt dieses Spektrums auch nur andeuten.

Natürlich sind hier nur einige Gewinn-Beispiele aufgeführt. *Menschen gewinnen auf die unterschiedlichste Weise.* Ein Verkäufer, der seine Verkaufsvorgänge zu steuern versteht, muß erkennen, was seine Kaufbeeinflusser als persönlichen Gewinn betrachten.

3. Gewinne sind individuell

Wir haben gesagt, daß Resultate Kollektiv-Charakter haben und für mehrere Menschen relevant sind. In welcher Hinsicht ein einziges, objektives Resultat für viele Menschen von Bedeutung sein kann, haben wir Ihnen an Erika Meiers Inventarkontroll-Abteilung gezeigt. Aber die davon Betroffenen *gewinnen nicht alle auf die gleiche Weise.* Das ist wahrscheinlich das wichtigste Unterscheidungsmerkmal zwischen Gewinnen und Resultaten. Obwohl *ein* objektives Resultat für viele Menschen einen Gewinn bringen kann, gibt es – von wenigen Zufällen abgesehen – keine Gewinne, die absolut identisch sind, denn jeder einzelne Kaufbeeinflusser gewinnt ganz *individuell.*

Nehmen wir das hypothetische Resultat, das wir für Erika Meiers Abteilung unterstellt hatten: den Abbau der Überstunden um 16 Prozent. Erika Meier mag dieses Resultat durchaus als Gewinn betrachten, weil es ihr *aktuellere* Inventarlisten und somit eine effektivere Kontrolle ermöglicht. Für eine Mitarbeiterin ihrer Abteilung stellt das Resultat vielleicht aus einem ganz anderen Grund einen Gewinn dar: ihr bietet der Abbau der Überstunden die Möglichkeit, mehr Zeit mit ihrer Familie zu verbringen. Sie sehen also: Gleiches Resultat, verschiedene Gewinne.

Eine dritte Mitarbeiterin von Frau Meier hält das Resultat unter Umständen ganz und gar nicht für einen Gewinn, denn sie braucht das Geld, das die Überstunden bringen, für eine geplante Anschaffung. Für sie stellt das Resultat sogar einen Verlust dar.

Der grundlegende Unterschied zwischen kollektiven Resultaten und individuellen Gewinnen unterstreicht eine fundamentale Regel des »Strategischen Verkaufens«: *Es ist niemals ausreichend, nur Resultate anzubieten.* Um gemeinsam mit jedem Ihrer Kaufbeeinflusser bei einem mehrschichtigen Verkaufsvorgang in den Ichgewinne/Du-gewinnst-Quadranten zu gelangen, *müssen* sie ermitteln, *wie* jeder einzelne von ihnen *gewinnt.*

Beispiele für persönliche Gewinne der Kaufbeeinflusser

• behält Macht	• verschafft mehr Zeit für die eigene Familie
• erhält Kontrolle über andere	• verhilft zu mehr Macht
• kommt zu mehr Freizeit	• steigert die Selbstachtung
• bleibt in seiner Position	• macht freier, flexibler
• steigert die eigenen Fertigkeiten	• macht sicherer
• steigert die eigene Produktivität	• sichert Qualität der eigenen Leistung
• erhöht die Karrierechancen	• wird als Führer anerkannt
• wird als Problemlöser betrachtet	• enthält Einmaliges
• leistet einen wichtigen Beitrag für das Unternehmen	• hilft, eine Schuld abzutragen
• steigert die Motivation	• erhöht Verantwortung und Autorität
• verschafft Anerkennung	• sichert den eigenen Lebensstandard/Lebensstil
• steigert das Wachstumspotential	• verschafft mehr Freiheit
• sichert den sozialen Status	• verhilft zu höherem Ansehen

Die Gewinne der Käufer ermitteln

Um den Ich-gewinne/Du-gewinnst-Quadranten der Matrix operationell zu machen, sind zwei Dinge absolut unerläßlich: Sie müssen erkennen, welches Resultat oder welche Resultate jeder Ihrer Käufer benötigt, und danach müssen Sie jedem von ihnen zeigen, wie er aus diesem Resultat bzw. diesen Resultaten einen persönlichen Gewinn ableiten kann. Erst wenn Sie diese beiden Grundvoraussetzungen erfüllen, liefern Sie Gewinner-Resultate.

Es ist nicht immer ganz einfach, die subjektiven Bedürfnisse Ihrer Käufer zu erkennen und in ihrer vollen Tragweite zu verstehen. Andererseits sind Sie dabei nicht nur auf reine Vermutungen angewiesen. Die langjährige Zusammenarbeit mit Verkäufern aus den unterschiedlichsten Branchen hat uns gelehrt, daß es drei verläßliche Methoden zur Ermittlung der Gewinner-Resultate gibt:

1. Sie können *Rückschlüsse* auf die persönlichen Gewinne Ihrer Käufer *ziehen*, entweder aus den Resultaten, die sie anzustreben scheinen, oder aus dem, was Sie über ihre Wertvorstellungen und ihren Lebensstil wissen.
2. Sie können Ihre Käufer *fragen*, welche Gewinne sie für sich in dem Kauf sehen.
3. Sie können Ihren *Coach* um Unterstützung bitten.

Rückschlüsse auf den Gewinn ziehen

Obwohl jeder Ihrer Käufer auf individuelle Weise gewinnt, neigen die einzelnen Käufer*arten* dazu, ähnliche Resultate für ihre Unternehmen anzustreben. Dieses Wissen erleichtert Ihnen die Beurteilung, ob ein bestimmter Kaufbeeinflusser mit einem bestimmten Resultat einen persönlichen Gewinn erzielen *kann*.

Nur die Resultate zu ermitteln ist – das gilt als gesichert – niemals ausreichend. Aber wenn Sie *als erstes* feststellen, welche Resultate beispielsweise Peter Marbach in einer bestimmten Situation anstrebt, sind Sie eher in der Lage, *Rückschlüsse* auf die verschiedenen Gewinne zu ziehen, die ihm jedes einzelne der Resultate vermitteln könnte.

Berücksichtigen Sie bitte, daß die jeweiligen Resultate, die Sie ermitteln, in direktem Bezug zu den geschäftlichen Interessen des Käufers stehen, wie in Kapitel 5 über die Kaufbeeinflusser dargestellt. Entscheider streben zum Beispiel nach Resultaten, die der Realisierung der Unternehmensziele und der langfristig positiven Unternehmensentwicklung – etwa durch einen angemessenen ROI (return on investment) – dienen. Anwendern geht es primär um die Auswirkung auf ihre Tätigkeit; die Resultate, die sie in der Regel anstreben, um zu gewinnen, müssen die Leistung – qualitativ und/oder quantitativ – sichtbar erhöhen. Die Wächter haben ein nachhaltiges Interesse daran, daß das angebotene Produkt ihren Auswahlkriterien entspricht. Für sie ist die Wahrscheinlichkeit, zu gewinnen, um so größer, je mehr Resultate Sie liefern, die diese Kriterien erfüllen oder gar übertreffen.

Beispiele für Resultate der Kaufbeeinflusser

Entscheider	Anwender
• geringe Anschaffungskosten • geplante Investition • ROI • finanziell vertretbar • Steigerung der Produktivität • Ertragssteigerung • verstetigt cash flow • sichert oder verstärkt die Flexibilität	• Zuverlässigkeit • steigert die Effizienz • erweitert Fertigkeiten • erfüllt Leistungsanforderungen • beste Problemlösung • macht die Arbeit besser, schneller, leichter • vielseitig einsetzbar • hervorragender Service • leichte Einarbeitung • leichte Anwendung
Wächter	**Coach**
• das Produkt erfüllt die Kriterien des Pflichtenheftes bzw. der Ausschreibung • termingerechte Lieferung • beste technische Lösung • günstigstes Angebot • hoher Nachlass • gutes Preis-Leistungs-Verhältnis • Zuverlässigkeit	• Anerkennung • sichtbarer Erfolg • durchschlagendes Ergebnis • leistet einen guten Beitrag • wird als Problemlöser angesehen

Beachten Sie bitte auch, daß es für einen Coach keine Resultate, sondern nur Gewinne gibt. *Ihr Verkaufsabschluß* ist die Grundlage seines Gewinns.

Es bleibt allerdings ein Rest von Ungewißheit, wenn Sie aus den Resultaten Rückschlüsse auf die Gewinne ziehen; deshalb müssen Sie sich zur Absicherung Ihrer Schlußfolgerungen Zugang zu weiteren Informationen über Ihre spezifischen Kaufbeeinflusser beschaffen. Das sollte kein Problem darstellen, denn nach Ihrer dritten Begegnung mit Harry Larisch wissen Sie bereits, auf welche Weise er gewinnen möchte. Wenn sein Büro zum Beispiel mit Pokalen und Urkunden voll ist, hat er wahrscheinlich das starke Bedürfnis nach Leistung und Anerkennung. Sind die Wände mit Familienfotos tapeziert, liegt die Vermutung nahe, daß soziale Sicherheit oder ein harmonisches Familienleben den Schlüssel zu seiner Persönlichkeit darstellen.

Wenn sein Terminkalender ein Musterbeispiel an Genauigkeit ist – wenn Ihre für zehn Uhr angesetzte, einstündige Besprechung um Punkt zehn Uhr beginnt und genau um elf Uhr endet –, dann nehmen bei ihm Ordnungsliebe und Effizienz mit großer Wahrscheinlichkeit einen hohen Stellenwert ein. Je mehr Sie über Lebensstil und Haltungen Ihrer Käufer wissen, desto besser gelingt es Ihnen, die richtigen Rückschlüsse auf ihre persönlichen Gewinne zu ziehen.

Eine weitere Informationsquelle ist die Unternehmenskultur, die sich in der Firma Ihrer Käufer manifestiert. Wie zahlreiche Beobachter der Wirtschaftsszene festgestellt haben, pflegt heute jedes große Unternehmen seine eigene Kultur mit spezifischen Haltungen und Wertvorstellungen, die die individuellen Haltungen und Wertvorstellungen der Mitarbeiter sowohl widerspiegeln als auch nachhaltig prägen.

Zum Beispiel dürfte die Anerkennung von Leistungen, die dem Gemeinwohl dienen, eher von einem Käuferunternehmen, das in hohem Maße Öffentlichkeitsarbeit betreibt, als Gewinn betrachtet werden als von einer Firma, die den engen Kontakt mit der Öffentlichkeit meidet. Als innovationsfreudig oder Vorreiter angesehen zu werden ist für eine Firma, die den Anspruch auf Marktführerschaft erhebt, eher ein Gewinn als für ein Unternehmen, das noch nach fünfzig Jahren dieselben tradierten Geschäftspraktiken pflegt.

Damit wollen wir nicht sagen, daß die Wertvorstellungen der einzelnen Kaufbeeinflusser *nichts weiter* seien als ein Spiegelbild der im Unternehmen inhärenten Wertvorstellungen. Aber die spezifischen Unternehmenskulturen können ein brauchbarer Maßstab sein, mit dem sich Ihre Annahmen über die Gewinne eines Käufers überprüfen lassen.

Auf eines sollten Sie jedoch achten: halten Sie sich stets vor Augen, daß die Methode, Rückschlüsse zu ziehen, nichts anderes ist, als eine besonders subtile Art zu raten. Deshalb müssen Sie Ihre Rückschlüsse stets auf ihre Richtigkeit *prüfen*, indem Sie den Käufer direkt fragen oder Ihren Coach um Hilfe bitten.

Den Käufer direkt fragen

Der zweite Weg zur Ermittlung der Gewinne Ihrer Käufer ist der, sie direkt danach zu fragen. Verstehen Sie das bitte nicht als Empfehlung, den unergründlichen Herrn Winkler ins Kreuzverhör zu nehmen und mit der Frage herauszuplatzen: »Wodurch gewinnen Sie bei diesem Kauf?« Sie sollten vielmehr Fragen stellen, die Aufschluß über seine Einstellung geben, also mehr »subjektiv« als »objektiv« sind.

Mit einer *objektiven* Frage soll festgestellt werden, was ein Käufer wünscht oder braucht. Die meisten Verkäufer konzentrieren sich auf objektive Fragen oder – schlimmer noch – versuchen, die Gewinne des Käufers zu erraten, weil sie nicht neugierig scheinen, sich auf Fakten beschränken oder die Antwort auf eine Frage nach seiner Einstellung, die sie zu kennen glauben, gar nicht hören wollen. Welche Gründe Sie auch anführen mögen, um Ihre Vorliebe für objektive Fragen zu erklären – der Output entspricht hier dem Input, das heißt, die Antwort besteht wie die Frage aus Fakten. Und Fakten sind für einen qualifizierten mehrschichtigen Verkauf einfach nicht genug.

Im Gegensatz dazu dienen Fragen nach der Haltung eines Menschen dazu, etwas über seine *Gefühle* in einer gegebenen Situation herauszufinden. »Was halten Sie von diesem System?« Oder, noch direkter: »Was für ein Gefühl haben Sie bei diesem Vorschlag? Wie kann ich dazu beitragen, daß Sie sich noch wohler fühlen?«

Fragen nach der Haltung eines Menschen sind immer angemessen und sollten nie als »Neugierde« ausgelegt werden. Da sie Ihnen dabei helfen, die individuellen Gewinne Ihrer Käufer – weit über das Produkt hinaus – zu ermitteln, lassen sich sowohl Ihre eigenen Reaktionen auf Veränderungen in der Verkaufssituation besser überprüfen, als auch die wechselnden Bedürfnisse Ihrer jeweiligen Käufer kanalisieren.

Viele Verkäufer sind vor allem deshalb abgeneigt, Fragen nach der Haltung Ihrer Kaufbeeinflusser zu stellen, weil sie befürchten, eine ehrliche Antwort könne Probleme aufwerfen. Ein guter Stratege stellt sich jedoch diesen Problemen und versucht nicht, ihnen aus dem Weg zu gehen. Ein Schlüsselelement des »Strategischen Verkaufens« – und insbesondere unseres Konzeptes der roten Flaggen – besteht ja gerade darin, Probleme im Verkaufsvorgang *aufzudecken*, um sie zu bewältigen. Und die Fragen nach der Einstellung Ihrer Käufer sind dabei eine unschätzbare Hilfe.

Wenn Sie Ihre Käufer fragen, wodurch sie gewinnen, werden Sie unter Umständen mit zwei Gefahrenbereichen konfrontiert – *Unwissenheit* und *Täuschungsversuchen* –, die Sie mit einer roten Flagge markieren sollten. Einige Leute wissen tatsächlich keine Antwort auf diese Frage. Und andere wollen nicht, daß Sie es wissen; sie unterhalten sich mit Ihnen zwar bereitwillig über die Resultate, aber sie sind der Meinung, daß ihre *persönlichen* Gefühle über den Kauf Sie nun wirklich nichts angehen.

In solchen Fällen müssen Sie in der Lage sein, gewissermaßen »zwischen den Zeilen der sichtbaren Resultate zu lesen«, die bewußt oder unbewußt verborgenen Gewinne also durch Interpretation herauszufiltern. Einer unserer Freunde hat sich beispielsweise vor kurzer Zeit einen Porsche gekauft. Als wir ihn nach dem Grund fragten, betonte er immer wieder, was das für eine großartige Investition sei; besonders beeindruckt sei er von der 3,2-Liter-Maschine, der rasanten Beschleunigung von 0 auf 100 in 7,4 Sekunden und dem hohen Wiederverkaufswert, den das Modell in den USA habe. Sicherlich haben Sie schon erkannt, daß es sich hier um Resultate handelt. Sie mögen durchaus entscheidende Faktoren beim Kauf gewesen sein, aber sicher nicht so wichtig wie die weniger meßbare, nicht greifbare Tatsache, daß er sich am Steuer seines neuen Wagens wie Niki Lauda fühlt. Man brauchte ihn nur ein einziges Mal hinter dem Volant zu beobachten, um zu wissen: *das* ist sein wahrer Gewinn und damit der ausschlaggebende Grund für den Kauf gewesen.

Oder nehmen wir beispielsweise an, Sie hätten einen Entscheider, der das geringste Risiko scheut, Sie aber glauben machen will, seine Angst sei nichts anderes als Umsicht. Wir kennen tatsächlich jemanden, der alles, was er braucht, grundsätzlich nur vom marktführenden Anbieter bezieht. Er nimmt in Kauf, daß dieser höhere Preise als andere Wettbewerber verlangt, aber dafür hat er das Gefühl, mit der Nummer Eins am Markt auf »Nummer Sicher« zu gehen. Wenn Sie ihn fragen, warum er den Preisnachteil hinnimmt, würden Sie nicht etwa zu hören bekommen: »Ich habe Angst, den Lieferanten zu wechseln. Mein Gewinn ist die Sicherheit, die mir der Marktführer bietet.« Er erzählt Ihnen vielmehr, wie zuverlässig der Kundendienst des Marktführers arbeitet, und behauptet, nirgendwo sonst einen solchen Service zu bekommen. Das ist einer der Fälle, bei denen Sie nicht umhin können, aus den Aussagen über die Resultate Rückschlüsse auf die Gewinne zu ziehen.

Weil Käufer häufig – wie im soeben geschilderten Fall – ihre Gewinne verschleiern, empfehlen wir unseren Workshop-Teilnehmern, stets *auf der Hut* zu sein und *Zusatzinformationen zum Vergleich* heranzuziehen, wenn sie einen Käufer nach seinen Gefühlen zu einem geplanten Kauf fragen. *Auf der Hut zu sein* vor Antworten, die sich einzig auf Resultate beschränken und *Zusatzinformationen zum Vergleich heranzuziehen,* die sowohl Aussagen über geschäftliche als auch private persönliche Bedürfnisse beinhalten. Und wir möchten noch einmal betonen: Vermeiden Sie tunlichst zu raten, wenn Sie »zwischen den Zeilen« lesen, um Gewinne zu ermitteln.

Den Coach um seine Hilfe bitten

Eine Möglichkeit, »Spekulationen« auszuklammern – oder Ihre Mutmaßungen zumindest noch einmal auf ihre Richtigkeit zu überprüfen –, besteht darin, die Hilfe Ihres Coach in Anspruch zu nehmen. Da ein guter Coach *per definitionem* bei anderen Käufern Glaubwürdigkeit genießt, sind diese unter Umständen bereit, ihm objektive und subjektive Informationen anzuvertrauen, die man Ihnen vorenthalten würde. Deshalb kann in besonders schwierigen Fällen Ihr Coach der Schlüssel zum gewünschten Ergebnis sein.

Vergessen Sie bitte nicht: Ihr grundlegendes Verkaufsziel besteht darin, das persönliche Eigeninteresse Ihrer Käufer zu befriedigen. Konzentrieren Sie sich also darauf und fragen Sie Ihren Coach: »*Welche Resultate soll ich Harry Larisch anbieten, um ihm zu zeigen, was er bei diesem Kauf gewinnt?*«

In Kapitel 12 werden wir ausführlicher über Ihren Coach sprechen und anhand verschiedener Situationen aufzeigen, auf welche Weise dieser wichtige und spezifische Kaufbeeinflusser dazu beitragen kann, Ihre mehrschichtigen Verkaufsvorgänge umsichtig und weitsichtig zu steuern. Im Mittelpunkt stehen dabei vor allem seine Mittel und Wege, die Ihnen gestatten, die individuellen Gewinne Ihrer Kaufbeeinflusser zu ermitteln.

Wie man Gewinne *nicht* ermitteln kann

Die drei von uns genannten Methoden, die Ihnen erlauben, die Gewinne Ihrer Kaufbeeinflusser zu ermitteln – nämlich Rückschlüsse aus den Resultaten zu ziehen, den
Käufer direkt zu fragen und Ihren Coach um Hilfe zu bitten –, sind in zahllosen Verkaufssituationen von Tausenden von Verkaufsprofis und Vertriebsmanagern angewandt und als absolut zuverlässig bestätigt worden. Es gibt *zwei* andere, häufig ein-
gesetzte Methoden, die sich *nicht* bewährt haben und deshalb unbedingt gemieden
werden sollten. Es sind dies

- die Interpretation der Resultate als Gewinne und
- die Annahme, daß *Ihr* persönlicher Gewinn mit dem Gewinn Ihres jeweiligen
  Käufers identisch ist.

Resultate als Gewinne interpretieren

Sie erinnern sich, daß Sie auf alle Fälle als erstes die Resultate ermitteln müssen,
denn nur aus Resultaten lassen sich Gewinne ableiten. Aber daraus folgt nicht, daß
ein gutes Resultat mit einem Gewinn *gleichzusetzen* ist; es ist die Vorbedingung, jedoch *nicht* das Äquivalent eines Gewinnes.

Sie erinnern sich sicher noch an die Geschichte von dem Verkäufer, der immense
Schwierigkeiten hatte, den alternden Präsidenten des Kundenunternehmens von
seinem Angebot zu überzeugen, obwohl er eine ganze Reihe von guten Resultaten
präsentieren konnte. Mit seinem Produkt hätte die Käuferfirma Kosteneinsparun-
gen und eine merkliche Produktivitätserhöhung erzielt. Es war, wie der geplagte
Verkäufer klagte, »ihren Bedürfnissen in jeder Hinsicht optimal angepaßt«. Und
dennoch konnte sich der Präsident nicht entschließen, weil der Verkäufer versäumt
hatte, ihm zu zeigen, inwiefern der Kauf *seinem* Eigeninteresse gedient hätte.

Auch hier ist die Lektion wieder klar. Sie müssen Ihre Analyse zwar mit Resultaten
beginnen, dürfen sie aber niemals mit diesen *beenden*. Wenn und solange Sie nicht
die persönlichen Gründe erkannt haben, die den einzelnen zu einem Kauf veranlassen könnten, laufen Sie unter Umständen Gefahr, daß der Käufer – selbst dann,
wenn eine langjährige und gute Beziehung zu ihm besteht – das von Ihnen gelieferte
großartige Resultat in der gegebenen Situation als persönlichen Verlust empfindet.

Den eigenen Gewinn mit den Gewinnen der Käufer verwechseln

Als uns der Verkäufer, der so große Schwierigkeiten mit dem ausscheidenden Präsidenten hatte, von seinen Nöten berichtete, fiel uns ein Satz auf: *»Wenn ich an seiner Stelle wäre«,* hatte er gesagt, »dann hätte ich den Vertrag bereits vor Monaten unterschrieben.«

Das ist möglich, aber in diesem Zusammenhang völlig bedeutungslos – ja, schlimmer noch als bedeutungslos. Denn die Erkenntnis, daß er selbst den Vertrag unterschrieben hätte, verleitete diesen Verkäufer zu dem wohl größten und nicht seltenen Fehler, den man begehen kann, wenn man mit unserer Jeder-gewinnt-Philosophie zu arbeiten beginnt. Dieser Fehler besteht darin, *seine eigenen Gewinne auf diejenigen seiner Käufer zu projizieren,* das heißt, die Verkäufer gehen davon aus, daß der Käufer auf dieselbe Weise gewinnt, wie sie gewinnen würden, wenn sie an seiner Stelle wären. Diese Annahme führt nahezu ausnahmslos dazu, daß die wahren persönlichen Gewinne der Käufer unerkannt bleiben.

Diese Fehleinschätzung ist auf einen eigentlich logischen Grund zurückzuführen. Die Verkäufer, die ihr erliegen, verwechseln ihr Selbstinteresse mit dem des Käufers, weil sie sich mit allem Nachdruck fragen: »Wie würde ich gewinnen, wenn ich Erika Meier wäre?« Aber selbst wenn sie sich die allergrößte Mühe geben, auf diese Weise erhalten sie nicht die so dringend benötigte Antwort auf ihre Frage. Deshalb müssen Sie sich *zuerst* immer auf die Resultate konzentrieren und *dann fragen:* »Wie kann *dieser Käufer* mit den Resultaten, die ich ihm anzubieten habe, gewinnen?«

Zusammenfassung Gewinner-Resultate

Da sich gerade das vierte Strategie-Element in Theorie und Praxis als schwierig erwiesen hat, wollen wir seine wichtigsten Punkte zum Schluß des Kapitels noch einmal zusammenfassen. Sie sollten diesen Abriß benutzen, um Ihre Verkaufsstrategie kontinuierlich zu überprüfen und zu verbessern.

- Jedes *Produkt* (Ware oder Dienstleistung) vermittelt das nötige Werkzeug oder Wissen, mit dem sich betriebliche *Prozesse* verbessern lassen. Betriebliche Prozesse wiederum liefern die *Resultate*, die der einzelne braucht, um zu gewinnen.
- Ihr Kunde *gewinnt*, wenn Sie seinem *Eigeninteresse* dienen. Deshalb ist Gewinnen und die Erkenntnis, auf welche Weise jeder Ihrer Käufer gewinnt, so wichtig für den Verkaufsprofi.
- Ein Kunde oder Interessent entschließt sich zum Kauf, weil er eine unmittelbare Beziehung zwischen Ihrem Angebot und seinem individuellen Eigeninteresse sieht. Die Kunst und Hohe Schule des Verkaufens besteht darin, eine Verbindung zwischen Ihrem Angebot und dem Eigeninteresse Ihres Käufers herzustellen.
- Es ist oft schwer, jemanden direkt zu *fragen*, wie er gewinnt. Deshalb sollten Sie sich zunächst (aber keinesfalls allein) auf die Ermittlung der Resultate konzentrieren, die Ihr Käufer benötigt, und sich dann fragen, welche persönlichen Gewinne er mit diesen Resultaten erzielen kann. Suchen Sie sich einen *Coach*, der Ihnen bei der Identifizierung der persönlichen Gewinne Ihrer Käufer eine unschätzbare Hilfe sein kann.
- Bemühen Sie sich, jeden Kauf/Verkaufsvorgang in den Ich-gewinne/Du-gewinnst-Quadranten zu steuern. Und denken Sie stets daran: *Wenn Sie dem persönlichen Eigeninteresse Ihrer Käufer dienen, dienen Sie letztlich auch Ihrem Eigeninteresse.*

11 Mit Strategien und Taktiken zum Entscheider

Im Mittelpunkt des »Strategischen Verkaufens« steht das Ziel, jeden Ihrer Verkaufs-vorgänge und die Beziehung zu jedem einzelnen Kaufbeeinflusser in den Ich-ge-winne/Du-gewinnst-Quadranten der Matrix zu steuern. Das ist im Falle des Ent-scheiders oft besonders schwierig, weil sich dieser von den anderen Rollenträgern in zweifacher Hinsicht deutlich unterscheidet:

– Entscheider sind schwerer zu *identifizieren* als andere Kaufbeeinflusser.
– Entscheider sind schwerer zu *erreichen* (im wörtlichen wie im übertragenen Sinn) als Anwender und Wächter.

Aus diesen Gründen bereitet es vielen Verkäufern Schwierigkeiten, mit dem Ent-scheider ein Ich gewinne/Du gewinnst-Ergebnis zu erzielen, selbst denen, die dieses Ziel bei den übrigen Kaufbeeinflussern offenbar mühelos erreichen.

Die Unfähigkeit, an den Entscheider heranzukommen oder dafür zu sorgen, daß dieser in dem Kauf einen persönlichen Gewinn sieht, bringt mitunter selbst die »ef-fektivsten« Verkaufsstrategen zu Fall. Da der Entscheider definitionsgemäß zu je-dem Zeitpunkt des Verkaufsvorganges von seinem *Vetorecht* Gebrauch machen kann, gebietet schon der gesunde Menschenverstand, daß die Person, die diese Schlüsselrolle spielt, so *früh* und so *sorgfältig* wie möglich kontaktiert werden muß.

Probleme, die den Zugang zum Entscheider erschweren

Was macht es so schwierig, an den Entscheider heranzukommen?

Wenn wir unseren Workshop-Teilnehmern diese Frage stellen, erhalten wir die unterschiedlichsten Antworten. Zu den meistgenannten Gründen zählen die folgenden.

- »Ich kenne ihn nicht.«
- »Ich weiß nicht, wo ich im Kundenunternehmen nach ihm suchen soll.«
- »Ich werde von einem Einkäufer blockiert, der darauf besteht, daß ich mit *ihm* verhandle.«
- »Er erinnert mich an meinen Vater.«
- »Sie weigert sich, mich zu empfangen.«
- »Ich besitze keine Glaubwürdigkeit auf dieser Hierarchieebene.«
- »Niemand übernimmt die Verantwortung, den Auftrag zu unterschreiben.«
- »Man sorgt dafür, daß nur wenige Besucher zu ihr vordringen.«
- »Er macht mich nervös – ich weiß nicht, worüber ich mit ihm reden soll.«
- »Ich kenne seine Bedürfnisse nicht.«
- »Es liegt an der räumlichen Entfernung.«
- »Er unterhält sich nicht mit Verkäufern.«

Sie kennen sicher die eine oder andere Antwort aus eigener Anschauung. Wenn nicht, würde uns das sehr überraschen, denn diese Antworten sind symptomatisch.

Bezeichnend ist auch die Tatsache, daß sich diese und ähnliche Begründungen drei Problemkategorien zuordnen lassen.

Wir haben im Laufe der Jahre in unseren Workshops immer wieder festgestellt, daß die Problematik stets *ein* charakteristisches Schema aufweist. Die Schwierigkeiten der Verkäufer, an den Entscheider heranzukommen – ungeachtet ihrer Branchenzugehörigkeit oder der Größe ihrer einzelnen Aufträge – fielen ausnahmslos unter eine der drei folgenden Kategorien:

1. Ich kann ihn nicht *identifizieren*.
2. Ich werde *blockiert*.
3. Ich habe *Hemmungen*.

Wenn Sie sich die oben aufgeführten Antworten nun noch einmal ansehen, werden Sie das Schema auf Anhieb erkennen und die genannten Problemursachen der entsprechenden Kategorie zuordnen können.

- Antworten wie »Ich kenne ihn nicht«, »Ich weiß nicht, wo ich nach ihm suchen soll« oder »Niemand übernimmt die Verantwortung« heißen im Klartext soviel wie: *Ich kann ihn nicht identifizieren.*«
- Antworten wie »Ich werde von einem Einkäufer blockiert«, »Sie weigert sich, mich zu empfangen« und »Man sorgt dafür, daß nur wenige Besucher zu ihr vordringen« enthalten in ihrem Kern die Aussage: *»Ich werde blockiert.«*
- Antworten wie »Er macht mich nervös«, »Ich besitze keine Glaubwürdigkeit« oder »Er erinnert mich an meinen Vater« signalisieren: *»Ich habe Hemmungen.«*

Wenn Sie sich Ihre abgeschlossenen Verkaufsvorgänge noch einmal ins Gedächtnis rufen und dabei an die Probleme denken, die Ihnen den Zugang zum Entscheider erschwert haben, dann werden Sie mit Sicherheit dieses Schema darin entdecken.

In diesem Kapitel wollen wir Ihnen nun Strategien und Taktiken vorstellen, die Sie befähigen, Problemen, die in diese drei Kategorien fallen, wirksam zu begegnen. Zunächst möchten wir Ihnen jedoch noch einmal kurz erklären, *wer* der Entscheider ist und welche *Funktion* er in Ihrem Verkaufsvorgang innehat.

Das Profil des Entscheiders

Um die Identifizierung des Entscheiders in jedem einzelnen Verkaufsvorgang zu erleichtern, gibt es drei Überlegungen, die sich als äußerst effektiv erwiesen haben.

- Der Entscheider ist – ebenso wie alle übrigen Kaufbeeinflusser – *spezifisch für jeden einzelnen Kaufvorgang.*
- Die Rolle des Entscheiders wird in der Regel von Personen gespielt, die auf einer *hohen Hierarchieebene* im Käuferunternehmen angesiedelt sind.
- Entscheider werden im allgemeinen für ihren *Weitblick* so gut bezahlt.

Der spezifische Entscheider eines einzelnen Kaufvorganges

Wenn eine Person die Rolle des Entscheiders einnimmt, dann beschränkt sich diese immer auf einen einzelnen Verkaufsvorgang. In keinem Unternehmen gibt es einen »Super-Entscheider«, sondern lediglich eine Reihe von Personen in Schlüsselpositionen, die die Rolle des Entscheiders übernehmen können. Es gibt außerdem keine Garantie dafür, daß die Person in einem Kundenunternehmen, die diese Rolle in Ihrem letzten Verkaufsvorgang innehatte, bei Ihrem nächsten Verkauf an dasselbe Unternehmen wieder als Entscheider fungiert – selbst wenn es sich dabei um das gleiche Produkt oder einen Auftragswert in gleicher Höhe handelt.

Die Position des Entscheiders im Käuferunternehmen

Da der Entscheider direkte Verfügungsmacht über die erforderlichen Mittel und deren Verwendung hat, findet man ihn zumeist auf einer hohen hierarchischen Ebene im Kundenunternehmen. In Personengesellschaften spielt oftmals der Inhaber in vielen Kaufvorgängen die Rolle des Entscheiders. Aber auch in Großunternehmen werden in der Regel Entscheidungen über die Freigabe der für den Kauf erforderlichen Mittel in den oberen Führungsetagen gefällt. Nur wenige Firmen überlassen Entscheidungen über Aufträge mit hohem Volumen oder mit geschäftspolitischer Tragweite den Angehörigen des mittleren Managements. Und je höher der Auftragswert, desto höher in der Hierarchie finden Sie die Person, die über die Mittelfreigabe entscheidet.

Der Blick in die Zukunft

Da der Entscheider häufig an der Unternehmensspitze zu finden ist, ist er auch gut bezahlt; sechsstellige Bezüge sind normal. Aber er bezieht *nicht* für die Erledigung der täglich anfallenden Routinearbeiten ein so hohes Gehalt; diese stellen allenfalls einen *Teilbereich* seines Aufgabengebietes dar. Er bezieht sein Spitzengehalt für die

Fähigkeit, vorauszudenken und vorauszuplanen, das heißt, zu erkennen, welche vorteilhaften Entwicklungsmöglichkeiten sich dem Unternehmen bieten. Er wird für seinen klaren Weitblick so hoch dotiert.

Man könnte den Entscheider mit dem Kapitän eines Schiffes vergleichen, der ja auch nicht dafür bezahlt wird, daß er selber die Navigationsinstrumente bedient, am Ruder steht oder die Maschinen wartet. Seine Aufgabe besteht – wie die des Entscheiders – vielmehr darin, den Kurs in allen Einzelheiten zu kennen und die Entscheidungen zu treffen, die es seinem Schiff ermöglichen, alle Klippen sicher zu passieren und das angestrebte Ziel planmäßig zu erreichen.

Wenn Sie sich diese drei grundlegenden Elemente des Entscheider-Profils bewußt machen, sind Sie in der Lage, die »Klippen« zu umrunden, die Ihnen die Identifizierung dieses wichtigen Kaufbeeinflussers in Ihrem spezifischen Verkaufsvorgang erschweren, die den Zugang zu ihm blockieren oder sich Ihnen in Form Ihrer eigenen Hemmungen in den Weg stellen – und damit sicher und planmäßig *Ihr* Ziel – den Entscheider – zu erreichen.

Erste Problemkategorie: Ich kann ihn nicht identifizieren

Um den Entscheider für jedes einzelne Verkaufsziel richtig zu identifizieren, müssen Sie den von uns so genannten »Gleitfaktor« in jedem mehrschichtigen Verkaufsvorgang beachten. Unter dem Begriff »Gleitfaktor« verstehen wir, daß die jeweilige Position des Entscheiders in der Käuferorganisation nicht auf eine bestimmte Hierarchieebene fixiert ist, sondern oft zwischen einem Verkauf und dem nächsten, ja sogar *während* eines Verkaufsvorganges von einer Hierarchiestufe zur anderen wechseln oder »gleiten« kann. Selbst erfahrene Verkäufer machen oft den Fehler, diesen Faktor zu ignorieren und als selbstverständlich vorauszusetzen, daß Harry Larisch, welcher der Entscheider beim letzten Verkauf war, auch dieses Mal wieder die Rolle des Entscheiders spielt. Das Risiko eines Irrtums bei der Identifizierung wird somit zur ständigen Bedrohung.

Gleitfaktor und Risiko

In Kapitel 5, in dem es um das Profil der einzelnen Kaufbeeinflusser ging, haben wir die fünf Faktoren beschrieben, welche die Hierarchiestufe des Entscheiders wesentlich beeinflussen. Sollte es Ihnen Schwierigkeiten bereiten, den Entscheider in Ihrem Verkaufsvorgang zu finden, können Sie sich die Identifizierung dadurch erleichtern, daß Sie aus der Perspektive des Käuferunternehmens den Kaufvorgang nach folgenden fünf Kriterien beurteilen.

1. Die Höhe des Auftragswertes

Im allgemeinen gilt: je höher der Auftragswert, desto höher die Hierarchieebene, auf der der Entscheider angesiedelt ist. Denken Sie aber, wenn wir von der Höhe des Auftragswertes sprechen, daran, daß wir damit die Höhe des Auftragswertes *im Verhältnis zur Größe des Kundenunternehmens* meinen. Über einen Auftrag in Höhe von dreißigtausend DM kann in einer kleinen Firma vielleicht nur der Firmenleiter entscheiden; in einem großen Konzern hingegen wird über einen Auftrag mit demselben Volumen möglicherweise auf niedrigerer Hierarchieebene entschieden.

2. Die wirtschaftlichen Bedingungen

In Zeiten einer allgemeinen wirtschaftlichen Rezession, wenn ein Unternehmen Verluste verbuchen muß oder in einer Flaute steckt, werden Kaufentscheidungen, die normalerweise vom mittleren Management getroffen werden, auf eine höhere

Hierarchieebene verlagert. Die umgekehrte Entwicklung macht sich in einer Periode des konjunkturellen oder unternehmensspezifischen Aufschwunges bemerkbar.

3. Die Erfahrungen, welcher der Kunde oder Interessent mit Ihnen und/oder Ihrem Unternehmen besitzt

Bei Neuanbahnungen müssen Sie den Entscheider mit Sicherheit auf einer hohen Unternehmensebene suchen. Sobald Sie jedoch zumindest mit einigen Kaufbeeinflussern eines Käuferunternehmens eine Reihe von Gewinner-Resultaten erzielt haben, kann sich die Entscheidung über einen Auftrag mit gleichem Volumen auf eine niedrigere Hierarchieebene verlagern.

4. Die Erfahrungen, die der Kunde mit Ihrer Ware oder Dienstleistung hat

Hier gilt dasselbe Prinzip: je weniger Erfahrung die Käuferorganisation mit der Ware oder Dienstleistung hat, die Sie anbieten, desto größer ist die Wahrscheinlichkeit, daß die Zustimmung auf einer hohen Hierarchieebene des Unternehmens erfolgen muß. Mit zunehmender Erfahrung verschiebt sich die Entscheidungsebene nach unten.

5. Die voraussichtlichen Auswirkungen auf das Kundenunternehmen

Da Entscheider in der Regel mit den langfristigen Auswirkungen von Entscheidungen befaßt sind, verlagert sich die Entscheidungebene nach oben, wenn Ihr Angebot einen signifikanten langfristigen Effekt auf das Wachstum und die Stabilität des Käuferunternehmens hat.

Diesen fünf Faktoren ist eines gemein. Sie determinieren die jeweilige Hierarchieebene, auf der Sie den Entscheider zu suchen haben, anhand eines grundlegenden Kriteriums: des *Risikos* auf seiten des Käuferunternehmens.

Mehr noch als alle anderen Kaufbeeinflusser wird der Entscheider dafür bezahlt, kalkulierbare Risiken einzugehen, die dem Unternehmen die erhofften finanziellen Vorteile und Entwicklungsmöglichkeiten bieten. Seine Entscheidungsfindung basiert auf einem sorgfältigen Abwägen zwischen Risiko und Erfolg. *Und je größer das Risiko, desto höher ist die Hierarchieebene, auf der der Entscheider angesiedelt ist.*

Wenn Sie also den Entscheider für einen spezifischen Verkaufsvorgang zu identifizieren versuchen, sollten Sie sich zwei Fragen stellen. Die erste haben wir bereits in Kapitel 5, als wir über die Kaufbeeinflusser-Gruppen sprachen, erwähnt:

Auf welcher Hierarchieebene würde eine Kaufentscheidung dieser Art in meinem eigenen Unternehmen getroffen werden?

Die Antwort auf diese Frage zeigt Ihnen die ungefähre Richtung an, in der Sie im Käuferunternehmen nach dem Entscheider suchen sollten. Aber vergessen Sie nicht, daß die Hierarchiestufe von der *Größe des Kundenunternehmens abhängig* ist. Wenn Ihre Firma und das Käuferunternehmen von vergleichbarer Größe sind, wird die Entscheidung wahrscheinlich auf einer ähnlich gelagerten Hierarchieebene fallen. Ist aber Ihre Firma kleiner, so müssen Sie beim Kunden möglicherweise auf einer *niedrigeren* Stufe nach dem Entscheider suchen; ist sie größer, wird er beim Kundenunternehmen vermutlich auf einer *höheren* Ebene anzutreffen sein.

Die zweite Frage bezieht sich auf das für den Gleitfaktor determinierende Element: das Risiko, das mit der Kaufentscheidung verbunden ist. Sobald Sie wissen, auf welcher Hierarchieebene Sie den Entscheider voraussichtlich finden können, sollten Sie sich die Frage stellen:

Habe ich – in Anbetracht des Risikos, welches das Kundenunternehmen in meinem Angebot sieht – auf einer höheren oder tieferen Hierarchieebene nach ihm zu suchen?

Ist das Risiko groß, konzentrieren Sie sich auf eine höhere, ist es gering, auf eine niedrigere Ebene.

Dabei dürfen Sie nicht vergessen, daß wir von einem Risiko seitens des Käuferunternehmens sprechen. Ebenso, wie die Haltung jedes einzelnen Kaufbeeinflussers von *seiner* – und nicht von Ihrer – Wahrnehmung der Realität geprägt wird, so ist das Risiko, das Ihre Kaufbeeinflusser – *nicht Sie* – in Ihrem Angebot sehen, für die Ebene bestimmend, auf der Sie den Entscheider finden. Wenn Sie beispielsweise der Firma XY ein Brandschutzsystem anbieten, von dem *Sie* wissen, daß es absolut zuverlässig ist, und man dort noch keine Geschäfte mit Ihnen getätigt hat, wenn der Kauf die Freigabe erheblicher Mittel erfordert oder nachhaltige Auswirkungen auf das gesamte Unternehmen absehbar sind, dann wird man den Kauf von der Entscheidung auf höchster Ebene abhängig machen.

Noch ein Hinweis: viele Verkäufer neigen dazu, auf einer zu *niedrigen* Hierarchieebene nach dem Entscheider zu suchen. Ihnen ist es lieber, mit einem Werksleiter statt mit dem Bereichsmanager zu reden, oder mit einem Direktor statt mit dem Vorstandsmitglied, das sie eigentlich kontaktieren sollten. Das ist zweifellos auf ein Gefühl des Unbehagens zurückzuführen, das viele in Gegenwart von Angehörigen des Topmanagements empfinden – ein Problem, auf das wir gleich näher eingehen werden. Viele Verkäufer machen, aus welchen Gründen auch immer, den Fehler, den Entscheider auf einer zu niedrigen Hierarchieebene zu suchen und dadurch den Verkaufserfolg zu gefährden.

Deshalb schlagen wir vor, sich an die Faustregel zu halten, den Entscheider *eine Hierarchieebene höher,* als Sie ihn vermuten, zu suchen. Das gilt insbesondere für Erstverkäufe bei einem neuen Kunden. Den Entscheider schon zu Beginn eines

Verkaufsvorganges korrekt zu identifizieren ist die Grundlage jeder guten Verkaufsstrategie.

Den Entscheider ausfiltern

Sobald Sie die *Hierarchieebene* kennen, in der die Zustimmung zum Kauf erfolgt, müssen Sie verifizieren, ob die Person, in der Sie den Entscheider zu erkennen *glauben*, in *diesem* Verkaufsvorgang tatsächlich die Rolle des Entscheiders spielt.
Um dies nachzuprüfen, stehen Ihnen drei Möglichkeiten zur Verfügung. Sie können

- den Entscheider direkt *fragen*,
- sich an Ihren *Coach* wenden oder
- *raten*.

Nur die ersten beiden Möglichkeiten sind akzeptabel. Verkäufer, die den Entscheider zu kennen »meinen« oder eine »ungefähre Vorstellung« davon haben, wer die erforderlichen Mittel freigibt, raten nicht selten falsch. Wenn Sie nicht definitiv *wissen*, wer der Entscheider in Ihrem Verkaufsvorgang ist, sollten Sie dies mit einer roten Flagge markieren. Sie können ihn anschließend ausfiltern, indem Sie ihn direkt fragen oder Ihren Coach um Hilfe bitten.

1. Den Entscheider selbst fragen

Diese Methode ist die direkteste. Einer unserer Kollegen, ein einfallsreicher Mann, hat eine besonders markante Methode entwickelt, um den Entscheider auszusondieren. »Sobald ich sämtliche Kaufbeeinflusser kenne«, erzählte er uns, »kontaktiere ich die Person, die ich für den Entscheider halte, und lege ihr einen vorbereiteten Auftrag vor. Unterschreibt sie den Auftrag, weiß ich, daß ich den Entscheider identifiziert habe. Wenn nicht, muß ich mich ihr noch intensiver widmen oder anderswo nach ihr suchen.“
Wenn Sie diese direkte Methode bevorzugen, sollten Sie – wie unser Kollege – Ihrem mutmaßlichen Entscheider einen »Auftrag vorlegen« und feststellen, ob er die erforderlichen Mittel bewilligen kann. Ziehen Sie jedoch eine subtilere Methode vor, können Sie durch entspechende, indirekte Fragen herausfinden, ob Ihre Vermutung richtig war. Dabei sollten Sie sich die *Rolle* ins Bewußtsein rufen, die dem Entscheider obliegt. Per definitionem ist er es, der die erforderlichen Mittel für *diesen spezifischen Kauf/Verkaufsvorgang* freigibt. Wenn Sie sich relativ sicher sind, daß zum Beispiel Harry Larisch dazu autorisiert ist, können Sie Ihre Annahme anhand folgender oder ähnlicher Fragen überprüfen:

– Werden Sie mich unterstützen, Herr Larisch, oder liegt die endgültige Entscheidung direkt bei Ihnen?

- Gibt es irgend jemanden, der gegen die Kaufentscheidung sein Veto einlegen könnte?
- Wie läuft der Entscheidungsfindungs*prozeß* im einzelnen ab? Gilt der Auftrag als erteilt, wenn Sie Ihre Zustimmung gegeben haben? Oder müssen wir noch andere Personen fragen?

Mit solchen Fragen, die sich auf die Kernfunktion des Entscheiders konzentrieren, ersparen Sie sich den Streß mit »Referenzen«, »vorläufigen Entscheidungen« und »provisorischen Auftragserteilungen«.

2. Den Coach um Hilfe bitten

Wenn Sie den mutmaßlichen Entscheider für Ihren Verkaufsvorgang *direkt* fragen, ob er zur Freigabe der erforderlichen Mittel berechtigt sei, erhalten Sie nicht immer eine wahrheitsgemäße Antwort. Wir haben bereits gesagt, daß Wächter häufig den Anschein erwecken, sie seien die Entscheider, während sich echte Entscheider oftmals im Labyrinth der Unternehmensstrukturen verbergen. Deshalb möchten wir Ihnen empfehlen, Ihren Coach zu bitten, Ihnen bei der Identifizierung des Entscheiders zu helfen. Wenn Sie einem guten Coach die oben genannten Fragen stellen, erhalten Sie im allgemeinen konkretere Angaben über die Person, die zur Freigabe der für den Kauf erforderlichen Mittel berechtigt ist, als wenn Sie den mutmaßlichen Entscheider selbst danach fragen würden.

Zweite Problemkategorie: Ich werde blockiert

Viele Verkäufer müssen feststellen, daß sie an einen Entscheider, den sie richtig identifiziert haben, nicht herankommen. Unter Umständen besteht die Barriere in der geografischen Distanz, das heißt, die endgültige Entscheidung wird möglicherweise in der Zentrale des Kundenunternehmens gefällt, die Hunderte von Kilometern von Ihrem Einsatzgebiet entfernt liegt. Oder der Entscheider wird durch seine Mitarbeiter abgeschirmt: vielleicht durch eine Sekretärin, die Ihnen immer, wenn Sie ihren Chef sprechen möchten, erzählt: »Es tut mir leid, aber Herr Larisch ist heute außer Haus.« Oder Sie werden von einem Wächter blockiert, der Sie glauben machen will, er sei der Entscheider.

Hindernisse wie die räumliche Distanz oder eine Sekretärin, die einen Schutzwall um ihren Chef bildet, können Sie oftmals dadurch umgehen, daß Sie eine geeignete Person in Ihrem eigenen Unternehmen bitten, an Ihrer Stelle Kontakt zum Entscheider aufzunehmen. Viele Entscheider werden »zugänglicher«, wenn sie einen Ansprechpartner haben, der auf *derselben Hierarchieebene* wie sie angesiedelt ist.

Wenn einer der *Kaufbeeinflusser* mit allen Mitteln versucht, Ihnen den Zugang zum Entscheider zu erschweren, stehen Sie vor einem schwierigen – und besonders häufig auftretenden – Problem.

Dieses Problem läßt sich oft dadurch vermeiden, daß es Ihnen gelingt, so früh wie möglich Kontakt mit dem Entscheider aufzunehmen. Kein Wächter schafft es, Sie zu blockieren, wenn Sie mit dem Entscheider bereits gesprochen haben. Aber gehen wir einmal davon aus, daß Sie den Entscheider noch nicht kontaktiert haben. Wie läßt sich dann die Sperre überwinden?

Wie man die Sperre überwindet: Drei Methoden

Wenn der Zugang zum Entscheider blockiert ist – häufig durch einen oder mehrere Wächter –, sollten Sie sich zunächst einmal bewußt machen, *was* den oder die Betreffenden dazu veranlassen könnte.

Auf die Frage, warum dem einen oder anderen unserer Workshop-Teilnehmer der Zugang zum Entscheider versperrt wurde, haben wir beispielsweise folgende Erklärungen erhalten:

- »Der Wächter glaubt, alles selber machen zu müssen.«
- »Er gibt einem anderen Wettbewerber den Vorzug.«
- »Seine Chefin sagt, sie will mit Verkäufern nichts zu tun haben.«
- »Er hat Angst, ich könnte seinen Boß ›überfahren‹.«
  »Sie behauptet, der Entscheider habe es ihr überlassen, den Kauf zu bewilligen oder abzulehnen.«

– »Er mag unsere Firma nicht und gönnt es mir einfach nicht, daß ich den Auftrag erhalte.«

Wenn Sie diese Antworten einmal genau überprüfen, werden Sie feststellen, daß sie eine Gemeinsamkeit aufweisen. Ungeachtet der *vorgeblichen* Gründe oder der augenscheinlichen Motive, die den Kaufbeeinflusser veranlassen, ein Zusammentreffen des Verkäufers mit dem Entscheider zu verhindern, kristallisiert sich klar heraus, daß die Ursache in allen Fällen *dieselbe* ist.

Diese Ursache bezieht sich auf einen Punkt, über den wir im letzten Kapitel gesprochen haben, nämlich die absolute Notwendigkeit, *allen* Kaufbeeinflussern die Möglichkeit eines persönlichen Gewinns aufzuzeigen. Wenn ein Kaufbeeinflusser Ihnen den Zugang zum Entscheider versperrt, dann geschieht das häufig deshalb, weil er Ihr Angebot als einen persönlichen *Verlust* und nicht als Gewinn betrachtet.

Es gibt drei Möglichkeiten, diese Problemursache zu beseitigen. Sie können

– demjenigen, der Sie blockiert, zeigen, wie er persönlich dadurch *gewinnt, daß er Ihnen Zugang zum Entscheider verschafft,*
– *das Hindernis umgehen*, um an den Entscheider heranzukommen, oder
– machen, was *er* will.

Für welche der drei Möglichkeiten Sie sich entscheiden sollten, hängt von der jeweiligen Situation ab.

1. Zeigen Sie dem Kaufbeeinflusser, der Sie blockiert, wie er gewinnen kann

Da diese Strategie bei weitem die beste ist, sollten Sie sie stets als *erste* anwenden und auf die beiden anderen nur im Falle eines Mißlingens zurückgreifen. Da der Kaufbeeinflusser, der Sie blockiert, in der Annahme Ihres Angebotes einen persönlichen Verlust sieht und den Kauf deshalb zu verhindern trachtet, läßt sich die Situation oft dadurch umkehren, daß Sie ihm seine Fehleinschätzung der Realität vor Augen führen. Damit er den Abschluß nicht weiter verhindert, sondern von nun an befürwortet, muß er erkennen, daß es seinem *eigenen Interesse* dient, wenn Sie mit dem Entscheider zusammenkommen.

Sie sollten sogar noch einen Schritt weitergehen. Zeigen Sie ihm, daß es seinem Eigeninteresse dient, wenn er Ihre Kontaktaufnahme mit dem Entscheider nicht nur *zuläßt*, sondern *aktiv herbeiführt*. Sie müssen ihn davon überzeugen, daß Sie über etwas verfügen, was der Entscheider dringend braucht. Führen Sie ihm vor Augen, daß er mit noch größerem Vertrauen und größerer Anerkennung rechnen kann, wenn er Sie mit dem Entscheider zusammenbringt und Ihnen hilft, diesem etwas zu bieten, was er benötigt. Wenn Sie den Wächter überzeugen können, daß Sie für den Entscheider etwas *Wertvolles* haben, dann wird er es nicht länger als »Verlust«, sondern als Möglichkeit betrachten, einen »persönlichen Gewinn« zu erzielen, weil er klar erkennt, daß er durch die Zusammenarbeit mit Ihnen seine *eigene* Wertschätzung beim Entscheider steigern kann.

Es gibt etwas, was der Entscheider immer gebrauchen kann und was Sie ihm mit Hilfe des Wächters anbieten sollten: das ist zusätzliches *Wissen*.

Sie erinnern sich: wir haben gesagt, daß der Entscheider vor allem für *eine* Tätigkeit bezahlt wird – er muß in der Lage sein, langfristige Prognosen zu stellen und die richtigen Aktionspläne zu entwickeln. Wenn Sie ihm mit Hilfe des Wächters eine Möglichkeit bieten, *diese* Aufgaben noch besser wahrzunehmen, gewinnen alle Beteiligten. Wir werden auf diese für den Entscheider wichtigste Art von Wissen und auf den Beitrag, den Sie leisten können, noch eingehen.

2. Ihn übergehen

Nicht immer sind Ihre Bemühungen, einen Kaufbeeinflusser, der sich Ihnen in den Weg stellt, zu einer Einstellungsänderung zu bewegen, von Erfolg gekrönt. Wenn Sie einem Anwender oder Wächter begegnen, der durch nichts zu überzeugen ist, bleibt Ihnen oftmals keine andere Wahl, als die zweite Möglichkeit in Betracht zu ziehen – nämlich, ihn zu umgehen.

Wir haben bereits erwähnt, daß es mitunter von Vorteil sein kann, den Entscheider nicht persönlich aufzusuchen, sondern die Kontaktnahme einer anderen geeigneten Person zu überantworten. Mit dieser Technik läßt sich mitunter auch ein Kaufbeeinflusser umgehen, der Sie blockiert. Allerdings droht dabei oft eine nicht zu unterschätzende Gefahr. Trotz ihrer augenscheinlichen Eleganz ist diese Strategie, Ihr Ziel – den Entscheider – mit allen Mitteln zu erreichen, höchst riskant.

Das Risiko besteht darin, daß Sie in Ihrem Eifer, sich um jeden Preis Zugang zum Entscheider zu verschaffen, den Widerstand des Wächters *ignorieren*, ihn als irrelevant oder bestenfalls als sekundär einstufen. Wir haben bereits in unserem Beispiel von dem Verkäufer, der versäumt hatte, vor dem Verkauf seines Trainingsprogrammes an ein Textilunternehmen die Anwender zu kontaktieren, darauf hingewiesen, welch katastrophale langfristige Nachteile es haben kann, einen der Kaufbeeinflusser zu ignorieren. Die Gefahr, in die man sich dabei begibt, läßt sich in einem Satz zusammenfassen: Wenn Sie *trotz* des Widerstandes eines der Kaufbeeinflusser einen Abschluß tätigen, wird sich dieser zwangsläufig von Ihnen in die Verliererposition gedrängt sehen. Sie machen sich jemanden, der in Ihrem Verkaufsvorgang eine zentrale Rolle spielt, zum Feind, denn er sieht in Ihnen einen Menschen, der auf Kosten anderer seine eigenen Interessen befriedigt.

Kaufbeeinflusser, die man umgeht, haben oft ein Gedächtnis wie ein Elefant. Noch nach zehn oder zwanzig Jahren erinnern sie sich daran, daß Sie sie ignoriert haben, und warten auf die Gelegenheit, es Ihnen heimzuzahlen. Deshalb raten wir unseren Kunden dringend, sich dieser »Torpedo-Strategie« nur dann zu bedienen, wenn sie *wenig oder absolut nichts mehr zu verlieren* haben. Wenn Ihre Beziehung zur Firma XY ohnehin auf tönernen Füßen steht oder der Gewinn, den Sie mit dem Abschluß erzielen, so groß ist, daß Sie nicht darauf verzichten können, dann ist es unter Umständen entschuldbar, wenn Sie einen Kaufbeeinflusser, der Sie blockiert, verärgern und den Verkauf trotz seiner Einwände durchsetzen. Aber da *jeder Kaufbeeinflusser, den man ignoriert, eine potentielle Bedrohung darstellt*, müssen Sie damit rechnen, daß er sich irgendwann einmal rächen könnte. Deshalb empfehlen wir unseren Workshop-Teilnehmern – falls sie diese zweite Methode als die einzige betrachten, die ihnen noch bleibt –, ihr Verkaufsziel und ihre Strategie zuvor noch einmal mit ihren Vorgesetzten und mit ihrem Coach zu besprechen.

3. Machen Sie, was er will

Sich nach den Wünschen des Kaufbeeinflussers zu richten, der Ihnen den Zugang zum Entscheider versperrt, kann dazu führen, daß Ihnen *dieses* Geschäft entgeht. Deshalb erscheint diese Strategie auf den ersten Blick alles andere als vorteilhaft. Zugegeben, sie ist auch nicht besonders attraktiv. Aber es gibt Situationen, in denen sie in Betracht gezogen werden sollte.

Einer unserer Freunde, ein Mann namens Berthold, der im Anzeigen-Geschäft tätig ist, sah sich vor kurzem erst vor diese Entscheidung gestellt. Er betreut einen Großkunden, der jährlich Anzeigen in Millionenhöhe aufgibt und dem unser Freund mindestens die Hälfte seiner Einkünfte verdankt. Berthold hatte dem Kunden eine Werbekampagne zu Beginn der Urlaubssaison vorgeschlagen, wogegen ein Mitglied des mittleren Managements im Kundenunternehmen Einspruch anmeldete. Berthold hat gute Beziehungen zum Vorgesetzten dieses Managers, und zudem war die Einwilligung seines »Kontrahenten« für den Abschluß nicht erforderlich. Aber Berthold wußte, wenn er den Mann überging und sich an dessen Chef hielt (der die Rolle des Entscheiders innehatte), würde er künftige Geschäfte gefährden.

Deshalb zog er sein Angebot zurück. Dieser Schritt kostete ihn eine beachtliche Provision, aber er bereute seine Entscheidung nie, wie er uns später berichtete. »Ich habe in Eurem Workshop gelernt, einem Kaufbeeinflusser niemals das Gefühl zu vermitteln, er sei der Verlierer«, erklärte er. »Ich konnte es mir einfach nicht leisten, wegen dieser einen Werbekampagne die Hälfte meines Einkommens aufs Spiel zu setzen. Und wißt ihr was? Der Mann hat es zu schätzen gewußt, daß ich seine Einstellung respektiert habe. Er ist inzwischen mein stärkster Verbündeter. Ich arbeite gerade an einer Promotion-Kampagne für diesen Kunden, mit der ich das Doppelte von dem verdienen kann, was mir entgangen ist.«

Sie sehen, welche Lektion in diesem Beispiel enthalten ist: wenn ein guter und enger Kontakt zum Kundenunternehmen und gleichzeitig das Risiko besteht, daß Sie sich einen Kaufbeeinflusser zum Feind machen, indem Sie Ihr Verkaufsziel unbeirrt verfolgen, dann ist es möglicherweise klüger, auf diesen Abschluß zu verzichten, um die gute Beziehung nicht zu gefährden und sich die Möglichkeit künftiger, noch attraktiverer Geschäfte nicht zu versperren. Einer solchen Entscheidung liegt eines der grundlegenden Ziele des »Strategischen Verkaufens« zugrunde, nämlich *langfristig* gute Beziehungen zum Kunden aufzubauen und zu erhalten.

Natürlich ist dies bestenfalls eine vorübergehende Lösung – nicht anders, als wenn man vor einer Straßensperre wartet, bis der Weg wieder freigegeben wird. Man kann auf Dauer keine Verkaufserfolge erzielen, wenn man sich ständig den Wünschen der Kaufbeeinflusser fügt, die einen blockieren. *Deshalb sollten Sie stets der ersten Strategie den Vorzug geben und all Ihren Kaufbeeinflussern zeigen, wie sie gewinnen können.*

Dritte Problemkategorie: Unbehagen, Furcht

Ein ehrgeiziger, wenn auch noch unerfahrener Verkäufer beschloß, ohne vorherige Terminabsprache den Vizepräsidenten eines Unternehmens aufzusuchen, das erst seit kurzem zu seinen Kunden zählte. Er hatte bisher noch keinen Abschluß gemacht, aber gehört, daß für buchstäblich jeden Kauf die Zustimmung des Vizepräsidenten erforderlich sei. Um »Zeit zu sparen« wandte er sich direkt an ihn, entschlossen, das Terrain zu erkunden. Er war vor der Begegnung mit dem Topmanager zwar schrecklich nervös, aber er hatte sich vorgenommen, in die »Höhle des Löwen« vorzudringen und dort sein Bestes zu geben.

Der Viezepräsident, dessen Firma nach dem Prinzip des freien Zugangs zum Topmanagement arbeitete, saß hinter seinem Schreibtisch, als der junge Mann sein Büro betrat.

»Guten Tag«, sagte unser Verkäufer forsch. »Mein Name ist Georg Grabner. Ich komme von der Firma Weber. Ich war zufällig in der Gegend und wollte einmal sehen, wie es Ihnen geht und ob Sie einen Auftrag für mich haben?«

Der Vizepräsident sah von seinen Unterlagen auf, maß den jungen Mann mit einem flüchtigen, erstaunten Blick und erwiderte trocken: »Ich habe sogar gleich zwei Aufträge für Sie. Machen Sie, daß Sie raus kommen, und lassen Sie sich hier nicht wieder blicken.«

Sie haben sicher erkannt, daß dies einer der klassischen Fehler im Verkauf war, vor dem jeder warnt. Georg hatte nicht nur keinen festen Gesprächstermin, sondern ebensowenig für nötig befunden, vor seinem Besuch anzurufen. Und – noch schlimmer –, als er gänzlich unerwartet im Büro des Vizepräsidenten auftauchte, konnte er nicht einmal einen zwingenden Grund für seine »Stippvisite« anführen: er hatte kein Angebot, über das er hätte sprechen können, keine Referenzen und keine Fragen, die einer Klärung bedurften. Kein Wunder, daß er nervös war: Er hatte allen Grund dazu.

Die Geschichte beweist nicht nur, daß die Planung *vor* dem Verkaufsgespräch über den strategischen Erfolg entscheidet, sondern verdeutlicht darüber hinaus, daß bei der Vorbereitung auf die Begegnung mit dem Entscheider Ihre *psychische Verfassung* ebenso wichtig ist wie Produktkenntnisse oder die Beachtung gesellschaftlicher Gepflogenheiten, zu denen auch gehört, daß man einen Besuch beizeiten ankündigt.

Es gab zwei Gründe dafür, daß Georg sich in Gegenwart des Vizepräsidenten unbehaglich fühlte. Gründe, die nicht nur ihm, sondern vielen Verkäufern – vielleicht auch Ihnen – eine ungezwungene Einstellung zum Entscheider verwehren:

180

– Sie fühlen sich durch jemanden *eingeschüchtert*, der überaus beschäftigt oder zu erfolgreich ist, um sich für das zu interessieren, was Sie anzubieten haben.
– Sie fühlen sich *verunsichert*, weil Sie nicht wissen, was der Entscheider wissen muß oder zu hören wünscht – mit anderen Worten, Sie wissen nicht so recht, was Sie bei ihm eigentlich sollen.

Wenn Sie sich eingeschüchtert fühlen

Es gibt nur eine Möglichkeit, Ängste und Hemmungen im Umgang mit einem Menschen, der eine Machtposition bekleidet, zu überwinden. Sie müssen sich vor Augen halten, daß der Entscheider trotz der luxuriösen Ausstattung seines Büros und der Garage neben seiner Villa, die Platz für zwei Luxuslimousinen bietet, auch nur ein *Mensch* ist – und es ist dieser Mensch, an den Sie verkaufen.

Damit wollen wir nicht zum Ausdruck bringen, daß man ihn mit jedem x-beliebigen Menschen vergleichen könnte; das wäre falsch. Entscheider nehmen eine *Sonderstellung* ein – und wenn auch nur, weil sie mehr verdienen als der Rest der arbeitenden Bevölkerung. Aber wenn Sie diese Unterschiede in den Vordergrund stellen, verstärkt sich nur das Unbehagen, das Sie bei dem Gedanken an ihn empfinden. Sie sollten versuchen, Ihre Hemmungen abzubauen, indem Sie zum Beispiel daran denken, daß Ihr Herr Larisch nicht nur der Mann ist, der über die Freigabe der erforderlichen Mittel für den Kauf entscheidet, sondern wahrscheinlich auch Ehemann und Familienvater ist, Golf spielt, nach Arbeitsschluß seinen Rasen mäht, ein gutes Fernsehprogramm und die chinesische Küche liebt, genau wie viele andere, die eine weniger glanzvolle Stellung bekleiden. Genau wie Sie hat er vielleicht Fehler begangen, die er bereut, und Hoffnungen und Bedürfnisse – sowohl beruflicher als auch privater Natur –, die er so schnell wie möglich befriedigen möchte.

Eines sollten Sie niemals vergessen: *Mit Ihrem Angebot können Sie ihm möglicherweise helfen, einige seiner Bedürfnisse zu befriedigen.*

Deshalb müssen Sie versuchen, soviel wie möglich über die *menschliche Seite* des Entscheiders in Erfahrung zu bringen.

Auch hier ist – wie jedesmal, wenn es darum geht, Hindernisse bei der Realisierung Ihres Verkaufszieles zu beseitigen – Ihr Coach eine unschätzbar wertvolle Hilfe. Er unterstützt Sie dabei, derartige Probleme in eine echte Chance zu verwandeln, indem er hilft, eine Antwort auf Fragen zu finden, die sowohl die Resultate, die der Entscheider braucht, als auch seine persönlichen Interessen betreffen.

Anhand seiner Informationen über die rein geschäftlichen Zielvorstellungen des Entscheiders können Sie ermitteln, welche Resultate das Kundenunternehmen mit Ihrer Ware oder Dienstleistung zu erzielen vermag. Die Kenntnis seiner persönlichen Bedürfnisse trägt dazu bei, seine individuellen Gewinne zu ermitteln. Wenn Sie Ihren Coach bitten, Ihnen noch *vor* der ersten Kontaktaufnahme Hinweise auf das

Persönlichkeitsbild des Entscheiders zu geben, können Sie nicht nur die benötigten Gewinner-Resultate herausfiltern, sondern damit gleichzeitig Hemmungen abbauen, die Sie in Gegenwart dieses wichtigen Kaufbeeinflussers haben könnten.

Wenn Sie sich verunsichert fühlen

Ihnen liegt primär deshalb soviel daran, Kontakt mit dem Entscheider aufzunehmen, weil Sie seine Zustimmung zum Kauf benötigen. Der Entscheider muß allerdings nicht auch aus diesem Grund Interesse an einem Gespräch mit Ihnen haben. Deshalb ist es Ihre Aufgabe, dem Entscheider einen konkreten Anlaß zu bieten, das Gespräch mit Ihnen zu suchen.

Wichtig ist in diesem Zusammenhang, das möchten wir nochmals betonen, die Wahrnehmung des Kaufbeeinflussers und nicht die Ihre. Wenn Sie mit dem Entscheider zusammentreffen, steht jedesmal die unausgesprochene Frage im Raum: »Aus welchem Grund beanspruchen Sie meine knapp bemessene Zeit?« Falls es Ihnen nicht gelingt, schon vor Gesprächsbeginn eine zufriedenstellende Antwort darauf zu finden, dürfen Sie sich nicht wundern, wenn Sie sich bei der Begegnung mit ihm äußerst unbehaglich fühlen.

Wenn es Ihnen gelingen soll, Ihre Hemmungen gegenüber dem Entscheider abzubauen, müssen Sie sich vergewissern, daß Sie für jeden Besuch bei ihm einen *konkreten Anlaß* haben.

Was der Entscheider immer braucht, ist Wissen

Was betrachtet nun der Entscheider als einen adäquaten Anlaß für Ihren Besuch? Wir haben immer wieder festgestellt, daß es eines gibt, worauf der Entscheider immensen Wert legt – und das ist zusätzliches *Wissen*, das ihn befähigt, seine Aufgaben, zu denen primär Prognosen und Vorausplanung zählen, noch besser wahrzunehmen. Aus dieser Tatsache läßt sich folgender Leitsatz für »Strategisches Verkaufen« ableiten:

Sie haben einen adäquaten Anlaß, den Entscheider zu kontaktieren, wenn Sie ihm Wissen vermitteln können, das ihn befähigt, seine unternehmerischen Aufgaben noch besser wahrzunehmen.

Diese Beobachtung überrascht insbesondere viele Nachwuchsverkäufer. Oft neigen diejenigen, deren Erfahrung im Umgang mit Entscheidern begrenzt ist, dazu, diesen Angehörigen des Topmanagements auf eine Art Podest zu stellen und stillschweigend anzunehmen, er sei allwissend. Diese Annahme ist falsch. Tatsache ist vielmehr, daß die meisten Entscheider über Ihren Fachbereich *weniger* als Sie wissen. Ein Entscheider ist von Natur aus Generalist. Ihm fehlt die Zeit, die neuesten Entwicklungen in Ihrer Branche Schritt für Schritt zu verfolgen und dabei auch auf die Details zu achten, weil seine Hauptaufgabe darin besteht, das Gesamtbild im Auge zu behalten. *Und deshalb braucht er Sie.* Sie sind in der Lage, ihm die Details zu liefern, die er benötigt, um sich ein klareres Bild zu verschaffen.

Entscheider auf Topmanagementebene werden dafür bezahlt, einen scharfen Blick für die Zukunft zu haben. Wissen, das ihnen ermöglicht, ihren Weitblick zu schärfen und somit Risiken und Unsicherheiten zu reduzieren, ist für sie das *wertvollste* Gut, wichtiger noch als alle materiellen Werte. Deshalb sollten Sie dem Entscheider Informationen anbieten, die ihm erlauben, seine manchmal trübe »Kristallkugel« auf Hochglanz zu polieren.

Diese Informationen können – müssen aber nicht – im Zusammenhang mit Ihrem unmittelbaren Verkaufsziel stehen. Wenn aus den Informationen, die Sie ihm anzubieten haben, klar hervorgeht, daß er eindeutige Wettbewerbsvorteile erzielt, wenn er *Ihr* Produkt *jetzt* kauft, um so besser. Aber Sie können das Interesse des Entscheiders an Ihrem Unternehmen und seinen Produkten auch auf andere Weise wecken – und damit die Wahrscheinlichkeit vergrößern, daß er dem Kauf zustimmt –, wenn Sie ihm generelle, branchenbezogene Informationen vermitteln, auch wenn diese nicht direkt mit Ihrer Produktpräsentation im Zusammenhang stehen.

Wie wichtig diese Art von Informationen für den Entscheider ist, hat einer unserer Kunden, der Fertiggerichte anbietet, vor einigen Jahren feststellen können, als der National Sales Manager des Unternehmens eine Präsentation vor den Leitern verschiedener Supermarktketten veranstaltete.

Dabei handelte es sich nicht um eine spezifische Produktpräsentation, das heißt, der Verkaufsmanager warb nicht für *seine* Produkte, sondern lieferte allgemeine Informationen, die für seine zu den Entscheidern zählenden Zuhörer und ihre Branche von Interesse waren. Er wies unter anderem auch auf die Tatsache hin, daß die durchschnittliche Gewinnspanne bei Fertiggerichten, gleichgültig welcher Marke, extrem hoch war im Vergleich zu anderen Lebensmittelprodukten. Das Resultat dieser Information war spektakulär. Obwohl unser Kunde mit keiner Silbe angedeutet hatte, daß sich mit seinen Produkten höhere Gewinne erzielen ließen als mit vergleichbaren der Konkurrenz, konnte sein Unternehmen innerhalb weniger Monate die Kontaktstrecke (Regalfläche) für seine Produkte in sämtlichen Supermärkten, deren Leiter anwesend waren, um ein Mehrfaches vergrößern. Auf diese Weise drückten die Entscheider ihren »Dank für die Information« und die damit aufgezeigte Möglichkeit aus, die eigenen Gewinne zu erhöhen.

Wissen, das der Entscheider *nicht* braucht

Der Anbieter von Fertiggerichten konnte seine Präsenz in den Supermärkten deshalb verstärken, weil er die wahren Bedürfnisse der Entscheider erkannte. Er war sich der Tatsache bewußt, daß es ihnen um eine Erweiterung ihres Wissensspielraumes ging, die es ihnen ermöglichte, den Ertrag ihrer Unternehmen *langfristig* zu erhöhen. Verkäufer, die diesen extrem wichtigen Punkt außer acht lassen, liefern dem Entscheider oft die *falschen* Informationen, die seine »Kristallkugel« eher trüben als erhellen – mit dem Ergebnis, daß sie ihre eigene, bisweilen schwer erkämpfte Position gefährden.

Wir haben schon erwähnt, daß viele Verkäufer immer noch an einem rein produktorientierten Verkauf festhalten, also die »technischen Raffinessen« und »Vorzüge« ihres Angebotes in den Vordergrund stellen. Diese Methode kann zeitweilig ihren Zweck erfüllen, wenn Sie zum Beispiel an Anwender oder Wächter verkaufen. Aber beim Entscheider gelangen Sie damit nur selten zum Ziel. Detaillierte Produktkenntnisse, etwa über die Kapazität eines Computerspeichers, gemessen in Bits und Bytes, über die genaue Drehzahl und Belastbarkeit einer Werkzeugmaschine oder über die exakte Zusammensetzung der Spurenelemente in einem bestimmten Lebensmittelprodukt sind für jemanden, der vornehmlich mit der langfristigen Planung, der Unternehmensstabilität oder dem return on investment befaßt ist, nur von sekundärem Interesse. Verschwenden Sie also weder Ihre Zeit noch die des Entscheiders damit, ihn durch langwierige, minuziöse Erklärungen sämtlicher Produktmerkmale überzeugen zu wollen.

Auch hier bietet sich wieder das Beispiel vom Schiffskapitän zur näheren Erläuterung an. Stellen Sie sich vor, Sie wären Experte für nautische Instrumente, der versucht, einem Schiffskapitän ein brandneues Navigationssystem zu verkaufen. In Anbetracht der Bedürfnisse und Interessen des Kapitäns wäre es ein Fehler, die Speicherkapazität des computergesteuerten Systems in den Vordergrund zu stellen oder sich damit zu brüsten, daß Ihr Produkt eine ebenso sensationelle Novität darstellt wie der Sextant im 18. Jahrhundert. Ein Navigator ist sicherlich an solchen Details interessiert, nicht aber der Kapitän. Er sucht nur Antwort auf eine Frage: »Hilft mir dieses Produkt, den Kurs meines Schiffes noch präziser zu bestimmen?«

Eine Konzeption verkaufen

Der Unterschied zwischen den Informationen, die der Entscheider benötigt, und solchen, auf die er verzichten kann, läßt sich auch noch auf andere Weise veranschaulichen. Grundsätzlich sollten Sie dem Entscheider eine Idee, eine *Konzeption* anbieten, die seinen Wissensspielraum erweitert. Die Verkäufer, die bei Entscheidern ständig Erfolge erzielen, wissen das. Wer sich darüber wundert, daß »Harry Larisch keinerlei Interesse« bekundet, hat diesem Entscheider wahrscheinlich eine reine *Produkt*präsentation geliefert.

Der Unterschied zwischen dem Verkauf eines Produktes und dem Verkauf einer Konzeption wird auf Anhieb sichtbar, wenn Sie einmal die beiden unterschiedlichen Entscheidungskategorien betrachten, die der Rationalisierung eines oder mehrerer Produktionsbetriebe vorangehen. Der Beschluß, zu automatisieren, zieht zuallererst unmittelbare und weitreichende Konsequenzen für die Fertigung nach sich und hat darüber hinaus natürlich auch langfristige Auswirkungen auf das Wachstum und die Stabilität des gesamten Unternehmens. Hier handelt es sich deshalb um eine konzeptionelle Entscheidung. Wenn Sie einem expandierenden Herstellungsbetrieb Industrieroboter anbieten, dann müssen Sie den relevanten Kaufbeeinflussern als *erstes* die Konzeption verkaufen und sie davon überzeugen, daß diese Form der Automation notwendig ist. *Dieser* Verkauf an den Entscheider muß als erster stattfinden.

Sobald der Entscheider den Beschluß gefaßt hat, zu automatisieren, müssen Sie natürlich eine Reihe weiterer Kaufbeeinflusser davon überzeugen, daß Ihre Produktlinie sich für diesen Zweck am besten eignet. Aber nun geht es darum, Ihr *Produkt* zu verkaufen, und zwar vornehmlich an Anwender und Wächter. Und das Produkt verkaufen Sie, *nachdem* Sie die Konzeption verkauft haben, niemals vorher.

Logischerweise stehen der Verkauf einer Konzeption und eines Produktes in enger Beziehung zueinander. Aber in den meisten Fällen ist es besser, wenn Sie dem Entscheider die *Endergebnisse* präsentieren und ihm nur auf seine Aufforderung hin erklären, wie diese Ergebnisse *im einzelnen erzielt* werden. Topmanager haben selten Interesse daran, Einzelheiten über die Funktionsweise Ihres Produktes zu erfahren. Sie wollen vielmehr wissen: »Was kann ich damit für mein Unternehmen (meinen Geschäftsbereich oder meine Abteilung) bewirken?«

Daß Sie den Entscheider als erstes von der Konzeption überzeugen, die Ihrem Produkt zugrunde liegt, ist von so immenser Bedeutung, daß wir diese Tätigkeit als eine der Schlüsselaufgaben des Verkäufers im »Strategischen Verkaufen« betrachten. Es gibt noch eine zweite, ebenso wichtige und damit gekoppelte Maxime: Sie sollen nicht nur eine Konzeption anbieten, sondern darüber hinaus Ihre eigene *Glaubwürdigkeit* herstellen.

Glaubwürdigkeit herstellen

Damit ist nicht nur Ihre persönliche Glaubwürdigkeit gemeint, sondern auch die Ihres Unternehmens. Sie müssen den Entscheider davon überzeugen, daß er auf Ihre Konzeption nicht verzichten kann und daß Sie und Ihr Unternehmen als einzige über das Know-how verfügen, das man braucht, um diese Konzeption in die Praxis umzusetzen. Selbst wenn Sie Ihr unmittelbar angestrebtes Verkaufsziel nicht erreichen sollten, so schaffen Sie mit dieser Kombination – eine Konzeption anbieten und Glaubwürdigkeit herstellen – eine Vertrauensbasis, die für *künftige* Verkäufe unabdingbar ist.

Es gibt vier Methoden, die sich besonders bewährt haben, um ein Maximum an Glaubwürdigkeit herzustellen und eine Konzeption zu verkaufen:

1. Der Verkauf über Gleichrangige
2. Die Demonstration erzielter Erfolge
3. Briefings mit Führungskräften
4. Inanpruchnahme eines »Gurus«

1. Der Verkauf über Gleichrangige

Obwohl Sie als Verkäufer die Verantwortung dafür tragen, daß sämtliche für Ihren Verkaufsvorgang relevanten Rollenträger kontaktiert werden, sind Sie unter Umständen nicht immer derjenige, der am besten geeignet ist, jeden Ihrer Kaufbeeinflusser zu überzeugen. Wenn Sie die Kontaktaufnahme zwischen einem Angehörigen des Käufer- und Ihres eigenen Unternehmens arrangieren, die auf *derselben Hierarchieebene* angesiedelt sind, läßt sich dieses Problem meistens lösen. Da sich viele Führungskräfte und andere Experten im Gespräch mit Gleichrangigen am wohlsten fühlen, fällt es Ihrem Chef (um nur *ein* Beispiel zu nennen) vielleicht wesentlich leichter als Ihnen, bei Ihrem Entscheider Glaubwürdigkeit herzustellen.

Ihre Aufgabe besteht darin, dafür zu sorgen, daß diejenige Person mit den einzelnen Kaufbeeinflussern Kontakt aufnimmt, die dafür am *besten geeignet* ist. Entscheider sind selten abgeneigt, Meinungen mit Gleichrangigen oder -gesinnten auszutauschen. Wenn Sie es – sofern möglich – arrangieren können, daß der Entscheider Ihrem Unternehmen einen Besuch abstattet, bei dem dies möglich ist, dann haben Sie das Prinzip des Verkaufs über Gleichrangige verstanden und effektiv in die Praxis umgesetzt.

2. Die Demonstration erzielter Erfolge

Sie können auch dafür sorgen, daß Ihr Entscheider eine Kundenfirma besucht, mit der Sie in der Vergangenheit erfolgreich zusammengearbeitet haben, durch die sich Ihr Unternehmen also sichtbar positiv von anderen Wettbewerbern abhebt. Wenn Sie ihm vor Ort demonstrieren, daß dieser Kunde mit Ihrem Produkt äußerst zufrieden ist, dann präsentieren Sie ihm eine Konzeption und stellen gleichzeitig Glaubwürdigkeit her. Darüber hinaus bieten Sie Ihrem Entscheider noch das eine, auf das er absolut nicht verzichten kann: Sie liefern ihm Informationen, die ihm helfen, seine *eigenen* Aufgaben noch besser wahrzunehmen.

3. Briefing mit Führungskräften

Das Briefing, das ein Verkäufer mit Führungskräften des Kundenunternehmens abhält und das eine besondere Form der Demonstration gemeinsam erzielter Erfolge darstellt, ist eine besonders im Konsumgüterbereich häufig angewandte Technik. Viele unserer Fortune 500-Kunden aus diesem Sektor beraumen mit den Managern ihrer Großkunden ein- bis zweimal pro Jahr derartige »Informationsbesprechungen« an.

Während dieser periodischen Zusammenkünfte werden zusammen mit ihren Kaufbeeinflussern die Resultate und Gewinne überprüft, die in der Vergangenheit gemeinsam erzielt werden konnten, und künftige Joint ventures vorgeschlagen, die dem Kundenunternehmen weitere Gewinner-Resultate versprechen. Selbst wenn es dabei nicht um ein konkretes Angebot geht, kann das Verkäuferunternehmen auf diese Weise die guten Beziehungen zu seinen Kunden vertiefen, die ein Ergebnis ihrer bisherigen gemeinsamen Aktivitäten sind.

4. Inanspruchnahme eines »Gurus«

Als »Guru« bezeichnen wir im »Strategischen Verkaufen« jemanden, der als anerkannter Experte in seinem Fachbereich gilt und entsprechenden Einfluß besitzt. Einen Guru finden Sie innerhalb oder außerhalb Ihres Unternehmens, und er kann – muß aber nicht – über das gleiche Wissen auf Ihrem Fachgebiet verfügen wie Sie.

Entscheider haben ihre Führungspositionen unter anderem auch der Tatsache zu verdanken, daß sie neuen Ideen gegenüber aufgeschlossen sind. Der Vorteil, einen Entscheider mit einem Guru zusammenzubringen, besteht darin, daß Sie dem Entscheider dadurch die Möglichkeit bieten, die neuesten Trends und Ideen kennenzulernen. Der Entscheider wird es Ihnen zu danken wissen, daß Sie – mit Hilfe Ihres Gurus – seinen Wissensspielraum erweitert haben.

Darüber hinaus dürfte es Ihnen nur schwer gelingen – selbst wenn Sie auf Ihrem Fachgebiet über das gleiche Wissen verfügen wie ein Guru –, eine vergleichbare Glaubwürdigkeit herzustellen, denn Sie sind nicht nur Experte, sondern außerdem auch noch Verkäufer. Wenn beispielsweise ein Spezialist aus dem einschlägigen Bereich Forschung und Entwicklung den Entscheider darauf aufmerksam macht, daß

Ihr Unternehmen in bezug auf eine bestimmte Technologie als marktführend gilt, mißt er dieser Aussage eines neutralen Beobachters weit mehr Gewicht bei, als wenn Sie – der Verkäufer – ihm sagen: »Unser Produkt ist das beste auf dem Markt.«

Die Methode, einen Guru einzuschalten, ist in Geschäftsbeziehungen zwischen großen, renommierten Firmen sehr beliebt und äußerst effektiv. Dabei geht es weniger darum, spezifische Verkaufsvorgänge zu erleichtern, als vielmehr um den Aufbau langfristig zufriedenstellender Beziehungen, die sowohl dem Unternehmen, zu dem der Guru zählt, als auch der Käuferorganisation, die von der Entwicklung ihres Wissensspielraums profitiert, kontinuierliche Gewinne erlauben.

Gegen Ende des vergangenen Jahres wurden wir selbst gebeten, die Rolle der Gurus zu übernehmen, als einer unserer Kunden die Mitarbeiter eines *seiner* Käuferunternehmen zur Teilnahme an unserem Workshop anmeldete. Diese waren mit unserem Programm sehr zufrieden, und ihre Dankbarkeit beschränkte sich nicht nur auf uns – die Gurus und Leiter der Workshops –, sondern wurde auch unserem eigentlichen Kunden zuteil, der ihnen die Teilnahme ermöglicht hatte – ein anschauliches Beispiel dafür, wie jeder der Beteiligten gewinnt.

Die vier genannten Methoden sind lediglich als Beispiele gedacht. Sie selbst kennen vielleicht weitere, mit denen sich Ihre Position beim Entscheider ebenso effektiv verbessern läßt. Sie dürfen sich jeder Technik bedienen, die Erfolg verspricht, solange Sie dem Entscheider das liefern, was er stets am dringendsten braucht – das Wissen, das ihn befähigt, seine Aufgaben noch besser wahrzunehmen – und solange Sie dabei nicht vergessen, es so zu tun, daß Sie beide gewinnen.

Zugegeben, Sie sind es, der dabei zunächst aktiv werden muß, da in der Regel die Firma, die über das Wissen verfügt, die Initiative ergreift. Aber Ihr Einsatz zahlt sich fast ausnahmslos in Form von Folgegeschäften aus. *Wenn Sie einem Entscheider zusätzliches Wissen vermitteln, machen Sie ihm kein Geschenk, sondern investieren in Ihre eigene Zukunft.*

Kontakte mit dem Entscheider

Gerade beim ersten Auftrag ist der – frühzeitige – Kontakt mit dem Entscheider besonders wichtig. Aber das ist nicht genug. Der *regelmäßige* Kontakt zu allen potentiellen Kaufbeeinflussern jedes Kundenunternehmens ist für eine langfristig erfolgreiche Verkaufsstrategie extrem wichtig.

Man hat uns immer wieder die Frage gestellt: »Wie oft soll man den Entscheider nach dem ersten Auftrag aufsuchen?« Selbst bei erfahrenen Verkäufern herrscht oft Unklarheit über die Häufigkeit der Kontakte, die eine gute und stabile Geschäftsbeziehung garantieren.

Unsere Antwort ist zweiteilig und faßt all das zusammen, was wir bisher über die Bedürfnisse des Entscheiders gesagt haben, also darüber, wie Sie Ihre eigenen Unsicherheiten abbauen und sich optimal auf die Begegnung mit ihm vorbereiten:

– Der Kontakt zum Entscheider sollte *regelmäßig* und nicht sporadisch erfolgen.
– Jeder Besuch beim Entscheider sollte einen *konkreten Anlaß* haben.

Sie müssen den Entscheider nicht bei jedem Folgegeschäft kontaktieren, aber Sie sollten mit ihm *regelmäßig* und nicht sporadisch in Verbindung bleiben. Wenn Sie den Kontakt mit ihm nicht bewußt in Ihren Terminkalender einplanen, machen sich bei Ihnen vielleicht bald wieder die alten Hemmungen bemerkbar, und Sie sind geneigt, die Beziehung so lange zu vernachlässigen, bis Sie sich den Erfolg Ihrer eigenen, harten Arbeit wieder zunichte gemacht haben.

Strategische Verkaufsprofis wissen, daß sie ihre Entscheider in vier Wochen oder drei Monaten wiedersehen werden, und sorgen dafür, daß sie einen konkreten Anlaß für ihren Besuch haben. Sie sind in der Lage, ihm Informationen zu vermitteln, die er für eine noch bessere Wahrnehmung seiner Aufgaben benötigt.

Dieser Informationsbeitrag kann von so hohem Wert sein wie die Demonstration eines von Ihrer Firma entwickelten neuen Veredelungsprozesses, mit dem das Käuferunternehmen 18 Prozent der Materialkosten einspart. Dabei kann es sich aber auch um einen »geringfügigen« Beitrag handeln, zum Beispiel einen Artikel über japanische Managementtechniken, auf den Sie den Entscheider aufmerksam machen, einen Zeitungsartikel über Kursschwankungen an der Börse oder eine Broschüre über ein vielbeachtetes Führungsseminar. Solange darin künftige Entwicklungen angesprochen werden, die direkten oder indirekten Einfluß auf die Aktivitäten seines Unternehmens haben, wird er Ihren Beitrag zu schätzen wissen – *selbst wenn er darüber bereits informiert ist*. Wichtig ist in erster Linie, daß Sie ihm damit beweisen, wie ernst es Ihnen mit *Ihrem* Wunsch ist, er möge gewinnen. Ein Entscheider, der dieses Anliegen verstanden hat, kann in jedem Verkaufsvorgang ein wertvoller Verbündeter sein.

Eine letzte Überprüfung Ihrer Position beim Entscheider

Durch die ständige Überprüfung der alternativen Strategien, die Ihre Position beim Entscheider verbessern können, sind Sie stets optimal auf die Begegnung mit dem Entscheider *vorbereitet* und damit in der Lage, *Ihr Unbehagen* in seiner Gegenwart *zu verringern.* Aber Sie können diese Liste nicht ständig mit sich herumtragen und sie in allen Einzelheiten nachlesen, wenn Sie an seine Tür klopfen. Um Ihre Hemmungen vor der Begegnung mit ihm abzubauen, brauchen Sie eine kurze »Checkliste«, anhand derer Sie die wichtigsten Punkte des geplanten Besuchsablaufes noch einmal überprüfen können.

Wir haben festgestellt, daß Sie das aufkommende Gefühl des Unbehagens vor der Begegnung mit einem Entscheider am besten und schnellsten in den Griff bekommen, wenn Sie sich vor Ihrem Meeting folgende vier Schlüsselfragen stellen:

1. *Was möchte ich herausfinden?* Das heißt, welche *Informationen* brauche ich von diesem Entscheider oder irgend jemand anderem, damit ich die benötigten Resultate und die persönlichen Gewinne besser abdecken kann?
2. *Was möchte ich den Entscheider wissen lassen?* Das heißt, welchen Beitrag kann ich zu seiner langfristigen Planung leisten?
3. *Wozu möchte ich den Entscheider veranlassen?* Das heißt, wie lassen sich mit meinem Beitrag Resultate erzielen, die sich sowohl auf den Käufer als auch auf mein Unternehmen positiv auswirken?
4. *Was möchte ich den Entscheider fühlen lassen?* Das heißt, wie lassen sich diese Resultate in einen persönlichen Gewinn umsetzen, von dem der Entscheider weiß, daß er ihn mir zu verdanken hat?

Wenn Sie diese Fragen klar beantworten können und sich bewußt gemacht haben, wie Sie dem Entscheider das Wissen, den Anlaß zum Handeln und die Gefühle vermitteln können, die Sie sich und ihm wünschen, dann werden Sie ihm entspannt und mit Selbstvertrauen begegnen.

12 Ihr Coach: Der Schlüssel zum Erfolg bei den übrigen Kaufbeeinflussern

Die Identität derer zu kennen, die in einem Verkaufsvorgang die verschiedenen Kaufbeeinflusser-Rollen spielen, ist die Grundlage jeder guten Verkaufsstrategie. Anhand der ersten vier strategischen Schlüsselelemente (Kaufbeeinflusser, rote Flaggen/Stärken ausnutzen, Haltungen der Kaufbeeinflusser und Gewinner-Resultate) haben Sie Ihre Position gegenüber den Kaufbeeinflussern in Ihren aktuellen Verkaufsvorgängen überprüft und verbessert. Sie sollten nunmehr in der Lage sein, einen großen Teil Ihrer roten Flaggen zu entfernen, zu verstehen, was jeder von Ihren Kaufbeeinflussern braucht, um persönlich zu gewinnen, und festzustellen, wie sich diese Gewinne anhand der mit Ihrem Produkt erzielbaren Resultate verwirklichen lassen.

Während der laufenden Analyse eines Verkaufsvorganges haben wir immer wieder betont, welche Bedeutung Ihrem Coach in bezug auf die Verbesserung Ihrer Position bei den übrigen Kaufbeeinflussern zukommt. Anhand des in der Einführung genannten Beispieles, in dem es dem Computer-Verkäufer Hans Müller gelang, mit Hilfe eines firmenexternen Beraters seine Position beim Entscheider maßgeblich zu verbessern, haben wir gezeigt, daß der richtige Einsatz eines Coach oft erst dazu beiträgt, ein *beinahe* perfektes Geschäft tatsächlich zu dem Abschluß zu bringen, der Ihnen nicht nur den unmittelbaren Erfolg, sondern auch Folgegeschäfte bis in die ferne Zukunft hinein sichert, bei denen alle Beteiligten gewinnen.

Da ein guter Coach für eine effektive Verkaufsstrategie von so ungeheurem Wert ist und da er sich in mehrfacher Hinsicht wesentlich von den übrigen für Ihren Verkaufsvorgang relevanten Kaufbeeinflussern unterscheidet, wollen wir an dieser Stelle noch einmal alle Informationen zusammenfassen, die Sie brauchen, um Ihren Coach aufzubauen und richtig einzusetzen. Ein guter Coach ist oft das Schlüsselelement, das Ihre Strategie gegenüber den anderen Kaufbeeinflussern determiniert; und in diesem Kapitel zeigen wir Ihnen, wie Sie von diesem Schlüsselelement Gebrauch machen.

Ihr Coach kann Ihnen nicht nur dabei helfen, die Validität Ihrer Informationen und die Stärken und Schwächen Ihrer Positionierung in einem Verkaufsvorgang zu überprüfen, sondern auch alles, was Sie bereits über die Kaufbeeinflusser wissen oder noch herausfinden müssen, zu einem Gesamtbild abzurunden. Genauer gesagt: Ihr Coach kann Ihnen dabei helfen,

1. zu Beginn Ihrer Strategieplanung die *tatsächlich* wichtigen Kaufbeeinflusser in diesem Verkaufsvorgang zu identifizieren;
2. Stärken in Ihrer Positionierung zu ermitteln, die Sie dazu benutzen können, rote Flaggen zu eliminieren;
3. die Wahrnehmung der Realität durch Ihre Kaufbeeinflusser zu verstehen und somit verläßlicher vorherzusagen, wie jeder einzelne von ihnen auf Ihr Angebot – entsprechend der Haltung, in der er sich befindet (Wachstums-, Problem-, Alles-Okay- oder Euphoriehaltung) – reagieren wird;
4. die Resultate zu ermitteln, die jeder Ihrer Kaufbeeinflusser benötigt, um zu gewinnen – und ihm diese Resultate so zu präsentieren, daß er erkennt, wie er gemeinsam mit Ihnen in diesem und in jedem künftigen Verkaufsvorgang persönliche Gewinne erzielen kann.

Ihr Coach kann Ihnen bei der Bewältigung dieser Aufgaben aber nur dann von Nutzen sein, wenn er oder sie ganz bestimmte Voraussetzungen erfüllt. Nicht jeder, der schwarze Fingernägel hat, ist in der Lage, einen Vergaser zu reparieren, und nicht jeder, der wie ein Coach aussieht, verfügt über die für diese Rolle erforderliche Qualifikation. Um einen guten Coach zu identifizieren, brauchen Sie exakte Auswahlkriterien.

Die drei Kriterien, die ein guter Coach erfüllen muß

Wir haben gesagt, daß ein guter Coach *überall* zu finden ist – in Ihrem Unternehmen, in der Käuferorganisation oder außerhalb von beiden. Weder die geographische Nähe noch seine Stellung in der Unternehmenshierarchie entscheiden darüber, ob sich ein Kandidat für die Rolle des Coach in einem bestimmten Verkaufsvorgang eignet, sondern vielmehr die Frage, inwieweit er die folgenden drei Kriterien erfüllt.

● **Kriterium 1: Sie besitzen persönlich seine Glaubwürdigkeit**

Ein Coach ist jemand, bei dem Sie persönlich Glaubwürdigkeit besitzen. Das bedeutet, daß er davon überzeugt sein muß, daß Sie integer und *vertrauenswürdig* sind. Dies ist üblicherweise dann der Fall, wenn diese Person in der Vergangenheit durch Sie persönliche Gewinne erzielt hat. Deshalb sollten Sie sich als erstes fragen, wenn Sie einen Kandidaten für die Rolle des Coach in Betracht ziehen: »Habe ich mit dieser Person in der Vergangenheit gemeinsame Erfolge erzielt?«

● **Kriterium 2: Ihr zukünftiger Coach ist bei Ihrer Kundenfirma glaubwürdig**

Ein guter Coach muß Glaubwürdigkeit bei Ihrer *Kundenfirma* besitzen. Das heißt, die Käuferfirma muß ihm voll und ganz vertrauen und bereit sein, ihm verläßliche Informationen zu geben. Da Sie von Ihrem Coach etwas über die Arbeitsweise des Kundenunternehmens erfahren möchten, ist dieser Faktor von fundamentaler Bedeutung. Deshalb sollte die zweite Frage, die Sie sich stellen, lauten: »Besitzt diese Person das Vertrauen der Kundenfirma?«

● **Kriterium 3: Ihr Coach möchte, daß Sie Erfolg haben**

Der entscheidende Unterschied zwischen Ihrem Coach und den übrigen Kaufbeeinflussern ist der, daß Ihr Coach, per definitionem, *Ihren Verkaufserfolg will*. Der Grund für sein Engagement ist dabei von sekundärer Bedeutung; nur *der* Kandidat erfüllt das dritte Kriterium, der Ihren Erfolg als einen persönlichen Gewinn betrachtet. Und deshalb sollten Sie sich die dritte Frage stellen: »Sieht diese Person in diesem Verkauf einen persönlichen Gewinn?«

Im Idealfall erfüllt ein Coach sämtliche genannten Kriterien. Aber es sollte Sie nicht überraschen, wenn ein geeignet scheinender Kandidat den Anforderungen nicht in allen Punkten gerecht wird. Hüten Sie sich jedoch vor denen, die Ihnen zwar bereitwillig ihre »Hilfe« anbieten, aber *keine* der drei Grundbedingungen erfüllen; sie sind definitiv nicht als Coach geeignet. Konzentrieren Sie sich darum auf die Personen, die in diesem »Test« am besten abschneiden. Nur so können Sie sicher sein, daß Ihr Kandidat Ihnen tatsächlich genau das bieten kann, was Sie brauchen: Ratschläge und Tips für *diesen* Verkaufsvorgang.

Personen, die als Coach ungeeignet sind

Dadurch, daß wir diejenigen ausklammern, die für die Rolle des Coach nicht in Frage kommen, können Sie sich auf die bestmöglichen Kandidaten konzentrieren; deshalb werden wir nun Personen beschreiben, die zwar auf den ersten Blick als Coach geeignet erscheinen mögen, diese Rolle aber in Wirklichkeit nicht ausfüllen können. Zu diesen typischen »Fehlbesetzungen« zählen:

Der »Freund«

Der größte Fehler, den man bei der Wahl des Coach begehen kann, ist wohl der, dessen *persönliche* Wertschätzung mit seinem Interesse an Ihrem *Verkaufserfolg* zu verwechseln. Die Tatsache, daß Sie ihm als Mensch sympathisch sind, darf *niemals* mit der Annahme »Er mag mein Angebot und wünscht meinen Verkaufserfolg« gleichgesetzt werden.

Ihr Wunsch, Ihr Coach möge Sie sympathisch finden, ist nur allzu verständlich. Sie werden wohl kaum verläßliche Informationen von jemandem erhalten, der keine gute Beziehung zu Ihnen hat. Aber die persönliche Wertschätzung reicht nicht aus. Ihr Coach muß Sie aus einem ganz bestimmten Grund mögen – weil er nämlich in der Vergangenheit schon durch Sie *gewonnen* hat und weiß, daß dies auch in Zukunft der Fall sein wird. Das bedeutet, Sie besitzen bei ihm *Glaubwürdigkeit*, ein Kriterium, das als erste und unabdingbare Grundvoraussetzung gelten muß.

Aber damit ist erst eines der drei Kriterien erfüllt. Vergessen Sie nicht die beiden anderen. Gleichgültig, wie gut Ihre Beziehungen zu Erika Meier sind und ungeachtet der Tatsache, wie sympathisch Sie ihr auch als Mensch sein mögen – sie kann Ihnen nur dann ein guter Coach sein, wenn sie das Vertrauen Ihrer Kundenfirma besitzt und in *diesem* Kauf einen persönlichen Gewinn sieht. Ihrem Coach *muß* Ihr Angebot »gefallen«.

Der Informant

Es ist richtig, daß eine der Hauptaufgaben des Coach darin besteht, Sie mit Informationen zu versorgen – aber nicht mit *irgendwelchen* Informationen. Ein verläßlicher Coach muß Ihnen *die* Tips und Hinweise liefern, die für diesen spezifischen Verkaufsvorgang *einzigartig* und *brauchbar* sind.

- Unter »einzigartigen« Informationen verstehen wir solche, die Sie anderswo nicht so leicht erhalten würden.
- Mit »brauchbaren« Informationen sind diejenigen gemeint, die Ihnen helfen, Ihre Positionierung bei den Kaufbeeinflussern für diesen Verkauf zu verbessern.

Diese beiden charakteristischen Merkmale sind interaktiv und gleichermaßen wichtig. Jemand, der Ihnen die Produktionszahlen nennt, die aus dem letzten Rechenschaftsbericht Ihres Kundenunternehmens stammen, vermittelt Ihnen vielleicht brauchbare Informationen, aber sie sind kaum einzigartig zu nennen, da Sie sich diese leicht selbst hätten beschaffen können. Andererseits gibt jemand, der Ihnen erzählt, der Entscheider habe ein sternförmiges Muttermal auf der Schulter, zwar eine einzigartige, aber unbrauchbare Information. Die *einzigartigen und brauchbaren* Hinweise, die Sie von Ihrem Coach benötigen, klären Sie darüber auf, wie Ihr Kundenunternehmen *tatsächlich* arbeitet, wie jeder der Kaufbeeinflusser *wirklich* gewinnt – und wie jeder einzelne von ihnen mit den Resultaten, die Sie mit *Ihrem Angebot* liefern, persönliche Gewinne erzielen kann.

Im Idealfall dient Ihnen Ihr Coach als eine Art »Wegweiser« zum Erfolg bei den übrigen Kaufbeeinflussern. Aber nehmen Sie sich vor denen in acht, die immer bereit sind, Sie mit »ungewöhnlichen« oder »interessanten« Auskünften zu versorgen, – und Sie in die Irre führen. Es nützt Ihnen überhaupt nichts, daß Sie aufgrund deren Beschreibung den Weg nach Hamburg kennen, wenn Sie in Wirklichkeit nach München wollen.

Der Inside Salesman

Dieser Kategorie ordnen wir einen Mitarbeiter der Kundenorganisation zu, der Ihnen einen Teil Ihrer Verkaufstätigkeit abnimmt und Ihnen in der Regel den Vorzug gegenüber anderen Wettbewerbern sowie seine Empfehlung gibt. Mit anderen Worten – er übernimmt einige Ihrer Pflichten, weil er persönliche Vorteile in Ihrem Abschluß sieht. Das bedeutet, daß er das dritte Kriterium erfüllt: er sieht in Ihrem Erfolg einen persönlichen Gewinn.

Aber auch hier ist nur eines der Kriterien erfüllt, und das reicht für einen guten Coach nicht aus. So wichtig Inside Salesmen in mehrschichtigen Verkaufsvorgängen auch sein mögen, nicht alle geben einen erstklassigen Coach ab.

Deshalb müssen Sie überprüfen, ob Ihr Kandidat auch die beiden anderen Voraussetzungen erfüllt: Erstens, er muß *Ihnen* vertrauen; und zweitens, Ihre Kundenfirma muß *ihm* vertrauen. Trifft ersteres nicht zu, so könnte sein Wunsch, daß Sie Erfolg haben mögen, unter Umständen von nicht allzu langer Dauer sein. Und wenn die übrigen Kaufbeeinflusser ihm kein Vertrauen entgegenbringen, dann erhalten Sie möglicherweise keine validen Informationen.

Wenn Sie einen Inside Salesman in der Kundenorganisation zu Ihrem Coach machen, besteht noch eine zusätzliche Gefahr. Definitionsgemäß besteht seine Tätigkeit darin, zu *verkaufen*. Und das ist wiederum keineswegs die Aufgabe eines Coach. Der Verkauf muß *Ihre* Aufgabe bleiben; Ihr Coach steht Ihnen dabei lediglich mit Tips und Ratschlägen zur Seite. Ein Coach gehört – um noch einmal auf die Fußball-

Analogie zurückzukommen – zu den »nicht unmittelbar« am Spiel Beteiligten. Ebensowenig, wie der Stürmer einer Bundesligamannschaft dulden würde, daß sein Trainer die Tore schießt, sollten Sie zulassen, daß der Coach Ihre Pflichten, also den Verkauf, für Sie übernimmt. Wenn Sie einen Inside Salesman zum Coach machen, dann sollten Sie eine Faustregel beachten, die für den Verkauf wie für den Fußball gilt: Je mehr Sie *ihm* gestatten, das Spielgeschehen an sich zu reißen, um so weniger haben *Sie* die Kontrolle über den Spielablauf.

Der Mentor

Wie Sie wissen, starten heute viele Führungskräfte ihre Karriere unter der Ägide eines erfahrenen Mitarbeiters des eigenen (oder eines anderen) Unternehmens, der inoffiziell die Aufgabe übernommen hat, dem Neuling zu zeigen, wo es »langgeht«. Dieser Mentor vermittelt ihm den Kontakt zu den »wichtigen« Leuten, klärt ihn über die geschriebenen und ungeschriebenen Gesetze des Unternehmens auf und bereitet seinen Schützling in der Regel darauf vor, seine künftigen Aufgaben in der von ihm selbst bevorzugten Weise wahrzunehmen.

Es ist richtig, daß Sie einen guten Coach in Ihrem Unternehmen finden können. Es ist auch richtig, daß ein Mentor, der unserer Beschreibung entspricht, Ihnen wertvolle Dienste leisten kann. Aber Sie sollten einen Mentor nicht mit einem Coach verwechseln.

Per definitionem konzentriert sich der Mentor in erster Linie auf Ihre *Karriere*. Ihm geht es vornehmlich darum, daß Sie seinen Fußstapfen folgen und er sich im Abglanz Ihres beruflichen Erfolges sonnen kann. Ihr Coach konzentriert sich mit der gleichen Intensität, wenngleich auf andere Weise, auf Ihren persönlichen Erfolg: Er ist – definitionsgemäß – primär an Ihrem Erfolg *in diesem Verkaufsvorgang* interessiert. Ein Mentor mag noch so sehr um Ihren Erfolg bemüht sein, aber ihm fehlen unter Umständen die Informationen, die Sie für diesen spezifischen Verkaufsabschluß benötigen. Ihr Coach hat demgegenüber möglicherweise nur wenig Interesse an Ihren langfristigen Plänen. Aber wenn ein Mentor in *diesem* Abschluß einen persönlichen Gewinn sieht, ist er Ihnen ein verläßlicher »Aktivposten«.

Der ideale Coach

Obwohl Sie, wie wir bereits gesagt haben, überall einen geeigneten Coach finden können, gibt es jemanden, der geradezu ideale Voraussetzungen für diese spezifische Aufgabe mitbringt – und das ist die Person, welche in Ihrem Kundenunternehmen die Rolle des Entscheiders für Ihr Verkaufsziel innehat.

Die Vorteile, den Entscheider als Coach zu gewinnen, liegen klar auf der Hand:

- Der Entscheider kennt besser als irgendein anderer Kaufbeeinflusser die Arbeitsweise des Kundenunternehmens – das heißt, er weiß, wie Kaufentscheidungen getroffen werden. Deshalb kann er Sie am besten zu den übrigen wichtigen Rollenträgern führen.
- Wenn der Entscheider die Konzeption, die Sie anzubieten haben, befürwortet, können Sie die übrigen Kaufbeeinflusser leichter von den Vorteilen Ihres Angebotes überzeugen.
- Da der Entscheider in der Regel auf einer hohen Hierarchieebene im Kundenunternehmen angesiedelt ist, hat seine positive Beurteilung Ihres Angebotes bei den übrigen Kaufbeeinflussern großes Gewicht.
- Wenn es Ihnen gelingt, den Entscheider als Coach zu gewinnen, verringern Sie das Risiko erheblich, daß er zu einem späteren Zeitpunkt des Verkaufsprozesses sein Veto einlegt.

Aus verschiedenen, aber zusammenhängenden Gründen ist es empfehlenswert, so früh wie möglich den Entscheider zu kontaktieren *und* einen Coach aufzubauen. Wenn es Ihnen gelingt, den Entscheider als Coach zu gewinnen, haben Sie beides gleichzeitig erreicht.

Wenn der Entscheider Ihr Angebot schon zu Beginn des Verkaufsvorganges positiv beurteilt, können Sie seine Bereitschaft, als Ihr Coach zu fungieren, testen, indem Sie ihn fragen, welcher *andere* Kaufbeeinflusser als Coach in Frage käme. Erklären Sie ihm zum Beispiel: »Herr Wegmann, ich würde es sehr schätzen, wenn Sie mir einen Vorschlag machen könnten, wie ich am besten Kontakt mit Herrn Münchner aufnehme.« Eine solche Frage stärkt Ihre Position beim Entscheider *und* erhöht Ihre Chancen, ihn als Coach zu gewinnen.

Wie man jemanden bittet, die Rolle des Coach zu übernehmen

Wenn Sie bei der Suche nach Ihrem Coach die Spreu vom Weizen getrennt und jemanden gefunden haben, der – soweit Sie es beurteilen können – die drei Kriterien erfüllt, die für einen guten Coach unerläßlich sind, dann sollten Sie ihn bitten, diese Rolle zu übernehmen. Dieser Rat ist wörtlich zu nehmen. Der Begriff »Coach«, der sich aus dem Sportbereich ableitet, weckt in der Regel positive Assoziationen. Wenn uns jemand bittet, die Rolle des Coach zu übernehmen, verbinden wir damit den Gedanken, *daß der andere durchaus in der Lage ist, seine Aufgaben zu meistern, aber ein paar gute Tips und Ratschläge haben will.* Deshalb werden die wenigsten ein solches Ansinnen ablehnen, sondern es vielmehr begrüßen. Aus diesem Grunde sollten Sie unbedingt das Wort »Coach« verwenden. Sagen Sie *keinesfalls*: »Ich brauche Ihre Hilfe«, oder »Können Sie mich an die richtigen Leute für diesen Verkauf weiterreichen?« Worte wie »Hilfe«, »weiterreichen« oder »empfehlen« können leicht als »Ich bin dazu nicht in der Lage; übernehmen Sie diese Arbeit für mich« interpretiert werden.

Wenn Sie jemanden bitten, in Ihrem Verkaufsvorgang die Rolle des Coach zu übernehmen, anstatt um Referenzen nachzusuchen, dann werden Sie eine erfreuliche und zugleich paradoxe Entdeckung machen. Einem Verkäufer, der um eine Empfehlung oder Hilfe bittet, wird möglicherweise weder das eine noch das andere zuteil. Aber ein Verkäufer, der jemanden bittet, die Rolle des Coach zu übernehmen, erhält normalerweise nicht nur die Informationen, die er benötigt, sondern die Referenzen obendrein.

Ein ganz wichtiger Punkt, den es zu erinnern gilt, ist der zuvor bereits geschilderte Unterschied zwischen einem Inside Salesman und einem Coach. Die Aufgabe Ihres Coach besteht definitionsgemäß darin, Ihnen Informationen, Ratschläge und Tips zu geben – und Ihnen in vielen Fällen den Zugang zu den übrigen Kaufbeeinflussern zu erleichtern. *Aber Ihr Coach übernimmt nicht den Verkauf für Sie.* Hüten Sie sich davor, bei einem potentiellen Coach den Eindruck zu erwecken, daß es *das* ist, was Sie mit Ihrer Bitte bezwecken.

Ihr Coach-Netzwerk

Sie sollten versuchen, für jeden einzelnen größeren Verkauf mindestens einen Coach zu gewinnen. Aber einer ist oftmals nicht genug. Es kann auch vorkommen, daß ein guter Coach, den Sie mit großer Umsicht für ein bestimmtes Verkaufsziel entwickelt haben, sich für künftige Verkaufsvorgänge als unbrauchbar erweist. Deshalb sollte Ihr langfristiges Ziel darin bestehen, eine Art *Coach-Netzwerk* zu schaffen, indem Sie mehrere Personen als Coach aufbauen, auf deren Ratschläge und Tips Sie im Bedarfsfall zurückgreifen können. Je umfangreicher und komplexer eine Kundenbeziehung ist, desto wichtiger ist ein solches Netzwerk.

Dafür gibt es zwei wesentliche Gründe. Erstens, jeder Verkaufsvorgang ist *einzigartig*, und deshalb brauchen Sie für jeden einzelnen Verkauf mindestens einen Coach – oder mehrere. Und zweitens gibt es selbst bei einem einzelnen Verkaufsziel so viele Möglichkeiten, *Fehlinformationen* zu erhalten, daß der Verkaufserfolg in der Regel weniger von den Informationen einer einzigen Person als vielmehr von Daten aus verschiedenen Quellen abhängig ist. Je mehr Personen Sie für einen bestimmten Verkaufsprozeß als Coach gewinnen können, desto größer sind Ihre Chancen, die unterschiedlichen, durch rote Flaggen markierten Gefahrenbereiche bei einem Verkaufsvorgang zu bewältigen.

Mehrere Coachs in einem spezifischen Verkaufsvorgang

Einer unserer Freunde, Verkäufer in der Computer-Branche, mußte vor nicht allzu langer Zeit entdecken, wie wichtig es ist, sich nicht nur einen Coach aufzubauen. Er hätte beinahe ein größeres Software-Geschäft »verpatzt«, weil er sich auf einen einzigen Coach, nämlich seinen »alten Freund Herbert«, verlassen hatte. Dieser war bereits bei zwei früheren Verkäufen sein Coach gewesen, und so wandte sich unser Freund an ihn, als es um ein neues Angebot ging.

Dieses Mal verhielt sich Herbert eher distanziert. Seine Unterstützung beschränkte sich mehr oder weniger auf die Aufforderung: »Nur weiter so, es läuft ja prima!« Dieser Zuspruch war zwar ermutigend, aber entsprach nicht ganz der Art von Information, die ein Verkäufer braucht, um sicherzugehen, daß er richtig positioniert ist. Einen Monat lang konzentrierte sich unser Freund auf Herbert – mit mehr als dürftigem Ergebnis. Dann ging ihm plötzlich »ein Licht auf«. In den beiden früheren Verkäufen hatte Herbert sowohl die Rolle des Anwenders als auch des Coach gespielt und erkannt, daß es seinem persönlichen Interesse diente, wenn seine Firma dem Angebot unseres Freundes den Vorzug gab. Beim jetzigen Verkaufsvorgang ging es jedoch um ein Software-Paket, das für Herberts Abteilung nicht von Bedeutung war. Und da Herbert wußte, daß er dieses Mal keinen persönlichen Gewinn erzielen konnte, bot er seine »Hilfe« mehr aus »Gefälligkeit« als aus dem Bedürfnis heraus an, unserem Freund brauchbare Informationen zu vermitteln.

»Erst als ich das erkannte«, meinte unser Freund, »merkte ich, wo das Problem lag. Herbert war mir nach wie vor freundschaftlich gesinnt, aber an *diesem* Angebot hatte er kein Interesse. Ich mußte mir einen anderen Coach suchen.«

Das tat er, und zwar auf eine Weise, die zeigt, wie vorteilhaft es sein kann, ein Netzwerk aufzubauen. Sobald unser Freund zu der Einsicht gelangte, daß Herbert für *diesen spezifischen* Verkaufsvorgang nicht der richtige Mann war, ging er zu ihm und gestand ihm sein Dilemma. »Herbert«, erklärte er ihm. »Ich möchte gerne wissen, wer mir in diesem Fall die Art von Informationen geben kann, die ich bei den letzten beiden Verkäufen von Ihnen erhalten habe.« Unser Freund setzte Herbert also immer noch als Coach ein, aber indirekt und wesentlich effektiver. Dadurch, daß er sich von seinem »alten Freund« zu einem anderen, für den neuen Vorgang relevanten Coach führen ließ, erreichte er drei gleichermaßen wichtige Dinge:

1. Er vertiefte die schon vorhandene Ich-gewinne/Du-gewinnst-Beziehung zu Herbert, indem er ihn wissen ließ, daß er seinen Rat brauchte und schätzte.
2. Er fand den richtigen Coach für diesen Verkaufsvorgang – eine Dame, die in dem Angebot einen persönlichen Gewinn sah.
3. Er vergrößerte das Netzwerk an Personen, die für die Rolle des Coach bei künftigen Verkäufen in Frage kamen.

Ein »Coach-Netzwerk« als Kontrollmechanismus

Der zweite Grund, sich mehr als einen Coach aufzubauen, ist der, daß in jedem Verkaufsvorgang die Gefahr besteht, Fehlinformationen zu erhalten. Je größer die Anzahl der Personen, die Ihnen neue Einsichten in einen bestimmten Verkaufsvorgang vermitteln, desto mehr Möglichkeiten bieten sich Ihnen, die individuelle Beurteilung einer Verkaufssituation mit der Perspektive anderer Informanten zu vergleichen – und darüber hinaus die mit roten Flaggen markierten Gefahrenbereiche in Stärken zu verwandeln.

Ein Gebietsverkaufsleiter in der Lebensmittelbranche namens Klauser hat schon seit langem entdeckt, wie wichtig es ist, ein »lückenloses Coach-Netzwerk« aufzubauen. »Ich versuche, jeden als Coach einzusetzen, der geeignet ist«, erklärt er. »Meistens habe ich es in meinen Kundenfirmen mit Leuten zu tun, die im Topmanagement angesiedelt sind, und hier verfügt fast jeder über brauchbare Informationen. Ich bitte Herrn Schmidt, mir einen Tip zu geben, wie Frau Müller gewinnt, und von Frau Müller erfahre ich, welche persönlichen Gewinne Herr Schmidt erzielt. Auf diese Weise kann ich die Informationen, die ich erhalte, verifizieren und muß nicht plötzlich feststellen, daß ich mich auf dem Holzweg befinde.«

Die Technik, die Herr Klauser anwendet, hat ihm schon mehrmals die Auszeichnung »Verkäufer des Jahres« eingebracht. Sie ist deshalb so erfolgreich, weil sie mehrere Prinzipien des »Strategischen Verkaufens«, die wir beschrieben haben, beinhaltet.

- Sie stellt einen Kontrollmechanismus dar, mit dem sich überprüfen läßt, ob wirklich alle relevanten Kaufbeeinflusser kontaktiert und so viele rote Flaggen wie möglich in Stärken umgewandelt worden sind.
- Sie lenkt die Aufmerksamkeit effektiv auf die möglichen Gewinne der einzelnen Kaufbeeinflusser.
- Sie folgt der Grundregel, daß jede Verkaufsstrategie kontinuierlich überdacht und überarbeitet werden muß, um effektiv zu bleiben.

Ein Problem, das sich ergibt, wenn Sie Ihr »Coach-Netzwerk« als Kontrollmechanismus benutzen, ist die Feststellung, daß Sie nicht nur über Informationen verfügen, die sich *verifizieren* lassen, sondern auch über solche, die *im Widerspruch zueinander* stehen. Da nahezu auszuschließen ist, daß zwei Personen, die die Rolle des Coach übernommen haben, einen Verkaufsvorgang auf identische Weise betrachten, sehen Sie sich plötzlich mit der beunruhigenden Tatsache konfrontiert, daß Ihnen ein Coach Informationen über einen Kaufbeeinflusser gibt, die denen eines anderen Coach widersprechen.

Um diese Schwierigkeit zu meistern, sollten Sie beide Informationen objektiv mit *Ihrer* Wahrnehmung der Realität vergleichen.

Wir haben diese Strategie erst kürzlich angewandt, um eine Antwort auf die essentielle Frage zu erhalten, wer als Entscheider in einem bestimmten Verkaufsvorgang zu gelten hatte. Unser ursprünglicher Coach in diesem Verkaufsprozeß, ein Wächter, sagte uns, daß der stellvertretende Verkaufsleiter – den wir Fuchs nennen wollen – das endgültige »Ja« zum Kauf geben würde. »Er gehört zu den Veteranen in unserer Firma«, meinte der Wächter. »Und er wird uns alle überdauern.«

Von einem Anwender erhielten wir jedoch ganz andere Informationen. Nach seiner Aussage befand sich das Unternehmen gerade in einer Umbruchsphase, und Fuchs war im Begriff, die Firma zu wechseln. Der Anwender hatte uns zwar in der Vergangenheit wertvolle Hinweise gegeben, aber in diesem Fall stand der Wächter dem stellvertretenden Verkaufsleiter Fuchs auf organisatorischer Ebene näher. Welchem Coach sollten wir also Glauben schenken?

Um die Frage zu lösen, arrangierten wir ein Treffen mit Fuchs, bei dem wir unauffällig auf Anzeichen der Unsicherheit achten konnten, auf die uns der Anwender aufmerksam gemacht hatte. »Der Mann geht auf rohen Eiern«, hatte er gesagt. »Sie werden ja selbst feststellen, ob er sich wie jemand benimmt, der nächsten Monat noch in dieser Firma ist.« Die Begegnung mit Fuchs zeigte, daß er recht gehabt hatte. Fuchs fühlte sich offensichtlich nicht wohl in seiner Haut, willigte nur zögernd in ein

Gespräch mit uns ein und zeigte dann wenig Bereitschaft, sich in irgendeiner Form festzulegen. Wir kamen zu der Schlußfolgerung, daß er zwar bei früheren Käufen die Rolle des Entscheiders gespielt hatte, sich aber in diesem Fall nicht mehr wie ein Entscheider verhielt. Deshalb suchten wir an anderer Stelle nach der Person, die in diesem Vorgang die Entscheidung treffen konnte, und einen Monat später war Fuchs aus dem Unternehmen ausgeschieden. Dank unseres zweiten Coach, des Anwenders, und des Entschlusses, die »Realität« noch einmal zu überprüfen, konnten wir verhindern, kostbare Zeit darauf zu verschwenden, unseren Workshop einem »Entscheider« zu verkaufen, der nicht mehr entscheidungsbefugt war.

Der letzte Test: Ihre Gefühle

Selbst wenn Sie verifiziert haben, daß jeder, der für die Rolle des Coach in Frage kommt, die drei genannten Kriterien erfüllt und die ungeeigneten Kandidaten ausgefiltert wurden, und selbst nachdem Sie die widersprüchlichen Informationen der Personen, die Sie als verläßlichen Coach einstufen, mit Ihrer eigenen Wahrnehmung der Realität verglichen haben – können sich immer noch Zweifel regen, ob Ihr Coach tatsächlich geeignet ist, Sie durch *diesen* Verkaufsvorgang zu führen. In diesem Fall bietet sich ein letzter Test an, der sich nach unserer Erfahrung bewährt hat: Wenn alle anderen Möglichkeiten ausgeschöpft sind, sollten Sie sich selbst fragen, wie Sie die Eignung einer bestimmten Person für die Rolle des Coach *gefühlsmäßig* beurteilen.

Sie wissen sicher aus eigener Erfahrung, daß Entscheidungen, die auf reiner »Vernunft« basieren, sich manchmal als Fehler erweisen, während solche, bei denen man sich auf sein »untrügliches Gefühl in der Magengegend« verläßt, oftmals die besseren sind. Wenn Sie in einem Verkaufsvorgang »ein leichtes Unbehagen« oder »ein merkwürdiges« Gefühl verspüren, dann besteht die Möglichkeit, daß irgend etwas an Ihrer Positionierung nicht stimmt – selbst wenn Sie nicht konkret sagen können, um was es sich eigentlich handelt.

Dasselbe gilt für die Entscheidung, ob die Person oder Personen, die die Rolle des Coach in einem bestimmten Verkaufsvorgang übernehmen soll(en), tatsächlich geeignet ist(sind) sowie für die Notwendigkeit, widersprüchliche Informationen zu verifizieren. Ignorieren Sie dieses unbehagliche Gefühl nicht. Selbst wenn die Informationen, die Sie von einem Coach über die Gewinne eines bestimmten Kaufbeeinflussers oder die Verkaufssituation als solche erhalten, richtig *klingen*, aber Sie dennoch das *Gefühl* haben, sie seien nicht zutreffend, dann sollten Sie noch einmal überprüfen, ob Sie nicht den falschen Coach für diesen Verkaufsvorgang gewählt haben.

Ein letztes Wort zur kontinuierlichen Überprüfung Ihrer Positionierung

Am Ende des zweiten Teils unseres Buches möchten wir noch einmal einen Punkt hervorheben, der für sämtliche Aspekte des »Strategischen Verkaufens« gilt: Ein strategischer Verkaufsprofi muß – um erfolgreich zu sein und zu bleiben – seine Positionierung in jedem einzelnen Verkaufsvorgang kontinuierlich auf das Verkaufsziel hin und im Hinblick auf alle Schlüsselelemente *überprüfen*, die es ihm ermöglichen, dieses Verkaufsziel zu erreichen.

Ihr Coach ist für Ihre Verkaufsstrategie nicht zuletzt deshalb von so unschätzbarem Wert, weil er oder sie Ihnen bei dieser regelmäßigen, unerläßlichen Überprüfung helfen kann. An der Art und Weise, wie Sie Ihren Coach einsetzen, läßt sich folglich ablesen, wie Sie Ihre Verkaufsvorgänge steuern. Wenn Sie diesen spezifischen Rollenträger lediglich als Inside Salesman oder als »alten Freund« betrachten, laufen Sie Gefahr, einen schwachen Coach zu entwickeln und die Möglichkeiten, die Ihnen ein guter Coach bieten könnte, ungenutzt zu lassen. Wenn Sie dagegen die Hinweise, die Ihnen Ihr Coach gibt, *überprüfen* und anhand der daraus gewonnenen neuen Erkenntnisse die strategischen Schlüsselelemente in Ihrem Verkaufsvorgang anwenden, werden Sie feststellen, daß sich Ihre Positionierung in diesem Verkauf ständig und vorhersagbar verbessert.

Und diese Überprüfung sollte nicht nur einmal, sondern wieder und immer wieder stattfinden. Eine effektive Strategie ist nur so gut wie die Ergebnisse der letzten Überarbeitung. Wenn Sie es verstehen, Ihren Coach bei der Bewältigung dieser Aufgabe richtig einzusetzen, werden Sie sehen, daß er Ihnen nicht nur den Weg zu den übrigen Kaufbeeinflussern, sondern auch immer wieder zu vorhersagbaren und wiederholbaren Gewinner-Situationen ebnet.

Teil 3

Kundenübergreifende Strategieplanung: Die Einteilung der aktiven Verkaufszeit

13 Zeit ist Geld

Bisher haben wir Ihnen gezeigt, wie Sie die Prinzipien des »Strategischen Verkaufens« auf einzelne spezifische Verkaufsvorgänge anwenden. Die Erfahrung hat uns gelehrt, daß viele Verkäufer, die gleichzeitig mit mehreren Kunden und Interessenten befaßt sind, nicht wissen, welche Strategie jeweils adäquat ist, es sei denn, sie splitten ihre Aktivitäten in klar unterscheidbare Einzelverkaufsziele auf. Deshalb haben wir Ihnen empfohlen, sich zunächst auf *einen* bestimmten Verkaufsvorgang zu konzentrieren.

Sie können sich bei Ihrer Strategieanalyse allerdings nicht immer – wie bisher – auf einen individuellen Verkaufsvorgang konzentrieren, denn dieser ist nicht das einzige Ziel, welches Sie verfolgen. Sie betreuen in der Regel mehrere Kunden und Interessenten, und bei jedem einzelnen können Sie sich eine Reihe konkreter Ziele gesetzt haben, die Sie gleichzeitig anstreben. Am Ende dieses Buches werden Sie in der Lage sein, die Prinzipien des »Strategischen Verkaufens« gleichzeitig in allen Verkaufsvorgängen anzuwenden – und damit wiederholbare und vorhersagbare Erfolge zu erzielen.

Dabei sind zwei Dinge zusätzlich erforderlich:

● Damit Sie erkennen, wie sich jeder individuelle Vorgang in das Gesamtbild Ihrer verkäuferischen Aktivitäten einfügt, müssen Sie Ihre Verkaufsziele aus einer *umfassenderen Perspektive* betrachten, als wir das bisher getan haben.

● Damit die einzelnen Verkaufsvorgänge im Zeitablauf zu prognostizierbaren, konstanten Umsätzen führen, müssen Sie in der Lage sein, *Ihre Zeit adäquat auf sämtliche Verkaufsaktivitäten* zu verteilen.

Unser fünftes strategisches Schlüsselelement, der *Verkaufstrichter*, hilft Ihnen, beides zu erreichen. Er ist ein unverzichtbarer Bestandteil des »Strategischen Verkaufens«, da er Sie – wie viele unserer Workshop-Teilnehmer, ungeachtet ihrer Branchenzugehörigkeit, bestätigen können – befähigt, Ihr *kostbarstes Gut*, das Ihnen für jeden Verkaufsvorgang und jeden Ihrer Kunden zur Verfügung steht, optimal zu nutzen.

Ihr kostbarstes Gut: Die aktive Verkaufszeit

Es gibt wohl keinen Verkäufer, der sich nicht irgendwann einmal beklagt: »Was ich brauche, ist ein Arbeitstag mit achtundvierzig Stunden.«

Uns allen fehlt es an Zeit. Aber dieser chronische Mangel wirkt sich im Verkauf besonders gravierend aus, denn zusätzlich zu der *aktiven* Verkaufszeit (die die meisten von uns genießen) muß der Verkäufer noch für eine Reihe anderer, nicht-verkäuferischer Tätigkeiten Zeit aufwenden. Und diese Aktivitäten nehmen den *größten Teil* seiner Arbeitszeit in Anspruch.

Denken Sie einmal darüber nach, wieviel Zeit Sie für folgende Aufgaben verwenden:

- Den »zweiten« Verkauf eines Auftrages im eigenen Unternehmen,
- Reisekostenabrechnungen erstellen,
- Berichte schreiben,
- an Meetings teilnehmen,
- sich um Kundenbeschwerden kümmern,
- Aufträge ausliefern,
- neue Kunden in die Handhabung bestimmter Produkte einarbeiten,
- reisen.

Bitte mißverstehen Sie uns nicht. Wir wollen damit keineswegs andeuten, all diese Aktivitäten wären unwichtig. Wir wissen so gut wie Sie, daß sie für Ihren langfristigen Erfolg überaus wichtig sind. Aber sie haben nichts mit dem zu tun, was wir als *aktive Verkaufszeit* bezeichnen.

Wenn wir von aktiver Verkaufszeit sprechen, meinen wir damit etwas ganz Bestimmtes. Wir verstehen darunter die Zeit, die Sie im persönlichen (oder telefonischen) Gespräch mit Ihren Kunden verbringen. In unseren Workshops »Strategisches Verkaufen« definieren wir die aktive Verkaufszeit wie folgt:

Aktive Verkaufszeit ist die Zeit, die aufgewendet wird, um mit einem Kaufbeeinflusser in der Wachstums- oder Problemhaltung zu sprechen, sowie die Zeit, die im Gespräch mit einem Kaufbeeinflusser dazu dient, seine Wachstums- oder Problemhaltung aufzudecken.

Die meisten Teilnehmer unseres Workshops »Strategisches Verkaufen«, die unsere Definition kennen, haben uns gesagt, daß sie sich glücklich schätzen, wenn sie fünf bis zehn Stunden pro Woche für diese außerordentlich wichtige Tätigkeit Zeit finden. Tatsächlich wendet die Mehrheit der Spitzenverkäufer zwischen fünf und fünfzehn Prozent ihrer Gesamtarbeitszeit für das aktive Verkaufen auf. Unter den zahlreichen

Verkäufern und Verkaufsleitern, die wir im Laufe der Jahre betreut haben, befand sich nicht ein einziger, der mehr als 25 Prozent der gesamten Wochenarbeitszeit im Gespräch mit Kaufbeeinflussern in der Wachstums- oder Problemhaltung verbrachte.

Niemand ist besonders glücklich über dieses Mißverhältnis, aber es ist eine Tatsache, die jeder Verkäufer akzeptieren muß. So gerne er auch mehr Zeit mit seinen Kunden statt am Schreibtisch oder auf Reisen verbringen möchte – die aktive Verkaufszeit reicht nie aus. Der Verkäufer, der diese äußerst knapp bemessene Zeit nicht optimal zu nutzen versteht, wird unweigerlich ein Opfer unberechenbarer Einkommensschwankungen und begibt sich auf eine regelmäßig wiederkehrende Talfahrt, die wir als *Achterbahneffekt* bezeichnen.

Der Achterbahneffekt

Wenn Sie nicht erst seit gestern im Verkauf tätig sind, kennen Sie den Achterbahneffekt vermutlich aus eigener Erfahrung. Wie diese Einkommensschwankungen aussehen, läßt sich klar aus dem nachfolgenden Diagramm erkennen.

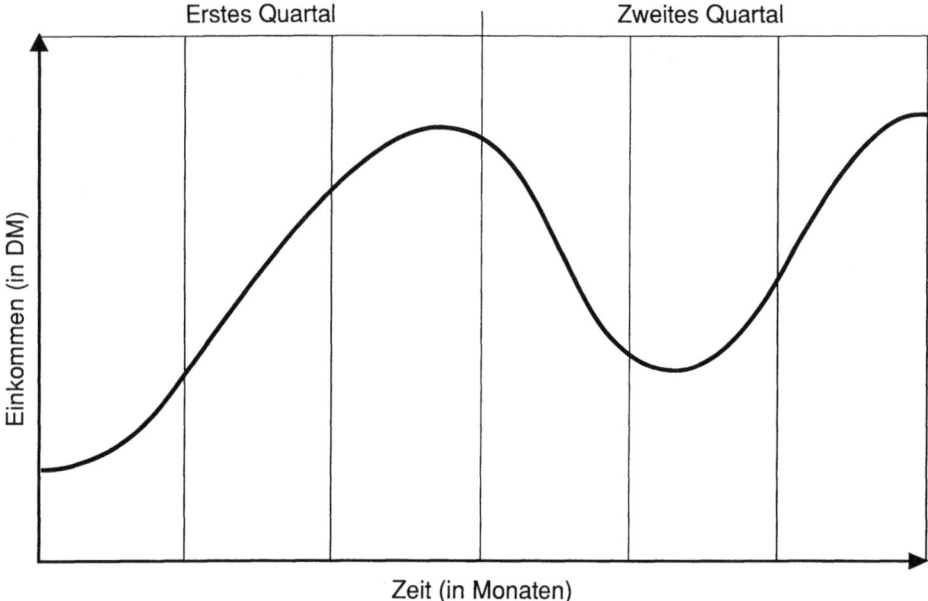

Zeit (in Monaten)

Wie Sie sehen, zeigt das Diagramm die Beziehung zwischen den einzelnen Monaten und dem Einkommen aus den Verkäufen – oder, kurz gesagt, zwischen Zeitaufwand und Verdienst. Aus dem Diagramm ist ersichtlich, daß beides nicht immer in einem ausgewogenen Verhältnis zueinander steht. Um es genauer zu sagen: die Arbeitszeit, die Sie aufwenden, spiegelt sich nicht zwingend in einem beständigen (oder stetig wachsenden) Verdienst wider.

Sollten bei Ihnen ähnliche Schwankungen zwischen Zeitaufwand und Verdienst auftreten, dann trösten Sie sich – Sie gehören zu der großen Masse von Verkäufern, denen es genauso ergeht. Einkommensschwankungen sind im Verkauf so allgegenwärtig, daß viele altgedienten Vertriebsleiter und Verkäufer diese als eine Art Naturgesetz betrachten. Ein Verkaufsleiter erklärte uns einmal resigniert: »So ist das eben. Diese ›Täler‹ müssen einfach durchgestanden werden.«

Diese Einstellung sei falsch, sagten wir ihm. Der Achterbahneffekt muß *keineswegs* symptomatisch für die Einkommenssituation des Verkäufers sein. Und es *gibt* etwas Besseres, als »die Täler durchzustehen«.

Wir wissen, daß *manche* zyklischen Einkommensschwankungen in der Tat unvermeidlich sind; sie gehören nun einmal zu unserem Beruf. Es gibt saisonale Abweichungen, Jahresbudgets und firmenspezifische Abläufe, die sich positiv oder negativ auf den Verkauf auswirken. Aber unsere Erfahrung hat gezeigt, daß die stärksten »Ausschläge« des Achterbahneffektes *nicht* auf diese wirtschaftlichen Faktoren, sondern auf eine schlechte Zeiteinteilung des Verkäufers zurückzuführen sind. Und das ist etwas, was Sie mit unserer Hilfe ändern können.

Was der Verkaufstrichter bewirkt

Der Verkaufstrichter soll Ihnen helfen, Ihre Zeit richtig einzuteilen, so daß Sie in der Lage sind, Talfahrten in Ihrem persönlichen Verkaufszyklus zu vermeiden und die aufgewendete Arbeitszeit so effektiv zu nutzen, daß sie auch in stetigen finanziellen Erfolgen ihren Niederschlag findet, und zwar nicht nur aus den Verkaufszielen, die Sie sich im Augenblick gesetzt haben, sondern aus sämtlichen gegenwärtigen und künftigen Verkaufsvorgängen. In den folgenden zwei Kapiteln zeigen wir Ihnen, wie Sie mit diesem Instrument Ihre Zeit richtig auf die unterschiedlichen verkäuferischen Aktivitäten verteilen, wie Sie

- Ihre Verkaufsvorgänge den drei Arten von verkäuferischer Tätigkeit oder den drei Ebenen des Trichters *zuordnen* können;
- dafür sorgen, daß sich jeder Verkaufsvorgang über die drei Trichterebenen *bewegt*;
- für die drei Arten der verkäuferischen Tätigkeit auf jeder Ebene des Trichters *Prioritäten setzen,* ohne eine Ebene zu vernachlässigen;
- den Aufgaben auf jeder Ebene des Trichters einen *Zeitrahmen zuweisen*, der der spezifischen Verkaufssituation angemessen ist;
- Ihr künftiges Einkommen anhand des Zeitraumes, in dem Ihre Verkaufsvorgänge die drei Trichterebenen durchlaufen, *prognostizieren* können.

Wenn Sie den Verkaufstrichter als ein Instrument benutzen, um diese miteinander verknüpften Aufgaben in ein ausgewogenes Verhältnis zu bringen, nutzen Sie Ihre Arbeitszeit nicht nur wesentlich effektiver, sondern betrachten Ihre verkäuferische Tätigkeit auch aus der umfassenderen Perspektive, die für das Erreichen all Ihrer gegenwärtigen und künftigen Verkaufsziele unabdingbar ist. Deshalb lassen Sie uns nun einen Blick auf die Arbeitsweise des Verkaufstrichters werfen.

14 Schlüsselelement 5: Der Verkaufstrichter

Das Trichterprinzip, das die Basis des fünften Schlüsselelementes im »Strategischen Verkaufen« darstellt, ist wohl den meisten bekannt. Unser Verkaufstrichter unterscheidet sich jedoch in zweifacher Hinsicht von einem echten Trichter: erstens warten wir nicht darauf, daß das, was wir oben hineingeben – in unserem Fall unsere Verkaufsvorgänge –, automatisch den Trichter durchläuft, sondern *bearbeiten* es aktiv. Zweitens teilen wir unseren Verkaufstrichter, den drei unterschiedlichen Arten verkäuferischer Tätigkeit entsprechend, in drei klar abgegrenzte Ebenen ein.

Um das Verkaufstrichter-Konzept effektiv in die Praxis umsetzen zu können, müssen Sie als erstes wissen, wie Sie Ihre Verkaufsvorgänge in die drei Trichterebenen *einsortieren*.

Einsortieren: Die drei Trichterebenen

Das Konzept des Verkaufstrichters wird in nachstehendem Diagramm auf Seite 219 deutlich.

Sie sehen, daß der Verkaufstrichter in drei klar voneinander abgegrenzte Abschnitte unterteilt ist, in die *erste*, die *zweite* und die *dritte Trichterebene*. Sie haben auch erkannt, daß jeder Ebene eine spezifische Art verkäuferischer Tätigkeit zugeordnet wurde. Diese Differenzierung ist ein zentrales Merkmal des Verkaufstrichters: jede Ebene ist per definitionem einer *einzigen Art* verkäuferischer Aktivität gewidmet.

Ein erfolgreicher Verkäufer muß alle drei Arten verkäuferischer Tätigkeit beherrschen, nämlich

- Kaufinteressenten ausfindig machen und die Erfolgsaussichten bewerten,
- alle für den Verkauf relevanten strategischen und taktischen Arbeiten erledigen,
- den Verkaufsvorgang erfolgreich abschließen.

Da Sie mehrere Verkaufsvorgänge simultan bearbeiten, die sich in verschiedenen Phasen des Verkaufszyklus' befinden, haben Sie gleichzeitig unterschiedliche Tätigkeiten auszuführen: während Sie in einem Fall nach neuen Kunden und Aufträgen Ausschau halten und Ihre Erfolgsaussichten bewerten, stehen Sie in einem anderen kurz vor Abschluß des Verkaufs oder sind noch damit befaßt, sämtliche für den Verkauf relevanten Bereiche zu erfassen. Um nun den Achterbahneffekt und die damit verbundenen Fluktuationen zu vermeiden und vorhersagbare und regelmäßige Umsätze zu erzielen, müssen Sie in jedem Einzelfall *die richtigen Arbeiten zum richtigen Zeitpunkt erledigen*.

Das ist der Grund, warum Sie die unterschiedlichen Aufgaben in die drei entsprechenden Ebenen einsortieren müssen. Der Verkaufstrichter ist primär ein Instrument, das Ihnen diese Einteilung ermöglichen soll.

Bevor wir die drei Ebenen des Verkaufstrichters im einzelnen beschreiben, hier noch einige wesentliche Hinweise zum Konzept als solchem:

Erstens: der Verkaufstrichter hilft Ihnen dabei, Ihre *individuellen Verkaufsvorgänge* oder *-ziele* einzusortieren und über die drei Trichterebenen zu bewegen und *nicht* Ihre *Kunden*. Das heißt, es wäre falsch, den »Kunden X« der dritten Trichterebene zuzuordnen. Sie können lediglich sagen, daß Sie »mit dem Angebot an den Kunden X, bis zum 15. Mai ein Steuerungssystem für die Fertigung zu installieren«, die dritte Trichterebene erreicht haben.

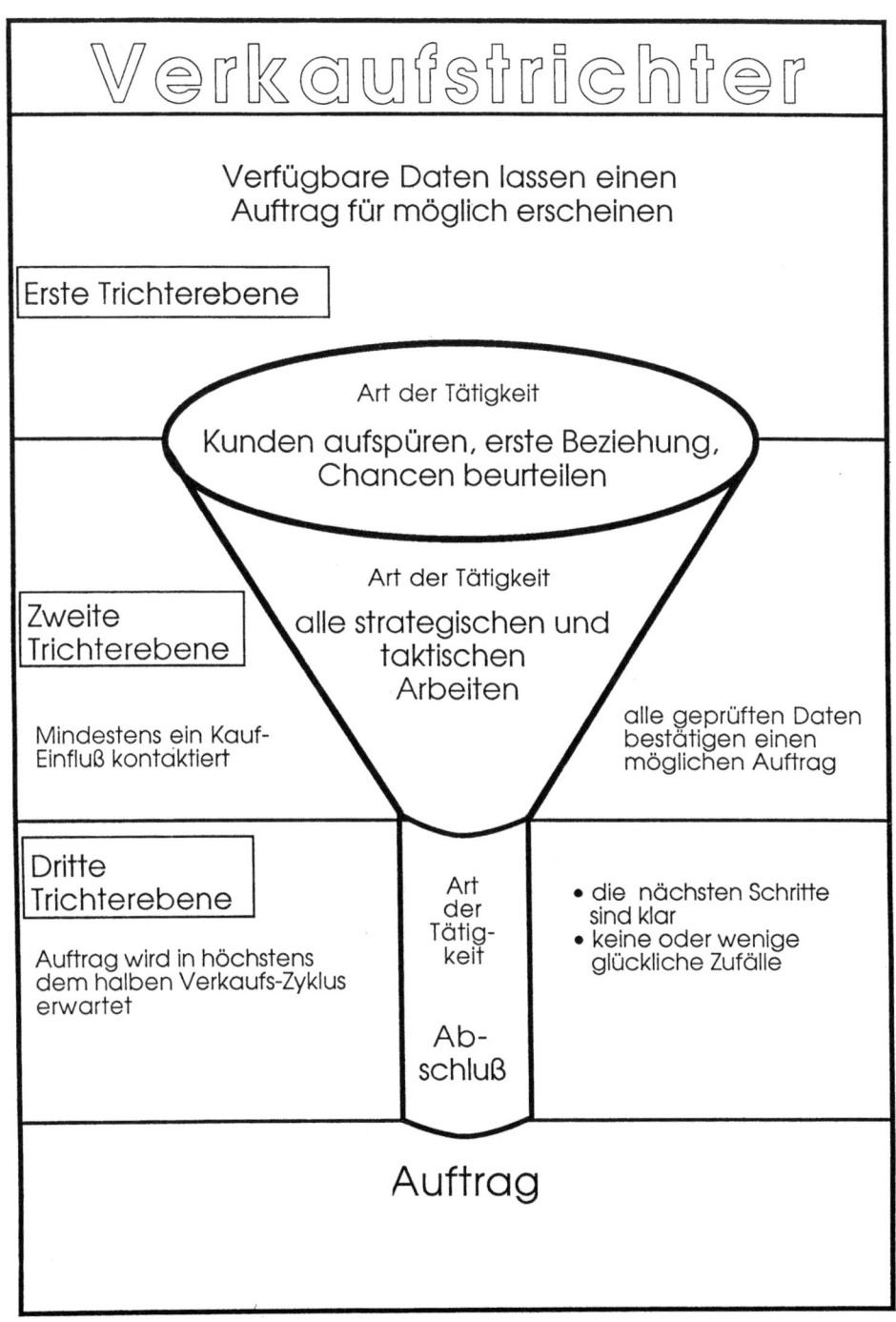

Verkaufstrichter

Verfügbare Daten lassen einen
Auftrag für möglich erscheinen

Erste Trichterebene

Art der Tätigkeit

Kunden aufspüren, erste Beziehung,
Chancen beurteilen

Art der Tätigkeit

alle strategischen und
taktischen
Arbeiten

Zweite
Trichterebene

Mindestens ein Kauf-
Einfluß kontaktiert

alle geprüften Daten
bestätigen einen
möglichen Auftrag

Dritte
Trichterebene

Auftrag wird in höchstens
dem halben Verkaufs-Zyklus
erwartet

Art
der
Tätig-
keit

Ab-
schluß

• die nächsten Schritte
  sind klar
• keine oder wenige
  glückliche Zufälle

Auftrag

Zweitens passieren zwei Dinge, während ein Verkaufsvorgang die drei Ebenen des Trichters durchläuft: Der *Zeitraum* bis zum Abschluß wird laufend kürzer, und die *Unsicherheit* des Verkäufers, ob er den Auftrag erhalten wird oder nicht, vermindert sich. Jeder Verkaufsvorgang beginnt auf der ersten Trichterebene mit oftmals großem Zeitabstand bis zur Auftragserteilung und beträchtlicher Unsicherheit, ob ein Abschluß erzielt werden kann. Er endet auf der dritten Trichterebene mit dem erfolgreichen Abschluß und der Hoffnung, alle Schwierigkeiten gemeistert zu haben.

Und drittens, damit ein Verkaufsvorgang von einer Ebene des Trichters auf die nächste gelangen kann, müssen bestimmte *Voraussetzungen* erfüllt sein, und jeder Trichterebene ist nur *eine einzige Art verkäuferischer Tätigkeit* zugeordnet. Diese Punkte werden wir Ihnen nun, für jede der drei Trichterebenen gesondert, erklären.

Die erste Trichterebene

Die Voraussetzung, die erfüllt sein muß, damit ein Verkaufsvorgang der ersten Trichterebene zugeordnet werden kann, ist das Vorhandensein von Daten und Informationen, die darauf *hindeuten,* daß Ihre Ware oder Dienstleistung die Anforderungen des Interessenten erfüllt. Zu den Informationen, die eine solche Schlußfolgerung erlauben, zählen die folgenden.

- Sie lesen in der Zeitung einen Artikel über die Expansionspläne eines Unternehmens, die sich mit Hilfe Ihrer Ware oder Dienstleistung problemloser in die Praxis umsetzen lassen;
- ein Interessent fordert Prospekte oder Informationen bei Ihrer Firma an;
- ein Kollege, der einem Kundenunternehmen gerade ein anderes Produkt verkauft hat, erzählt Ihnen, daß er hier auch für Sie Verkaufschancen sieht;
- der Liefervertrag eines potentiellen Kunden mit einem anderen Wettbewerber läuft aus;
- die Produktionsanlagen eines potentiellen Kunden sind veraltet, so daß die Investition in eine modernere Ausrüstung unumgänglich scheint.

Dies sind nur einige Beispiele, die Ihnen zeigen, was wir mit »Informationen« meinen. Sie können die Liste beliebig ergänzen. Solange sie eine, wenn auch noch so geringe Möglichkeit sehen, daß Ihr Produkt sich mit den Vorstellungen des potentiellen Kunden deckt, sollten Sie diesen Vorgang der ersten Trichterebene zuordnen.

Die *Art der verkäuferischen Tätigkeit*, die bei einer möglichen Neuanbahnung anfällt, besteht darin, Ihre *Erfolgsaussichten zu bewerten* oder die Informationen, über die Sie verfügen, zu *verifizieren.* Dazu müssen Sie die Kaufbeeinflusser – einschließlich der Person oder Personen, die Sie für die Rolle des Coach vorgesehen haben – kontaktieren.

Die Informationen, die Sie besitzen, lassen sich auf verschiedene Weise verifizieren: Zum Beispiel bekundet ein Kaufbeeinflusser bei einem Telefongespräch sein Interesse an einer persönlichen Kontaktaufnahme; oder er übernimmt die Rolle des Coach und gibt Ihnen Hinweise auf andere Kaufbeeinflusser; oder man bittet Sie direkt um eine Präsentation.

Bei der Verifizierung Ihrer Informationen ist jedoch ein Punkt entscheidend: Sie müssen mindestens einen Kaufbeeinflusser kontaktiert und eine negative Diskrepanz, die der Wachstums- oder Problemhaltung entspringt, festgestellt haben. Dies ist die *Mindestvoraussetzung* dafür, daß sich ein Verkaufsvorgang für die erste Trichterebene qualifiziert.

Die zweite Trichterebene

Ein Verkaufsvorgang gelangt nur dann von der ersten auf die zweite Trichterebene, wenn folgendes *Kriterium* erfüllt ist: Sie haben die vorliegenden Informationen verifiziert, indem Sie mindestens einen Kaufbeeinflusser kontaktiert und eine Wachstums- oder Problemhaltung festgestellt haben.

Die *verkäuferische Tätigkeit*, die dieser Trichterebene zuzuordnen ist, besteht darin, daß Sie sämtliche für den Verkauf relevanten *strategischen und taktischen Arbeiten erledigen*. Das bedeutet, daß Sie sich all jener Schlüsselelemente des »Strategischen Verkaufens« bedienen, die wir bereits geschildert haben. Auf diese Trichterebene entfallen folgende Aufgaben: Sie müssen

- sämtliche Kaufbeeinflusser in Ihrem Verkaufsvorgang identifizieren und direkt oder über einen geeigneten Dritten kontaktieren;
- die Haltungen jedes einzelnen Kaufbeeinflussers feststellen und sich darauf konzentrieren, Lösungen für die von ihnen wahrgenommenen Diskrepanzen, der Wachstums- oder Problemhaltung entsprechend, zu finden;
- die Resultate ermitteln, die jeder Kaufbeeinflusser benötigt, um zu gewinnen, und sich vergewissern, daß er erkannt hat, daß Ihr Angebot seinem Selbstinteresse dient;
- Ihre Verkaufsstrategie kontinuierlich überprüfen, so daß Sie rote Flaggen eliminieren und Stärken ausnutzen können.

Wir haben gesagt, daß sich der *Zeitraum* bis zum Abschluß *verkürzt* und die *Unsicherheiten* des Verkäufers, ob er den Auftrag erhalten wird oder nicht, *vermindern*, während ein Verkaufsvorgang die drei Ebenen des Trichters durchläuft. Dafür zu sorgen, daß dies so abläuft, ist Ihre Hauptaufgabe bei der Erfassung und strategischen wie taktischen Bearbeitung aller für den Verkauf relevanten Bereiche.

Die dritte Trichterebene

Um die dritte Trichterebene zu erreichen, müssen folgende *Kriterien* erfüllt sein: Faktoren wie *Unsicherheiten* oder *Glück* dürfen keine – oder zumindest nur noch eine periphere – Rolle für den Abschluß eines Verkaufsvorganges spielen.

Wir sind uns der Tatsache bewußt, daß dies eine subjektive Maxime ist und daß die Grenze zwischen der zweiten und dritten Trichterebene oft weniger klar verläuft als zwischen der ersten und zweiten. Aber Sie sind keineswegs darauf angewiesen, zu raten. Sie können anhand folgender Merkmale überprüfen, ob ein Verkaufsvorgang für die dritte Trichterebene qualifiziert ist.

- Auf der dritten Trichterebene verbleiben Ihnen nur mehr einige *wenige, fest umrissene Aufgaben*, die Sie genau identifizieren können. Mit anderen Worten: Ihre *verkäuferische Tätigkeit* umfaßt »Abschlußarbeiten«, zum Beispiel Einwände in letzter Minute entkräften, noch vorhandene Unklarheiten beseitigen, die endgültige Bestätigung der Auftragserteilung und die dazu nötigen Unterschriften einholen und so weiter.
- Bei einem Verkaufsvorgang, der die dritte Trichterebene erreicht hat, haben Sie so gründliche Arbeit geleistet, daß ein Irrtum oder Vermutungen ausgeklammert werden können. Zum Beispiel kennen Sie sämtliche Kaufbeeinflusser, haben deren Gewinner-Resultate ermittelt und einen Plan ausgearbeitet, der es Ihnen ermöglicht, eventuell noch vorhandene rote Flaggen zu eliminieren.
- Und auf der dritten Trichterebene muß schließlich zu 90 Prozent abzusehen sein, daß der Auftrag in *höchstens der halben Zeitspanne, die ein normaler Verkaufszyklus erfordert*, zu erwarten ist.

Dieser letzte Punkt bedarf einer Erläuterung, da der Begriff »normaler Verkaufszyklus«, den wir an dieser Stelle eingeführt haben, für die richtige Anwendung des Verkaufstrichters von zentraler Bedeutung ist.

Ihr normaler Verkaufszyklus

Wenn wir von Ihrem normalen Verkaufszyklus sprechen, ist damit der Zeitraum gemeint, in dem Ihre Verkaufsvorgänge in der Regel den Trichter durchlaufen – mit anderen Worten, die Periode zwischen Erstkontakt und Auftragserteilung.

Wir sind uns im klaren darüber, daß die Länge des Verkaufszyklus' je nach Branche und Produkt, ja sogar innerhalb derselben Branche oder auch desselben Unternehmens, extreme Unterschiede aufweist. Der Verkaufszyklus ist von vielen Faktoren abhängig, wie dem Preis des Produktes, der Persönlichkeit der einzelnen Kaufbeeinflusser und der Komplexität der Kaufentscheidung. Es gibt Verkäufer, die einer Einzelhandelskette innerhalb von nur zwei Wochen spezifische Produkt-Promotions verkaufen, während andere sechs oder acht Jahre brauchen, um eine ausländische Regierung von einem bestimmten Flugzeug-Typ zu überzeugen. Der Begriff »normaler Verkaufszyklus« läßt sich also nicht verallgemeinern.

Wir bezeichnen damit *Ihren* ganz normalen Verkaufszyklus, der auf Ihre Branche, Ihre Dienstleistung oder Ihre Produktlinie abgestimmt ist. Obwohl Ihre Verkaufsvorgänge nicht alle denselben Zeitrahmen beanspruchen, läßt sich doch für die meisten ein Durchschnittswert errechnen. Und dieser Mittelwert ist gemeint, wenn wir von einem »normalen« Verkaufszyklus sprechen.

Nun sollten Sie als erstes Ihren normalen Verkaufszyklus bestimmen. Denken Sie dabei an die Abschlüsse, die Sie in den letzten zwei Jahren getätigt haben, und überlegen Sie, wieviel Zeit Sie für jeden einzelnen vom Erstkontakt bis zur Auftragserteilung gebraucht haben. Klammern Sie dabei alle Extremwerte aus, zum Beispiel Folgeaufträge, die Sie sozusagen »im Schlaf« einholen konnten, oder wahre Glückstreffer, wo Sie schon zwei Tage nach dem ersten Gespräch mit einem Interessenten einen Abschluß getätigt haben; desgleichen Verkaufsvorgänge, die sich aufgrund außergewöhnlicher Bedingungen, einer extrem komplexen Verkaufssituation oder eines schwierigen Kaufbeeinflussers in die Länge gezogen haben. Konzentrieren Sie sich auf den Rest, und legen Sie hierfür einen Mittelwert fest.

Wenn Sie zum Beispiel für die meisten Verkaufsvorgänge – von der Kontaktaufnahme bis zur offiziellen Vertragsunterzeichnung – drei bis neun Monate gebraucht haben, dann beträgt der Mittelwert für Ihren normalen Verkaufszyklus rund sechs Monate. Handelt es sich um zehn bis zwanzig Wochen, dann können Sie Ihren normalen Verkaufszyklus mit fünfzehn Wochen ansetzen.

Die Bestimmung Ihres normalen Verkaufszyklus' ist deshalb so wichtig, weil sich daraus ablesen läßt, wann sich ein Verkaufsvorgang von der zweiten zur dritten Trichterebene bewegen sollte. Wir haben Ihnen bereits andere Kriterien genannt, die indizieren, unter welchen Bedingungen ein Verkaufsvorgang auf die erste und von der ersten auf die zweite Trichterebene gelangt.

Der Wechsel der Verkaufsvorgänge von einer Trichterebene zur nächsten soll von Ihnen *aktiv gesteuert* werden; dabei müssen Sie in der Lage sein, dies für jede einzelne verkäuferische Tätigkeit zum richtigen Zeitpunkt zu tun. Wenn ein Vorgang zu früh oder zu spät auf die nächste Trichterebene gelangt, kann es leicht passieren, daß Sie sich für dieses Verkaufsziel auf die falschen Aufgaben konzentrieren und Ihren Verkaufserfolg gefährden. Das möchten wir Ihnen anhand eines Beispieles erläutern.

Einer unserer Bekannten namens Bertram, der Textverarbeitungssysteme an kleinere Unternehmen verkauft, versuchte vor zwei Jahren, einen Abschluß bei einer Firma zu erzielen, die sich die Investition zu diesem Zeitpunkt nicht leisten konnte. Das Management war von Bertrams Angebot ganz offensichtlich begeistert, und unser Freund hatte es verstanden, sämtliche Kaufbeeinflusser zu überzeugen. Der einzige Haken war das knappe Budget. »Wir müssen mit der Anschaffung leider noch ein Jahr warten", teilte man ihm mit. »Aber das Geschäft ist perfekt.«

Das war im Januar, und das Versprechen war zweifellos ehrlich gemeint. Man hatte wirklich geplant, Bertrams System zu kaufen, sobald die entsprechenden Mittel zur Verfügung standen. Das Problem war nur, daß das Budget nicht vor Juli bewilligt wurde. Und in sechs Monaten kann viel geschehen – was Bertram zu seinem Leidwesen feststellen mußte.

Normalerweise hätte er einen Verkaufsvorgang wie diesen innerhalb von fünf bis sechs Monaten beendet. Aber da sich bis Januar alles so hervorragend entwickelt hatte, glaubte er, den Auftrag bereits »in der Tasche« zu haben. Für ihn war der Verkaufsvorgang bereits von der zweiten auf die dritte Trichterebene gelangt. Und er meinte, das einzige, was ihm noch zu tun bleibe, sei, bis Juli zu warten, also bis das neue Budget bewilligt wurde.

Und das war sein großer Fehler. Als er im Juli wieder Kontakt zu seinem potentiellen Kunden aufnahm, mußte er entdecken, daß der Auftrag inzwischen an einen anderen Wettbewerber gegangen war, einen, der die aktuelle Entwicklung im Käuferunternehmen bis zum letzten Augenblick kontinuierlich im Auge behalten hatte.

Wenn Bertram die Regel »in der Hälfte des normalen Verkaufszyklus'« beachtet hätte, wäre ihm ein solcher Kardinalfehler nie unterlaufen. Er hätte erkannt, daß sechs Monate länger waren als die Hälfte seines normalen Verkaufszyklus', er hätte den Verkaufsvorgang der zweiten Trichterebene zugeordnet und die Kaufbeeinflusser bis zum Sommer regelmäßig kontaktiert. Der Konkurrent wäre mit großer Wahrscheinlichkeit nicht in der Lage gewesen, ihn »auszubooten«.

Fazit: Wenn Sie Ihre Verkaufsvorgänge durch den Trichter steuern, müssen Sie stets an die Kriterien und spezifischen verkäuferischen Aufgaben denken, die auf jeder Trichterebene erfüllt werden müssen. Der Verkaufstrichter ist nur dann ein effektives Instrument, wenn die Voraussetzungen für die Qualifikation auf die jeweilige Trichterebene gegeben sind und wenn Sie bei jedem Verkaufsvorgang, der sich im Trichter befindet, die richtige Tätigkeit zum richtigen Zeitpunkt ausführen.

15 Wie man mit Hilfe des Verkaufstrichters Prioritäten setzt und seine Zeit richtig einteilt

Der Verkaufstrichter befähigt Sie in erster Linie, Ihre unterschiedlichen Verkaufsvorgänge in einem ausgewogenen und vorhersagbaren Zeitraum durch den Trichter zu steuern und somit ein ebenso ausgewogenes wie vorhersagbares Einkommen zu erreichen. Um dieses Ziel zu realisieren, müssen Sie zwei eng miteinander verknüpfte Aufgaben erfüllen.

- Sie müssen die drei Arten der verkäuferischen Tätigkeit mit *Prioritäten* versehen,
- Sie müssen Ihre knapp bemessene *aktive Verkaufszeit richtig einteilen*, so daß alle drei Arten verkäuferischer Tätigkeit immer kontinuierlich *erledigt* werden.

Wir möchten betonen, daß das Setzen von Prioritäten und die Zeiteinteilung zwei *verschiedene* Dinge sind. Diejenigen, die den Verkaufstrichter zu benutzen wissen, haben erkannt, daß man diese beiden Aufgaben nicht miteinander verwechseln darf.

Zunächst müssen Sie einmal feststellen, welche Tätigkeiten Priorität haben, bevor Sie sich entscheiden können, welchen Zeitrahmen Sie jedem einzelnen Vorgang zumessen. Deshalb befassen wir uns zunächst mit den Prioritäten.

Prioritäten setzen

»Prioritäten setzen« bedeutet, daß Sie bestimmen müssen, welche der drei Arten verkäuferischer Tätigkeit Ihrer Meinung nach am wichtigsten, welche am zweitwichtigsten ist und welche an letzter Stelle steht.

Damit ist allerdings nicht die sequentielle Reihenfolge in der Bearbeitung eines individuellen Verkaufszieles gemeint: alle Verkaufsvorgänge beginnen damit, daß Sie mögliche Neukunden ausfindig machen, danach werden alle für den Verkauf relevanten strategischen und taktischen Arbeiten erledigt, und als letztes folgt die Abschlußtätigkeit. Wenn wir von Prioritäten sprechen, verstehen wir darunter den Stellenwert, den Sie den einzelnen verkäuferischen Tätigkeiten im Rahmen Ihrer *gesamten* Aktivitäten beimessen. Prioritäten setzen bedeutet, daß Sie bestimmen, welche Art der verkäuferischen Tätigkeit – also die auf der ersten, zweiten oder dritten Trichterebene angesiedelte – als erstes, als zweites und als letztes an einem bestimmten Tag oder in einer bestimmten Woche durchgeführt werden muß, vorausgesetzt, daß Arbeiten in allen drei Bereichen anfallen.

Die meisten unserer Kunden sind von Haus aus geneigt, den Verkaufstrichter von der Basis nach oben zu bearbeiten. Das heißt, sie erledigen die anfallenden Arbeiten in folgender Reihenfolge:

1. Sie schließen die auf der dritten Trichterebene angesiedelten Verkaufsvorgänge ab;
2. sie erledigen alle für den Verkauf relevanten strategischen und taktischen Arbeiten;
3. sie machen Kaufinteressenten ausfindig und bewerten ihre Erfolgsaussichten.

Psychologisch gesehen, erscheint diese Reihenfolge sinnvoll. Da sich die Unwägbarkeiten zur Basis des Trichters hin verringern, ist es nur verständlich, wenn man das Trichterprinzip »umkehrt«. Es scheint vielen sicherer, mit den Verkaufsvorgängen zu beginnen, bei denen die Erfolgsaussichten hoch sind (dritte Trichterebene), danach diejenigen zu bearbeiten, die noch einige Unsicherheiten enthalten (zweite Trichterebene), und sich für den Schluß die Verkaufsvorgänge aufzusparen, bei denen in absehbarer Zeit noch nicht mit einem Abschluß gerechnet werden kann (erste Trichterebene).

Wir haben festgestellt, daß buchstäblich *alle* Verkäufer so vorgehen. In all den Jahren haben wir beobachtet, daß es nur zwei Kategorien von Verkäufern gibt: da sind diejenigen, die offen erklären, sie würden Anbahnungen hassen, und jene, die die Wahrheit nicht eingestehen und behaupten, ihnen mache diese Tätigkeit Spaß. Die Aussicht auf den erhofften Lohn ist von der ersten Trichterebene noch so weit entfernt, daß fast jeder es vorzieht, die in diesem Bereich anfallenden Arbeiten bis zu-letzt aufzuschieben.

Und fast jeder muß für diesen Fehler büßen. Denn diese klassische, seit Jahrzehn-ten angewandte Methode der Zeiteinteilung ist die *Hauptursache des Achterbahn-effektes* in der verkäuferischen Tätigkeit.

Die Ursache des Achterbahneffektes

Um die Höhen und Tiefen in Ihrer Einkommensentwicklung auszugleichen, müssen Sie dafür sorgen, daß sich Ihre Verkaufsvorgänge gleichmäßig und vorhersagbar von der ersten über die zweite bis hin zur dritten Trichterebene bewegen. Die soeben be-schriebene typische Form, Prioritäten zu setzen, garantiert geradezu, daß Sie dieses Ziel *verfehlen*.

Wenn Sie die Aufgabe, mögliche Neukunden und Kaufinteressenten ausfindig zu machen, immer wieder an die letzte Stelle setzen, »trocknet« in der Zeit, in der Sie Ihre Verkaufsvorgänge auf der dritten und zweiten Trichterebene bearbeiten, die er-ste Trichterebene aus.

Dieses »Austrocknen« und der Achterbahneffekt sind in Wirklichkeit nur zwei ver-schiedene Beschreibungen ein und derselben unangenehmen Realität. Und es gibt zwei Möglichkeiten, mit dieser Realität umzugehen: die richtige und die falsche.

Falsch wäre es, bis zur letzten Minute mit neuen Anbahnungen zu warten und dann in Panik zu geraten. Es ist kein Scherz – aber neun von zehn Verkäufern bedie-nen sich dieser »Methode« und erwarten, damit ein gleichmäßiges Einkommen zu er-zielen. Sie ignorieren die erste Trichterebene, bis alle anderen Verkaufsvorgänge ab-geschlossen sind. Und dann stellen sie fest, daß höchste Eile geboten ist, und begin-nen hektisch, nach Kaufinteressenten Ausschau zu halten. Sie werfen alles, was des Weges kommt, in den Trichter – in der irrigen Hoffnung, damit dem Unvermeidli-chen entgehen zu können.

Diese Methode muß versagen, und zwar aus zwei Gründen. Erstens, wenn Sie erst in letzter Minute beginnen, mögliche Neukunden ausfindig zu machen, fehlt Ihnen die Zeit, sich den auf allen Trichterebenen anfallenden Aufgaben so intensiv, wie es erforderlich ist, zu widmen. In der Regel läßt sich Ihr normaler Verkaufszyklus nicht beschleunigen: wenn Sie einen neuen Verkaufsvorgang drei Monate später, als dies geschehen sollte, in den Trichter bringen, dann müssen Sie auch drei Monate länger warten, bis Sie Erfolge sehen.

Zweitens, nach neuen Kunden oder Aufträgen Ausschau zu halten, wenn Sie sich in Panikstimmung befinden, ist, psychologisch gesehen, äußerst unklug. Aus Angst um Ihre zukünftigen Abschlüsse neigen Sie dazu, alles gleichzeitig tun zu wollen, mit dem Resultat, daß Sie gar nichts erreichen. Sie greifen blind nach jedem Strohhalm und sind mit Sicherheit nicht in der Lage, einem möglichen Neukunden Vertrauen einzuflößen, wenn Sie das Gefühl haben: »Ich *muß* dieses Geschäft *jetzt* abschließen, koste es, was es wolle!«

Den Achterbahneffekt vermeiden

Die *einzige* Möglichkeit, den Achterbahneffekt zu vermeiden, besteht darin, Ihre Prioritäten so zu setzen, daß sich Talfahrten oder ein Austrocknen von vorneherein vermeiden lassen.

Es gibt nur *eine* Reihenfolge, die ein ausgewogenes Verhältnis zwischen den verkäuferischen Tätigkeiten auf den drei Ebenen des Verkaufstrichters und somit ein vorhersagbares gleichmäßiges Einkommen garantiert, und das ist die folgende. Sie müssen

1. die Verkaufsvorgänge auf der dritten Trichterebene abschließen;
2. mögliche Neukunden ausfindig machen und die Erfolgsaussichten bewerten;
3. die Tätigkeiten ausführen, die auf der zweiten Trichterebene rangieren.

Dies ist die *einzige* Rangfolge, die Ihnen langfristig vorhersagbare Verkaufserfolge garantiert.

Sie haben sicher bemerkt, daß wir der traditionellen Methode folgen und den Aufgaben, die auf der dritten Trichterebene anfallen, höchste Priorität einräumen. Dies gebietet schon der gesunde Menschenverstand, denn schließlich müssen »Kohlen ins Haus«. Die hier angesiedelten Verkaufsvorgänge bieten darüber hinaus nicht nur die größten Erfolgsaussichten, sondern Sie haben in diesen Bereich auch die meiste Zeit investiert. Außerdem ist er extrem verwundbar, weil er sich so kurz vor dem Abschluß befindet. Wenn Sie die dritte Trichterebene vernachlässigen, riskieren Sie das Schlimmste, was einem Verkäufer passieren kann: daß Ihnen nämlich ein anderer Wettbewerber den Auftrag in letzter Sekunde vor der Nase wegschnappt.

Im Gegensatz zur herkömmlichen Methode stehen bei uns aber die Tätigkeiten an zweiter Stelle, die der ersten Trichterebene zuzuordnen sind. Nur wenn Sie die nötige Zeit für die hier anfallenden Aufgaben investieren, läßt sich ein langsames Austrocknen vermeiden. Und gerade weil diese Tätigkeiten so gerne aufgeschoben werden und oftmals ganz unterbleiben, raten wir Ihnen, Sie an die zweite und nicht an die letzte Stelle zu setzen.

Das bedeutet nicht, daß Sie die Arbeiten, die auf der zweiten Trichterebene anfallen, ignorieren sollen. Sie erledigen sich nicht von selbst, wie Sie wissen. Sie müssen dafür sorgen, daß sämtliche für den Verkauf relevanten strategischen und taktischen Arbeiten erledigt werden. Aber wir haben festgestellt, daß die meisten Verkäufer dieser Art von Tätigkeit viel zuviel Zeit widmen, und zwar einfach deshalb, weil sie zu den *angenehmsten* zählt. Natürlich ist es angenehmer, mit dem sympathischen und Ihnen inzwischen vertrauten Peter Marbach wieder einmal zum Essen zu gehen, als sich auf unbekanntes Territorium zu wagen und eine Absage einzustecken. Aber Sie müssen die dazu nötige Selbstdisziplin üben, sonst riskieren Sie mehr als eine »Abfuhr«.

Es gibt eine Faustregel, die – wie uns unsere Workshop-Teilnehmer bestätigt haben – eine ausgezeichnete Gedächtnisstütze darstellt, um die genannte Reihenfolge einzuhalten:

Jedesmal, wenn Sie einen Abschluß gemacht haben, sollten Sie nach neuen Kunden oder Aufträgen Ausschau halten und die Erfolgsaussichten bewerten.

Einer unserer Kollegen, der als Unternehmensberater im Verlagswesen tätig ist und diese Regel hörte, hat uns erzählt: »Jetzt verstehe ich endlich, was ich seit zehn Jahren falsch mache.«

Als wir ihn baten, uns das näher zu erklären, sagte er: »Seit ich diesen Beruf ergriffen habe, war ich der Ansicht, daß Tiefpunkte oder Durststrecken in unserer Branche unvermeidlich sind. Als ich dann von Ihnen hörte, daß der Verkaufstrichter stets gefüllt sein muß, habe ich ein neues System eingeführt. Ich nehme mir seither jede Woche einen Morgen lang Zeit, mögliche Neukunden ausfindig zu machen – selbst wenn ich mit anderen Arbeiten reichlich eingedeckt bin. Heute brauche ich mir keine Sorgen mehr um meine finanzielle Situation zu machen – ganz im Gegenteil, ich muß sogar Aufträge ablehnen, so unglaublich es auch klingen mag. Und ich habe schon seit zwei Jahren keine Durststrecke mehr zu verzeichnen.«

Die Quintessenz dieser Geschichte ist auf Anhieb erkennbar. Da *jeder* Verkaufsvorgang auf der ersten Trichterebene beginnt, läßt sich ein Austrocknen nur dann vermeiden, wenn den auf dieser Trichterebene angesiedelten Tätigkeiten *regelmäßig* Priorität beigemessen wird.

Die Zeiteinteilung

Sobald Sie die drei Arten verkäuferischer Tätigkeit mit Prioritäten versehen haben, können Sie den Zeitanteil bestimmen, welcher jedem einzelnen Vorgang zuzumessen ist.

Die Verteilung der Zeit auf die drei Ebenen des Trichters sollte flexibel gehandhabt werden. In dieser Hinsicht unterscheidet sich die Methode der Zeiteinteilung von der, Prioritäten zu setzen. *Die Zuordnung der Prioritäten ist statisch.* Um optimale Ergebnisse zu erzielen, müssen Sie die genannte Reihenfolge einhalten. Die *Zeiteinteilung ist* im Gegensatz dazu *dynamisch.* Der Zeitrahmen, den Sie für die einzelnen Ebenen des Verkaufstrichters festsetzen, muß variabel sein und eine Reihe von Faktoren berücksichtigen.

Der wichtigste Faktor, den es dabei zu beachten gilt, ist der *Anteil* an einzelnen Vorgängen auf den drei Ebenen des Verkaufstrichters an der Gesamtanzahl der zu erledigenden Arbeiten.

Die Aufteilung der Vorgänge

Der Verkaufstrichter stellt eine Momentaufnahme von all Ihren Verkaufsvorgängen zu einem bestimmten Zeitpunkt dar. Sobald sich ein Vorgang von der einen Trichterebene zur nächsten bewegt, ändert sich dieses Bild – und Sie müssen ihre Zeiteinteilung der Veränderung anpassen. Wenn Sie also in einem bestimmten Augenblick wissen, wieviel Zeit für jede einzelne Trichterebene adäquat ist, dann hat diese Zeiteinteilung auch nur für alle augenblicklich anfallenden Aufgaben Gültigkeit.

Für die richtige Zeiteinteilung gibt es keine Standardwerte. Das System, das sich bei Ihnen bestens bewährt, muß bei einem Kollegen nicht unbedingt den gleichen Erfolg zeitigen: Die richtige Zeiteinteilung bemißt sich nach sehr individuellen Kriterien.

Sehen Sie sich doch bitte einmal die Beispiele im nachfolgenden Diagramm genau an. Es zeigt die unterschiedliche Zeiteinteilung von drei Verkäufern – Toni, Hans und Anne – zum selben Zeitpunkt.

Aus dem Diagramm geht hervor, wieviel Aufgaben bei jedem der drei Verkäufer anfallen und wie hoch der prozentuale Zeitanteil schätzungsweise ist, der auf die drei Trichterebenen entfallen sollte.

Bei Toni spielt sich eine Menge auf der dritten Trichterebene ab. Deshalb muß er in diesem Monat einen großen Teil seiner Zeit auf Abschluß-Tätigkeiten verwenden.

Zeiteinteilung

	Toni	Hans	Anne
Erste Trichterebene	20%	70%	40%
Zweite Trichterebene	20%	10%	20%
Dritte Trichterebene	60%	20%	40%

Bei Hans befinden sich viele Anbahnungen auf der ersten Ebene. Deshalb wird er viel Zeit damit verbringen müssen, sie für die zweite Trichterebene zu qualifizieren.

Annes Verkaufstrichter zeigt ein ausgewogeneres Bild als der ihrer Kollegen. Sie muß ihre Zeit in etwa gleichmäßig auf die dritte und die erste Trichterebene verteilen und weniger Zeit auf die Aufgaben verwenden, die auf der zweiten Trichterebene rangieren.

Sie sehen, die Prioritäten, die den einzelnen Arten verkäuferischer Tätigkeit beigemessen werden, sind *statisch* und stets an die genannte Reihenfolge gebunden, während die Zeiteinteilung *dynamisch* und der aktuellen Aufgabenstellung angepaßt ist.

Andere Faktoren der Zeiteinteilung

Obwohl die aktuellen Verkaufsaktivitäten für die Einteilung Ihrer Zeit von vorrangiger Bedeutung sind, gibt es noch andere, determinierende Faktoren, Variable, die eine Änderung in der Zeiteinteilung erforderlich machen können, wie zum Beispiel:

1. Anzahl der Aufgaben, die bei den einzelnen Verkaufsvorgängen erledigt werden müssen

Da jeder mehrschichtige Verkaufsvorgang anders geartet ist, unterscheiden sie sich auch durch die Anzahl der Aufgaben, die auf jeden einzelnen Vorgang entfallen. Sie müssen bei Ihrer Zeiteinteilung berücksichtigen, daß manche Verkaufsvorgänge mehr (oder weniger) arbeitsintensiv sind, gemessen am durchschnittlichen Arbeitsanfall.

Angenommen, in Ihrem Verkaufstrichter befinden sich gerade zehn mögliche Aufträge, wovon nur einer auf die dritte Trichterebene entfällt. Rein rechnerisch gesehen, sollten Sie demnach nicht mehr als 10 Prozent Ihrer Gesamtarbeitszeit auf diese Abschlußtätigkeit verwenden. Aber wenn es sich um einen extrem schwierigen Verkaufsvorgang handelt – wenn die Abschlußtätigkeit zahlreiche Einzelaktionen erfordert und Sie wissen, daß Sie den Abschluß gefährden, wenn Sie auch nur eine einzige ignorieren –, dann ist es gerechtfertigt, wenn Sie sich mehr Zeit dafür nehmen. Oder gehen wir davon aus, daß 80 Prozent Ihrer Verkaufsvorgänge auf der ersten Trichterebene anzusiedeln sind, und alles, was sie tun müssen , um sie von der ersten auf die zweite Trichterebene zu bringen, ein kurzer Anruf ist, dann hat es wenig Sinn, 80 Prozent Ihrer Arbeitszeit mit den neuen Anbahnungen zu vergeuden. Der Verkaufstrichter ist ein Instrument, das Ihnen hilft, Ihre Zeit *optimal* einzuteilen. Sie müssen diese Zeiteinteilung lediglich – entsprechend den aktuellen Anforderungen jedes einzelnen Verkaufsvorganges – modifizieren.

2. Das Umsatzvolumen der bearbeiteten Aufträge

Ungeachtet der Trichterebene, auf der ein Verkaufsvorgang rangiert, werden sie wahrscheinlich den Verkaufsvorgängen besondere Aufmerksamkeit widmen, die Ihnen ein hohes Einkommen versprechen. Sie erinnern sich an das Beispiel von unserem Kollegen, der als Berater im Verlagssektor tätig ist. Während des vergangenen Jahres hat er – obwohl sich stets zahlreiche Vorgänge in seinem Verkaufstrichter befanden und er es verstand, die unterschiedlichen Arbeiten mit den richtigen Prioritäten zu versehen – fast die Hälfte seiner gesamten Arbeitszeit darauf verwandt, einen *einzigen* Verkaufsvorgang mit »Argusaugen« über sämtliche Trichterebenen zu verfolgen. Er hatte dazu auch allen Grund: dieser Auftrag würde mehr als die Hälfte seines Jahreseinkommens ausmachen.

Das Ergebnis, das sich daraus ergibt, ist . . . eben dieses Ergebnis. Es zahlt sich immer aus, bei der Einteilung Ihrer Zeit ganz besonders die Verkaufsvorgänge zu berücksichtigen, die besonders gewinnträchtig sind. Vorausgesetzt natürlich, daß Sie dabei den Rest nicht vergessen!

3. Produktbezogene Faktoren

Es gibt allerdings auch eine Kehrseite der Medaille: Sie müssen Ihre Zeiteinteilung oftmals den besonderen Verkaufsaufträgen Ihres Unternehmens anpassen. Vielleicht sind Sie aufgefordert, mehr Zeit, als Ihnen lieb ist, auf den Absatz eines niedrig verprovisionierten Produktes zu verwenden, das Ihre Marketingabteilung fördern will. Diese produktbezogenen Faktoren, die man von Ihnen zu berücksichtigen verlangt, sind fast ausnahmslos ein Zeichen für die unterschiedliche Orientierung von Produktion und Verkauf. Die wenigsten Verkäufer mögen sie wirklich, aber es empfiehlt sich nicht, sie zu ignorieren, vor allem, wenn mit der Erfüllung dieser Auflagen zusätzliche Verkaufsboni verbunden sind.

Einer unserer Kunden, ein bekannter Hersteller von Präzisionsinstrumenten, produziert neben Testgeräten für Schalttafeln, deren Preis bei mehreren hunderttausend Mark liegen kann, auch Oszilloskope, die bereits für rund viertausend Mark erhältlich sind. Wir kennen viele Verkäufer, die für dieses Unternehmen arbeiten, aber nicht einen einzigen, der den Verkauf der Oszilloskope gerne forciert. Trotzdem tun sie es alle, denn das gehört nun einmal zu ihren Pflichten als Verkäufer.

4. Investition in die Zukunft

Vor rund fünf Jahren nahm eines der Fortune 500-Unternehmen, das an unseren Workshops interessiert war, Kontakt mit uns auf. Wir haben diesen Verkaufsvorgang der ersten Trichterebene zugeordnet und bemühen uns, ihn durch den Trichter zu bewegen. Bisher konnten wir keine nennenswerten Erfolge erzielen, und vielleicht gelangen wir auch nie zum Ziel. Aber dennoch kümmern wir uns *regelmäßig* um diesen Vorgang, obwohl wir die Zeit auf Projekte verwenden könnten, die in kürzerer Zeit einen erfolgreichen Abschluß versprechen, denn wir wissen, daß dieser Verkaufsvorgang, wenn wir ihn erfolgreich abschließen können, mehr wert sein wird als fünf Jahre unserer Zeit.

Das ist natürlich nicht die *normale* Vorgehensweise. Üblicherweise verzichten wir darauf, einen Vorgang weiterzuverfolgen, der sich zwei oder drei Jahre lang nicht abschließen läßt. Wir betrachten den Zeit- und Arbeitsaufwand in diesem Fall jedoch als eine Investition in die Zukunft, den wir gerne zu leisten bereit sind, weil das mögliche Ergebnis so verlockend ist.

5. Absatzschwankungen

Sie wissen, daß manche Firmen und Branchen Absatzschwankungen unterworfen sind, die nichts mit Ihrem individuellen Verkaufsstil oder Ihrer persönlich bevorzugten Zeiteinteilung zu tun haben. Sie können diese Fluktuationen nicht ignorieren, sondern sind gezwungen, sich an ihre spezifischen Gesetzmäßigkeiten zu halten.

Das gilt insbesondere für Geschäfte mit Ämtern und Behörden. Ein herausragender Verkaufsprofi, zu dessen Kunden Schulbehörden zählen, hat gelernt, seinen Terminkalender auf den der Verwaltungen abzustimmen; diese haben ihren eigenen fiskalischen Zyklus, ihr eigenes System, Ausschreibungen zu veröffentlichen und die eingehenden Angebote zu prüfen sowie Nachgebote anzufordern. Unser Bekannter ist unter anderem auch deshalb so erfolgreich, weil er den Entscheidungsfindungsprozeß seiner Kunden und deren jeweils vordringliche Aufgaben genau kennt und bereit ist, seine eigene Zeiteinteilung der seiner Kunden anzupassen.

Wenn wir uns noch einmal vor Augen führen, was wir in Kapitel 7 über die *Wahrnehmung der Realität*, so wie sie der Kaufbeeinflusser sieht, gesagt haben, dann ist diese Bereitschaft nur selbstverständlich. Gleichgültig, wie ungewöhnlich der Kaufzyklus Ihres Kunden auch scheinen mag, er stellt einen Faktor in Ihrer Zeiteinteilung dar, den Sie besser nicht ignorieren sollten.

Diese fünf Faktoren sind lediglich Beispiele. Sie sind nicht die einzigen, die Ihre Zeiteinteilung beeinflussen, und wir sind sicher, Sie könnten die Liste durch weitere ergänzen. Aber wir denken, daß die Beispiele die Idee verdeutlichen. Die Zeiteinteilung muß – wie jedes andere Element Ihrer Verkaufsstrategie – *ständig überprüft* werden, um sicherzustellen, daß sie auch weiterhin effektiv bleibt. Das Ziel dieser kontinuierlichen Überprüfung besteht darin, Ihre Verkaufsvorgänge gleichmäßig und vorhersagbar durch den Verkaufstrichter zu steuern. Die Zeiteinteilung, mit der sich dieses Ziel realisieren läßt, ist die richtige für Sie.

Der Verkaufstrichter als Check-up-Instrument

Dies ist eines der wesentlichsten Merkmale des Verkaufstrichters, das Sie sicher schätzen werden, wenn Sie erst einmal mit dem Konzept vertraut sind. Der Verkaufstrichter bietet Ihnen vor allem die Möglichkeit, die Bewegungen Ihrer Verkaufsvorgänge *im Zeitablauf*, also aus einer breiteren Perspektive, zu überprüfen. Je öfter Sie dieses Check-up-Instrument benutzen, desto mehr schärfen Sie Ihren Blick für die Veränderungen, die sich im Zeitablauf ergeben. Der einzelne Verkaufstrichter stellt eine »Momentaufnahme« dar, die eine aktuelle Situation dokumentiert. Die Entwicklung der Situation wird deutlicher sichtbar, wenn Sie dieses Bild mit früheren Bildern vergleichen können.

Nehmen wir zum Beispiel an, daß sich auf der ersten Ebene des Verkaufstrichters, den Sie gerade erstellt haben, ein ganzes Bündel von Neuanbahnungen befindet. Einen Monat später erstellen Sie einen weiteren Verkaufstrichter und entdecken, daß nur einer oder zwei dieser Vorgänge auf die zweite Trichterebene gelangt ist/sind. Wenn Sie die beiden Verkaufstrichter nun miteinander vergleichen, erkennen Sie, daß Sie ein Problem haben: es scheint Ihnen schwerzufallen, die Informationen, die auf eine mögliche Auftragserteilung hinweisen, zu verifizieren.

Oder sagen wir, daß der soeben erstellte Verkaufstrichter eine ausgewogene Verteilung Ihrer möglichen Kunden und Aufträge auf alle drei Ebenen erkennen läßt. Nach einem Monat hat sich das Bild geändert: ein großer Teil der Verkaufsvorgänge befindet sich nun auf der dritten Trichterebene, während die erste völlig ausgetrocknet ist. Daraus können Sie zwei Dinge ablesen: Sie müssen sich in stärkerem Maß darum kümmern, Kaufinteressenten ausfindig zu machen, und darüber hinaus herausfinden, warum Sie die Vorgänge auf der dritten Trichterebene noch nicht abschließen konnten.

Ein Mangel an Bewegung im Trichter könnte auch darauf hindeuten, daß ein Verkaufsvorgang in einem früher erstellten Verkaufstrichter falsch zugeordnet wurde. Zum Beispiel wäre es denkbar, daß ein Vorgang, den Sie letzten Monat auf der dritten Trichterebene angesiedelt haben, in Wirklichkeit auf die zweite gehört hätte, da noch nicht alle für den Verkauf relevanten strategischen und taktischen Arbeiten erledigt waren. In einem solchen Fall hilft Ihnen der Vergleich zwischen dem aktuellen und dem zuvor erstellten Verkaufstrichter, Ihren früher gemachten Fehler aufzuspüren.

Da solche Vergleiche ungeheuer nützlich sind, empfehlen wir Ihnen, sämtliche Verkaufstrichter, die Sie erstellen, aufzubewahren. Durch die Aneinanderreihung dieser »Momentaufnahmen« läuft die Entwicklung Ihrer Verkaufsvorgänge über einen Zeitraum von Monaten und Jahren wie ein Film vor Ihren Augen ab.

Wie oft soll ein Verkaufstrichter erstellt werden?

Diese Frage wird uns immer wieder von unseren Workshop-Teilnehmern gestellt. Es gibt hier keine allgemein verbindlichen Richtwerte. Die Häufigkeit hängt von der Zahl und dem Umfang der *Veränderungen* ab, die sich im zurückliegenden Zeitraum ergeben haben. Manche Verkäufer ziehen es vor, jede Woche mit diesem Instrument zu arbeiten, anderen genügt ein monatlicher Check-up.

Generell könnte man sagen, je länger Ihr individueller Verkaufszyklus, desto größer darf der zeitliche Abstand zwischen den Check-ups sein. Aber warten Sie damit auch nicht zu lange! Wir empfehlen unseren Workshop-Teilnehmern, mindestens einmal im Monat einen neuen Verkaufstrichter zu erstellen. Solange Sie mit diesem Konzept noch nicht ausreichend vertraut sind, sollten Sie den Zeitraum jedoch auf zwei Wochen verkürzen.

Verkäufer, die den Wert des Verkaufstrichters zu schätzen gelernt haben, arbeiten so regelmäßig mit diesem Instrument, daß es ihnen zur Selbstverständlichkeit geworden ist. Dieses Ziel sollten auch Sie sich setzen. Sobald Sie seine Anwendung »im Schlaf« beherrschen, merken Sie instinktiv, wann es Zeit ist, einen neuen Verkaufstrichter zu erstellen. Und mit zunehmender Übung verringert sich auch der dafür erforderliche Zeitaufwand.

Wichtig ist, daß man sich des Verkaufstrichters nicht sporadisch, sondern *regelmäßig* bedient. Sie können von diesem Check-up-Instrument auch dann profitieren, wenn Sie es nur einmal im Monat anwenden – vorausgesetzt, daß Sie sich strikt an diese Sequenz halten.

Der Verkaufstrichter als Prognose-Instrument

Die regelmäßige Erstellung von Verkaufstrichtern ermöglicht es Verkäufern, ungeachtet ihrer Branchenzugehörigkeit, sich nicht nur einen genauen Überblick über die vorhandenen, sondern auch ein besseres Bild von potentiellen Kunden und Aufträgen zu machen. Sie erinnern sich, daß wir gesagt haben, der Verkaufstrichter sei ein Instrument, welches Sie befähigt, ein *vorhersagbar* ausgewogenes Einkommen zu erzielen und somit den ansonsten regelmäßig auftretenden Achterbahneffekt zu vermeiden. Viele unserer Workshop-Teilnehmer haben uns berichtet, daß sie diesen Aspekt des Verkaufstrichters für den besten halten. »Ich benutze ihn nicht, um damit meine laufenden Verkaufsvorgänge zu überprüfen«, erklärte uns ein Verkaufsleiter, »sondern um Prognosen zu erstellen.«

Viele unserer Kunden, die mit dem Prinzip des Verkaufstrichters vertraut sind, sehen in ihm ein Prognose-Instrument, das anderen Mitteln und Methoden der Vorhersage weit überlegen ist. Hewlett-Packard, der renommierte Computer- und Elektronik-Konzern, der zu unseren größten Kunden zählt, hat das Verkaufstrichter-Modell in sein eigenes Prognose-System integriert. Saga Corporation, eines der marktführenden Unternehmen auf dem Sektor Food Service und Gaststättenbetriebe, arbeitet mit dem Verkaufstrichter nicht nur im Neugeschäft, sondern auch bei Vertragserneuerungen. Und viele unserer Kunden übertragen das Verkaufstrichter-Konzept auf eine breitere Basis: sie erstellen, auf den Verkaufstrichtern ihrer Verkäufer aufbauend, Analysen und Prognosen für bestimmte Produktlinien oder ganze Verkaufsgebiete.

Wenn Sie regelmäßig Verkaufstrichter erstellen, können Sie sowohl einen Blick in die Vergangenheit als auch in die Zukunft werfen, der Ihnen gestattet, Ihre aktive Verkaufszeit optimal zu nutzen und kontinuierliche Verkaufserfolge zu erzielen. Dieses Instrument macht Vergangenheit und Zukunft transparenter und erlaubt Ihnen, Ihre kostbare und knapp bemessene Zeit strategisch optimal einzuteilen.

Teil 4

Strategische Kundenanalyse: Konzentrieren Sie sich auf Ihre Gewinner-Kunden

16 Schlüsselelement 6: Der Idealkunde

Wohl jeder Verkäufer steht unter dem Druck, Aufträge hereinholen zu müssen. Dieser Druck wird von Vorgesetzten, Kollegen, Freunden und Familienangehörigen oder auch von uns selbst ausgeübt. Deshalb sind viele versucht, sich auch mit solchen Verkaufsvorgängen zu befassen, die wenig Erfolg versprechen oder Schwierigkeiten ahnen lassen. Die wenigsten können dieser Versuchung widerstehen, auch wenn sie im Grunde wissen, daß es besser wäre, zu verzichten.

Das hat zur Folge, daß so mancher Verkäufer einen Abschluß hinterher bitter bereut hat.

Wir haben in Kapitel 9, in dem die Jeder-gewinnt-Philosophie erklärt wurde, gesagt, daß die wahre Kunst des Verkaufens nicht nur darin besteht, Abschlüsse zu tätigen, sondern das zu erzielen, was wir als Ich gewinne/Du gewinnst-Konstellation bezeichnen. Und diese Situation ist erreicht, wenn folgende Dinge gegeben sind:

- Der Auftrag
- Zufriedene Kunden
- Langfristige Geschäftsbeziehungen
- Folgegeschäft
- Aktive Vollreferenz

Mit anderen Worten: der Auftrag alleine ist niemals genug. Im »Strategischen Verkaufen« haben wir es uns zur Aufgabe gemacht, uns nicht auf die schlechten Aufträge – diejenigen, mit denen sich *keine* Ich-gewinne/Du-gewinnst-Ergebnisse erzielen lassen –, sondern auf die guten zu konzentrieren.

Das bedeutet, daß Sie manche Kunden und Aufträge ablehnen müssen. Dieser Gedanke ist für viele Verkäufer, die – bestärkt durch traditionsorientierte Verkaufsleiter und -trainings – an tradierten Denkmustern festhalten, nahezu unvorstellbar. »Jeder Auftrag ist ein gutes Geschäft«, reden sie sich ein, oder »Geld ist Geld«.

Diejenigen, die sich an diese veralteten Weisheiten klammern, gehören selten zu den Topverkäufern in ihrer Branche. Spitzenunternehmen wissen, daß es kein Produkt gibt, das sich für jeden Käufer zu jedem Zeitpunkt gleichermaßen eignet. Sie haben auch erkannt, daß Geld eben *nicht* gleich Geld ist und daß man manche Aufträge ablehnen muß, wenn man mit mehrschichtigen Verkaufsvorgängen langfristige Erfolge erzielen will. Wenn Sie der Versuchung nachgeben, dann befindet sich in Ihrem Verkaufstrichter alsbald eine Fülle von Vorgängen, die sich – auch wenn Sie sie zum Abschluß bringen – als äußerst problematisch erweisen können.

Nach unserer Erfahrung beträgt der Anteil dieser Vorgänge bei manchen Verkäufern bis zu 35 Prozent. Vielleicht halten Sie dies für zu hoch angesetzt, aber es handelt sich tatsächlich um einen Richtwert, den wir in zahllosen Gesprächen mit regionalen und nationalen Verkaufs-Managern ermitteln konnten. Sie haben uns berichtet, daß sie bei der Durchsicht der Verkaufsvorgänge ihrer Verkäufer gezwungen sind, durchschnittlich ein Drittel auszuklammern – weil sich hier keine Ich-gewinne/Du-gewinnst-Ergebnisse erzielen lassen.

In diesem und dem nachfolgenden Kapitel werden wir die logischen Schlußfolgerungen ziehen, die sich aus der Jeder-gewinnt-Philosophie ableiten lassen und Ihnen eine Methode zeigen, anhand derer Sie bestimmen können, mit welchen Ihrer neuen Kunden und Interessenten sich persönliche Gewinne erzielen und welche Schwierigkeiten ahnen lassen. Diese Methode erlaubt Ihnen, ein Idealkunden-Profil zu erstellen, das auf Ihre ganz persönliche Situation zugeschnitten ist. Dieses Profil des Idealkunden stellt dann den Maßstab dar, mit dem sich all Ihre vorhandenen und potentiellen Kunden bewerten lassen.

Wenn Sie die Charakteristika Ihrer aktuellen Verkaufsvorgänge mit dem Idealkunden-Profil vergleichen, können Sie die Anbahnungen aus dem Trichter aussortieren, die »nicht hineingehören« und sich damit auf die neuen Kunden und Interessenten konzentrieren, bei denen sich mit hoher Wahrscheinlichkeit Ergebnisse erzielen lassen, die die fünf Kriterien von Ich-gewinne/Du-gewinnst-Situationen erfüllen.

Die Übereinstimmung zwischen Bedarf und Angebot

Der Grund dafür, daß bei vielen Verkäufern bis zu 35 Prozent aller Verkaufsvorgänge nicht für den Verkaufstrichter qualifiziert sind, ist darin zu suchen, daß diesen Verkäufern eine dynamische, praxiserprobte Methode fehlt, den wahren Bedarf ihrer Kunden zu ermitteln. In viel zu vielen Unternehmen ist dafür die jeweilige Marketingabteilung verantwortlich, weil man von der bizarren Annahme ausgeht, der Verkäufer wisse *weniger* über die Wünsche und Bedürfnisse seiner Kunden als die Marketingexperten.

Die Situation wird noch dadurch erschwert, daß viele Marketingfachleute keine klare Vorstellung besitzen, wie sich die wahren Bedürfnisse der Kunden befriedigen lassen, und diese Unsicherheit auf den Verkäufer übertragen. Darüber hinaus geben sie auch die seit Generationen tradierten ambivalenten Ansichten über die Aufgaben eines Verkäufers weiter und tragen somit zu seiner weiteren Verunsicherung bei.

Diese Ambivalenz kennen Sie vielleicht aus eigener Anschauung. Die meisten Verkäufer leiden darunter. Einerseits erzählt man ihnen, ihre Aufgabe bestehe darin, so viele Produkte wie möglich an jeden x-beliebigen Kunden zu jedem x-beliebigen Zeitpunkt zu verkaufen. Diese »Um-jeden-Preis-verkaufen«-Methode ist zum Beispiel für die Philosophie derjenigen Verkäufer charakteristisch, die »Kühlschränke an Eskimos« verkaufen.

Andererseits sollen Verkäufer bedarfsgerecht verkaufen, also eine Übereinstimmung zwischen dem wahren Bedarf eines Kunden und ihrem Angebot an Waren oder Dienstleistungen herbeiführen. Diese zeitgemäßeren Überlegungen basieren auf dem Marketingansatz.

Man kann nicht beides gleichzeitig haben. Die Annahme, man könne oder müsse an jedermann verkaufen, und die Idee der individuellen Bedarfsbefriedigung sind nicht kompatibel. Als strategischer Verkaufsprofi wissen Sie, daß die Philosophie, alle Kunden seien gleich, der Vergangenheit angehört und daß es heute gilt, eine Übereinstimmung zwischen Produkt und Bedarf herzustellen. Diese These ist der Kern unseres Marketingansatzes für alle mehrschichtigen Verkaufsvorgänge. Wir sind der festen Überzeugung, daß es *kein einziges* Produkt gibt, das sich für alle Menschen gleichermaßen eignet, und daß Sie als Verkäufer heute nur bestehen können, wenn es Ihnen gelingt, eine optimale Übereinstimmung zwischen dem Bedarf und Ihrer Ware oder Dienstleistung herzustellen, die den Selbstinteressen jedes einzelnen Ihrer Kunden dient.

Diese Übereinstimmung ist für jeden Ihrer Kunden gesondert zu ermitteln, um so die von Ihrer Marketingabteilung gelieferten Informationen zu ergänzen. Die Marketingexperten in Ihrem Unternehmen beschäftigen sich in erster Linie mit etwas,

was man als »Makromarketing« bezeichnen könnte. Sie konzentrieren sich auf wirtschaftliche Trends und die Präferenzen bestimmter Kundensegmente. Wir empfehlen Ihnen für *Ihre* Arbeit eine Art »Mikromarketing«, das heißt, Sie sollen die Marketingdaten Ihres Unternehmens als Ausgangsbasis für Ihre eigene Arbeit betrachten. Nur wenn Sie den individuellen Bedarf Ihrer Kunden feststellen und diesen mit generellen Marketingperspektiven vergleichen, lassen sich effektive Strategien entwickeln, die eine »Übereinstimmung« bei allen Ihren Kunden ermöglichen.

Die Übereinstimmung mit Ihren eigenen Bedürfnissen

Diese Strategien müssen sowohl mit den Bedürfnissen Ihrer Kunden als auch mit *Ihren eigenen* ganz persönlichen Bedürfnissen übereinstimmen. »Übereinstimmung« beinhaltet Wechselseitigkeit, und deshalb orientiert sich »Strategisches Verkaufen« an Resultaten, die für Sie *beide* – sowohl für Ihre Kunden als auch für Sie – einen ganz persönlichen Gewinn darstellen. Ein signifikantes Element bei der Entwicklung des Idealkunden-Profils ist daher die Konzentration auf die Kunden, die nicht nur brauchen, was *Sie haben,* sondern die auch haben, was *Sie brauchen.*

Wir sprechen hier nicht nur von finanziellen Aspekten. Wie wir bereits gesagt haben, genügt im »Strategischen Verkaufen« der Auftrag alleine nicht. Und die Auszahlung der Provision, gleichgültig, wie hoch sie auch sein mag, garantiert noch keinen Verkauf, in dem beide Partner gewinnen.

Wir möchten Ihnen den Grundgedanken anhand einer Geschichte erläutern, die uns der Vizepräsident eines großen Speditions- und Lagerunternehmens vor kurzem erzählt hat.

Zu seinen Kunden gehören etliche Firmen, deren Führungskräfte häufig umziehen müssen und für die die Spedition »Sondertarife« für den Transport ihres Mobiliars anbietet. Vor ungefähr einem Jahr bemühte man sich ganz besonders um einen vielversprechenden Neukunden, eine Supermarktkette, deren Marktleiter ständig versetzt wurden. Das hier zu erwartende Geschäftsvolumen hätte zu einer jährlichen Umsatzsteigerung des Transportunternehmens um rund 12 Prozent geführt.

Aber so verlockend die Aussichten auch auf den ersten Blick erscheinen mochten, die Supermarktkette, so stellte sich heraus, war alles andere als ein idealer Kunde.

»Da sich in unserer Branche saisonbedingte Umsatzschwankungen bemerkbar machen«, erklärte uns der Vizepräsident, »ziehen wir Kunden vor, bei denen wir die Umzüge der Mitarbeiter außerhalb der Hochsaison durchführen können, und nicht im Sommer, wo wir ohnedies knapp an Fahrzeugen sind. Außerdem sind uns lange Strecken lieber als kurze und große Haushalte lieber als kleine; darüber hinaus ist es für uns ideal, wenn wir die Termine mindestens einen Monat vorher vereinbaren können.«

Diese »Anforderungen« an einen Idealkunden erschienen uns sinnvoll. Offenbar hatte das Transportunternehmen erkannt, bei welcher Art von Kunden es die höchsten Gewinnspannen erzielen konnte, und beschlossen, sich vornehmlich auf dieses Segment zu konzentrieren.

»Und die Supermarktkette paßte nicht recht in dieses Bild oder?« fragten wir ihn.

»Absolut nicht«, antwortete der Vizepräsident mit Bestimmtheit. »Gut, das Umsatzvolumen war nicht zu verachten, aber damit haben wir uns nur Ärger eingehandelt. Man benachrichtigte uns für gewöhnlich erst drei Tage vor einem bevorstehenden Umzug, und dann wurde erwartet, daß wir den Haushalt eines Management-Trainees von der einen in die nächstgelegene Stadt schafften – und das mitten im Sommer. Nach ein paar Monaten habe ich festgestellt, daß unsere Leute für die Hälfte des Ertrages doppelt soviel arbeiten mußten. Deshalb wurde beschlossen, auf diesen Kunden zu verzichten.«

Die Lektion, die sich aus dieser Geschichte ableiten läßt, dürfte klar sein. Es reicht nicht aus, an einen Kunden zu verkaufen, dem Ihre Ware oder Dienstleistung gefällt, wie der »Umzugsservice« dieser Supermarktkette gefallen hat. Sie müssen sich darüber hinaus vergewissern, daß möglichst viele Ihrer Kaufinteressenten soweit wie möglich die Kriterien erfüllen, die Sie an einen idealen Kunden stellen. *Jeder-gewinnt-Szenarien sind keine Einbahnstraßen.*

Die »Null-Ebene« des Verkaufstrichters

Heute zeichnet sich nahezu jeder Markt durch einen unerschöpflichen Fundus an potentiellen Kunden aus, es sei denn, es handelt sich um einen *stark* gesättigten oder einen stagnierenden Industriezweig. Wenn Sie sich nicht gleich zu Beginn Ihres Verkaufszyklus' auf die Kunden konzentrieren, mit denen sich die Jeder-gewinnt-Philosophie verwirklichen läßt, stehen Sie mit großer Wahrscheinlichkeit bald vor dem Problem, daß Sie – wie so viele andere Verkäufer – nicht wissen, was Sie mit den 35 Prozent der Vorgänge anfangen sollen, die sich in Ihrem Verkaufstrichter befinden, obwohl sie eigentlich keiner haben will.

Wir haben gesagt, daß es im Verkaufstrichter drei Ebenen gibt, denen Sie Ihre Verkaufsvorgänge zuordnen sollen. Nun möchten wir Ihnen eine vierte – gewissermaßen die »Null-Ebene« – vorstellen, die Sie bearbeiten müssen, *bevor* Sie sich den drei anderen zuwenden. Den »erweiterten« Verkaufstrichter zeigt das Diagramm auf Seite 248.

Wie Sie sehen, befindet sich die vierte Ebene außerhalb des Trichters. Wir bezeichnen sie als *Marktpotential*. Dazu zählen alle potentiellen »Ich-gewinne/Du-gewinnst-Kunden«, aber auch solche, die Ihnen zwar vielleicht vielversprechend erscheinen, die aber in Wirklichkeit nicht die Kriterien der Jeder-gewinnt-Philosophie erfüllen. Wir haben die vierte Ebene, das Marktpotential, außerhalb des Trichters angesiedelt, um zu betonen, daß Sie diese unqualifizierten Kaufinteressenten aussortieren müssen, noch bevor sie die erste Trichterebene erreichen. Da es oft mehr Zeit und Mühe kostet, einen ungeeigneten als einen geeigneten potentiellen Kunden durch den Trichter zu bringen, verhindern Sie somit, daß Sie Ihre knappe und kostbare Verkaufszeit vergeuden.

Dieser vorgelagerten Ebene des Verkaufstrichters sind zwei Arten verkäuferischer Tätigkeit zugeordnet. Sie müssen

- die potentiellen Kunden *herausfiltern*, die Ihrem Profil des Idealkunden am nächsten kommen – das heißt, mit denen Sie voraussichtlich Jeder-gewinnt-Ergebnisse erzielen werden;
- *Schwierigkeiten* mit »Grenz-Kunden« *voraussehen*, so daß Sie darauf vorbereitet sind, wenn Probleme tatsächlich auftreten.

Diese beiden Aufgaben decken sich mit dem Konzept des Verkaufstrichters, der Sie befähigen soll, die Wahrscheinlichkeit eines Abschlusses bei jedem einzelnen Verkaufsvorgang besser einzuschätzen und Unsicherheiten in den Vorgängen zu verringern, die Sie durch den Verkaufstrichter hindurcharbeiten.

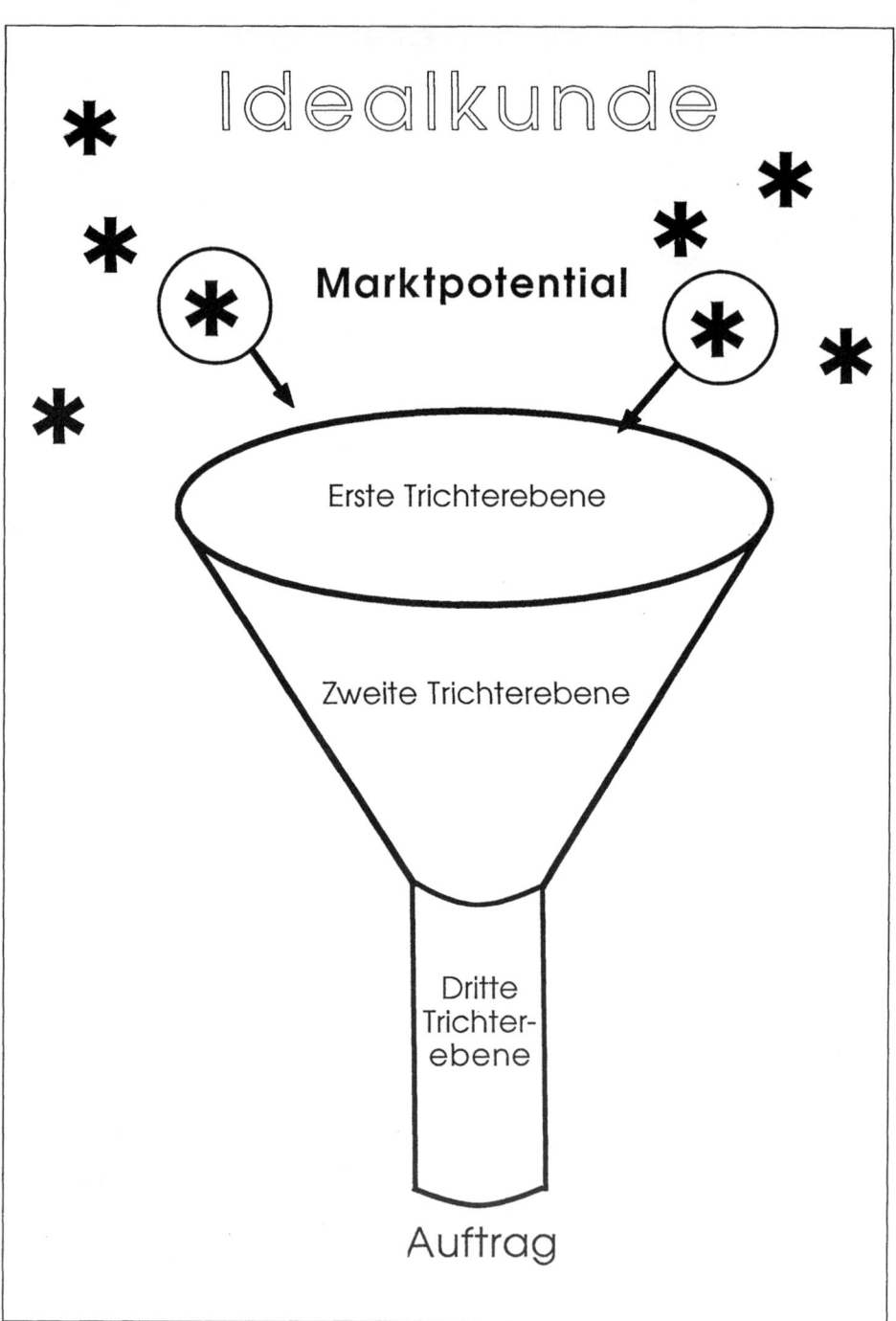

17 Das Profil des Idealkunden: Demographie – Psychographie

Wenn wir von einem »Idealkunden« sprechen, beziehen wir uns nicht auf einen realen Kunden aus »Fleisch und Blut«. Den »perfekten Kunden« gibt es nicht. Das Konzept des Idealkunden dient vielmehr als *Maßstab*, an dem Ihre vorhandenen und potentiellen Kunden gemessen werden. In diesem Kapitel zeigen wir Ihnen, wie Sie diesen Maßstab anhand einer Analyse Ihrer besten Kunden und der Kriterien entwickeln können, die diese als Ihre besten Kunden qualifizieren. Mit Hilfe dieser Kriterien läßt sich das Bild eines hypothetisch »perfekten« Kunden skizzieren, das wir *Idealkunden-Profil* nennen.

Diese Kriterien lassen sich aus zwei Datenkategorien ableiten, die sich auf die Merkmale eines potentiellen Kunden konzentrieren: nämlich *demographische* und *psychographische* Daten.

Demographie – Psychographie

In die Rubrik *Demographie* entfallen all die Daten, die sich auf die meßbaren (»physikalischen«) Merkmale eines Individuums beziehen. Da die meisten Marketingexperten ausschließlich mit demographischen Daten arbeiten, um zu determinieren, wie sich ein bestimmtes Produkt am besten verkaufen läßt, sind Sie mit diesem Begriff vermutlich schon vertraut.

Soziologen und Statistiker fassen unter dem Begriff »Demographie« all die Daten zusammen, die Angaben über Größe und Zusammensetzung einer ausgewählten menschlichen Population enthalten. Der von uns verwendete Begriff stammt aus dem soziologischen Bereich und bezeichnet, in leicht abgewandelter Form, nur Aufzeichnungen über Größe und Zusammensetzung einer bestimmten *Käufer*gruppe.

Zu den demographischen Daten, die für uns relevant sind, zählen *unter anderem* die folgenden.

- Größe des Marktpotentials und Anzahl der Endverbraucher Ihrer Ware oder Dienstleistung;
- Alter und Zustand der technischen Ausrüstung Ihrer Kundenfirma;
- geographische Entfernung zwischen Kundenfirmen und Auslieferungsorten Ihres Unternehmens;
- geographische Entfernung zwischen Kundenfirmen und Service- und Kundendienstzentren Ihres Unternehmens;
- Kompatibilität Ihrer Ware oder Dienstleistung mit den in der Kundenfirma vorhandenen Einrichtungen und Anlagen.

Sie werden bemerkt haben, daß all diese Beispiele eine Gemeinsamkeit aufweisen: Sie beziehen sich auf objektive, meßbare Daten.

Im Gegensatz zu »Demographie« ist der Begriff *»Psychographie«* außerhalb einiger Werbeagenturen und Marketingabteilungen weniger bekannt. Vielleicht haben selbst die Marketingexperten Ihres Unternehmens noch nie davon gehört. Aber psychographische Daten sind für den Erfolg bei mehrschichtigen Verkaufsvorgängen von so essentieller Bedeutung, daß wir sie als unverzichtbaren Bestandteil des »Strategischen Verkaufens« betrachten.

Psychographische Daten enthalten Angaben über die *Wertvorstellungen und Haltungen* der einzelnen Kaufbeeinflusser in einem Unternehmen oder des gesamten Kundenunternehmens. In der heutigen Geschäftswelt sind gemeinsame Wertvorstellungen und Haltungen üblich, weil sich erfolgreiche Topmanager in der Regel in hohem Maße mit ihren jeweiligen Unternehmenskulturen identifizieren.

Psychographische Daten sind unter anderem die folgenden.

- Die Bedeutung, die ein Unternehmen seinem Ruf beimißt;
- seine ethischen Normen;
- seine Haltung gegenüber Kunden, Lieferanten und Mitarbeitern;
- seine Innovationsbereitschaft und -kraft;
- der Stellenwert, den die Qualität einer Ware oder einer Dienstleistung gegenüber deren Quantität einnimmt.

Psychographische Daten sind subjektiver und lassen sich nicht so klar messen wie demographische. Aber sie müssen als ebenso wichtig gelten, weil sie Aufschluß geben über die Wertvorstellungen und Haltungen der Wirtschaftseinheit, an welche Sie verkaufen (wollen).

Unternehmenskulturen

Bestseller wie William Ouchis »*Theorie Z*« oder Thomas Peters und Robert Watermans »*In search of excellence*« haben unseren Blick auf die Tatsache gelenkt, daß die meisten Spitzenunternehmen unserer Zeit ihre spektakulären Erfolge nicht zuletzt der Tatsache verdanken, daß sich ihre Mitarbeiter – von der Führungsspitze bis zur Basis – mit ihrer Unternehmenskultur identifizieren. All diese Menschen orientieren sich in ihrem Arbeitsleben, ungeachtet ihrer Individualität und Heterogenität im Privatbereich, an bestimmten Haltungen und Wertvorstellungen, die ein einheitliches Muster aufweisen.

Damit ist allerdings nicht gemeint, daß sich die heutigen Mitarbeiter in Spitzenunternehmen mit dem Bild des »Arbeitnehmers« der 50er Jahre vergleichen ließen, der sich in sklavischer Unterwürfigkeit in ein »farbloses« Schema einpaßte. Im Gegenteil: die meisten erfolgreichen Firmen pflegen Unternehmenskulturen, in denen die Innovationsfreudigkeit größeren Stellenwert besitzt als Traditionen, in denen Qualität mehr zählt als Quantität. Hier einige Beispiele aus unserem eigenen Kundenkreis.

- Die Saga Corporation zieht es vor, nur Nahrungsmittelprodukte der höchsten Qualitätsstufe anzubieten, und stellt eben diese Qualität und nicht den Preis in den Mittelpunkt ihrer Präsentationen. Die Saga-Mitarbeiter tragen der Tatsache Rechnung, daß sich ihre Waren und Dienstleistungen nicht für jedermann eignen; sie konzentrieren sich auf die Kunden, denen es auf *erstklassige* Produkte und Serviceleistungen ankommt. Paradox scheint, daß sich dieses Qualitätsbewußtsein bezahlt macht: Saga Corporation zählt heute zu den Marktführern.
- Coca-Cola zeichnet sich dadurch aus, daß es stets Wert darauf gelegt hat, sich in jeder Hinsicht als Spitzenunternehmen zu klassifizieren. Ob es um eine Werbekampagne, um die künstlerische Ausgestaltung seiner Niederlassungen, Qualitätskontroll-Verfahren oder die Bearbeitung von Kundenanfragen geht – Coca-Colas Management ist bestrebt, mit jeder Entscheidung seinem Image als »Nummer Eins« gerecht zu werden.
- In Hewlett-Packards Unternehmenskultur ist der Grundsatz charakteristisch, nur *wirklich bedarfsgerechte* elektronische Geräte und Computer auf den Markt zu bringen. Die Mitarbeiter haben dafür gesorgt, daß der Name Hewlett-Packard weltweit als Synonym für erstklassige, technisch ausgereifte Produkte von höchster Qualität gilt. Innovation in Forschung und Entwicklung zählt zu den wichtigsten Aspekten der Unternehmenskultur.

Diese wenigen Beispiele verdeutlichen, daß Sie heute vornehmlich an Kundenfirmen verkaufen, deren Mitarbeitern bestimmte soziale und unternehmerische Wertvorstellungen und Haltungen gleichermaßen zu eigen sind.

Die Soziologen würden sagen, daß die Mitarbeiter eines Unternehmens bestimmte »normative Werte« teilen, das heißt, Werte, an denen alle Aktivitäten und Entscheidungen einer spezifischen sozialen Gruppe ausgerichtet sind. Da Unternehmen ohne jeden Zweifel als soziale Gruppierungen zu definieren sind, ist es logisch, daß sie sich normative Werte schaffen und daß zu den erfolgreichsten Mitarbeitern diejenigen zählen, die sich mit diesen Werten identifizieren oder sich ihnen bereitwillig anpassen.

Für »Strategisches Verkaufen« gehören die normativen Werte eines Unternehmens zu seinen signifikanten *psychographischen* Charakteristika. Sie gelten nicht nur für das Unternehmen generell, sondern auch für diejenigen Mitarbeiter, die für dieses Unternehmen Kaufentscheidungen treffen.

Diese Erkenntnis hat für den Verkäufer weitreichende Folgen, obgleich dies den wenigsten klar sein dürfte. Psychographische Daten sind für Sie im wesentlichen deshalb von so immenser Bedeutung, weil sie Ihnen gestatten, sich bei Ihren jeweiligen Kunden richtig zu positionieren und klare Wettbewerbsvorteile zu erzielen, wenn Sie nicht nur die »objektiv meßbaren Fakten« – also demographische Daten –, sondern auch die psychographischen Daten, das heißt, die Wertvorstellungen und Haltungen Ihrer Käuferunternehmen, analysieren.

Die Bedeutung psychographischer Daten

Da psychographische Daten nicht nur Aufschluß über ein Unternehmen geben, sondern auch über seine Mitarbeiter und da sowohl das Käufer- als auch das Verkäuferunternehmen bestimmte psychographische Charakteristika aufweisen, sollten Sie als erstes Ihr »Marktpotential segmentieren«, indem Sie feststellen, welche Ihrer potentiellen Kunden die größte Ähnlichkeit mit dem psychographischen Profil *Ihres* Unternehmens haben. Das bedeutet, daß Sie bestimmen, welche Ihrer vorhandenen und potentiellen Kunden möglichst viele *Ihrer* Wertvorstellungen und Haltungen teilen. Ihre Waren oder Dienstleistungen spiegeln die Wertvorstellungen und Haltungen *Ihres* Unternehmens wider, und zu den Käufern, die Ihrem Idealkunden-Profil am meisten entsprechen, zählen diejenigen, deren Kaufentscheidungen auf diesen Wertvorstellungen und Haltungen basieren oder denen Sie diese normativen Werte nahebringen können.

Nehmen wir einmal an, Sie bieten ein Produkt an, das sich aufgrund seiner Qualität und Wertbeständigkeit von vergleichbaren Produkten anderer Wettbewerber eindeutig positiv abhebt. Wenn Sie an eine Firma verkaufen, deren Entscheidung für einen Anbieter allein vom Preis diktiert wird, haben Sie geringe Erfolgschancen. Wenn Sie es hingegen mit einer Kundenorganisation zu tun haben, für die in erster Linie das Preis-Leistungs-Verhältnis zählt, die also bereit ist, etwas mehr für ein Produkt auszugeben, das in allen Aspekten ihren Anforderungen besser entspricht, dann ist der »günstigere« Preis eines anderen Wettbewerbers kein Argument, sich für ihn zu entscheiden.

Einer unserer Freunde, ein Mitarbeiter der Saga-Corporation, macht dieses Prinzip deutlich: »Wir bieten Spitzenqualität an«, erklärt er uns. »Ich weigere mich, Kunden zu akquirieren, die nicht über das gleiche Qualitätsbewußtsein verfügen, denn mit diesen läßt sich keine Übereinstimmung zwischen ihrem Bedarf und unseren Produkten erzielen.« Dieser Mann, der dreimal Verkäufer des Jahres wurde, hat Erfolgsquoten von über 50 Prozent bei seinen neuen Großanbahnungen aufzuweisen und uns erzählt, daß er »seit zehn Jahren von keinem einzigen Wettbewerber aufgrund von dessen Preisvorteilen ausgebootet worden ist«.

Die Lektion, die sich aus diesem Beispiel ableiten läßt, zieht sich wie ein roter Faden durch unser ganzes Buch: der *wahre* Grund, warum sich Menschen für den Kauf einer bestimmten Ware oder Dienstleistung entscheiden, ist nicht allein darin zu suchen, daß das Produkt ihren objektiven geschäftlichen Bedürfnissen entspricht. Es geht dem Käufer nicht nur darum, Resultate, sondern auch ganz persönliche Gewinne damit zu erzielen. Und er gibt Ihrem Angebot den Vorzug, wenn es mit seinen Wertvorstellungen und Haltungen in Einklang steht – und damit seinem Selbstinteresse dient.

All diese Überlegungen lassen sich auf einen gemeinsamen Nenner bringen: *auf das Bedürfnis, persönlich zu gewinnen*. In Kapitel 9 und 10 haben wir erläutert, wie ungeheuer wichtig es ist, daß alle Ihre Kaufbeeinflusser persönlich gewinnen und daß Sie Gewinnersituationen schaffen, indem Sie jedem einzelnen von ihnen Gewinner-Resultate liefern. Dasselbe Prinzip gilt auch für das *gesamte* Kundenunternehmen. Sie können nur dann langfristig gemeinsam mit Ihren Kunden gewinnen, wenn Sie das psychographische Profil jedes einzelnen Käuferunternehmens kennen, denn dieses Profil ist eines der Schlüsselelemente, anhand derer sich die Gewinne jedes Kaufbeeinflussers im Kundenunternehmen ermitteln lassen.

Vielleicht haben Sie sich bisher – wie die meisten Verkäufer – vornehmlich auf die demographischen Daten konzentriert, um festzustellen, welche Ihrer potentiellen Kunden zu den besten zählen. Von nun an sollten Sie sich bei der Ermittlung Ihrer besten Kunden an demographischen *und* psychographischen Aufzeichnungen orientieren.

Ein ausgewogenes Kundenreservoir

Ihre Aufgabe besteht darin, ein ausgewogenes Kundenreservoir zu entwickeln. Es ist strategisch ungünstig, Neukunden und Interessenten für die erste Trichterebene zu qualifizieren, die *keine* der Wertvorstellungen und Haltungen Ihres Unternehmens teilen. Andererseits kann es sich kein Verkäufer leisten, *ausschließlich* an die Kunden zu verkaufen, die in allen Aspekten seinem Idealkunden-Profil entsprechen. Sie müssen bestrebt sein, Unsicherheiten in Ihren Verkaufsvorgängen zu verringern und Ich-gewinne/Du-gewinnst-Ergebnisse zu erzielen; dieses Ziel läßt sich am besten realisieren, wenn Sie für ein ausgewogenes Verhältnis zwischen der Anzahl der Kunden sorgen, die nur geringe Ähnlichkeit mit Ihrem Idealkunden-Profil aufweisen, und jenen, die Sie auf Ihrer »Bestenliste« plazieren würden.

Das Idealkunden-Profil soll der Segmentierung des Marktpotentials dienen. Das heißt, daß die Neukunden und Interessenten ausgesondert werden sollen, die sich *nicht* für die erste Trichterebene eignen. Dieser Selektionsprozeß sollte – ähnlich den Zulassungsverfahren amerikanischer Colleges – vorgenommen werden.

Die Gremien, die die Auswahl unter den künftigen Studenten treffen, richten sich bei ihrer Entscheidung trotz klar definierter Zulassungskriterien meistens nicht nur nach der rein fachlichen, sondern auch nach der menschlichen Qualifikation der Studienanwärter. Das bedeutet, daß auch diejenigen, die beim formalen Eignungstest nicht als Beste abgeschnitten haben, eine Chance erhalten, wenn sie zu einer »ausgewogenen« Gemeinschaft beitragen, sei es in Form ihrer außergewöhnlichen sportlichen Begabung, von besonderem Fleiß oder sozialer Anpassungsfähigkeit, während solche, die in den Standardtests eine hohe Punktezahl erreichen konnten, unter Umständen nicht aufgenommen werden, wenn sie zu »eingleisig« erscheinen und daher für die Gemeinschaft keinen Gewinn versprechen.

Sie haben sich zum Ziel gesetzt, zu gewinnen und dafür zu sorgen, daß alle Ihre Kaufbeeinflusser in all Ihren Kundenunternehmen ebenfalls gewinnen. Um dieses Ziel zu erreichen, sollten Sie Ihr Idealkunden-Profil als eine Art »Basis-Test« betrachten und die daraus abzuleitenden Informationen mit sämtlichen anderen verfügbaren Daten über den Kunden vergleichen.

Eine letzte Überprüfung Ihrer Position

Das Idealkunden-Profil ist das letzte der sechs Schlüsselelemente im »Strategischen Verkaufen«. Wir haben es Ihnen aus zwei Gründen zum Schluß präsentiert:

1. Das Idealkunden-Profil stellt die logische Konsequenz der Jeder-gewinnt-Philosophie dar, die wir Ihnen in diesem Buch vorgestellt haben. Diese Philosophie ist das Herz des »Strategischen Verkaufens«; wir haben das Idealkunden-Profil deshalb bis zum Schluß aufgespart, weil es die zentrale Bedeutung der Jeder-gewinnt-Methode noch einmal unterstreicht.

2. Das Idealkunden-Profil befähigt Sie, Ihre Verkaufsziele und -vorgänge noch einmal aus einer umfassenderen Perspektive und unter neuen Gesichtspunkten zu überprüfen. Sie können also nun Ihre neuen Erkenntnisse noch einmal unter dem Aspekt des Idealkunden-Profils analysieren, mit dem Sie inzwischen vertraut sind. Es stellt das Bindeglied zwischen all den Elementen dar, die wir in diesem Buch besprochen haben.

Warum das Idealkunden-Profil als Bindeglied wirkt, wird klar, wenn Sie die übrigen fünf Strategieelemente nun noch einmal überprüfen und sich dabei am Idealkunden-Profil orientieren. Dabei sollten Sie sich folgende Fragen stellen.

- *Kaufbeeinflusser.* Sind die Schwierigkeiten, einen Kaufbeeinflusser zu überzeugen, vielleicht darauf zurückzuführen, daß sein Unternehmen nicht Ihrem Idealkunden-Profil entspricht? Welche spezifischen demographischen und psychographischen Abweichungen gefährden einen Verkaufserfolg?

- *Rote Flaggen/Stärken ausnutzen.* Denken Sie an die roten Flaggen, mit denen Sie bestimmte Bereiche in Ihren Verkaufsvorgängen markiert haben. Besteht etwa ein Zusammenhang zwischen den roten Flaggen und den Charakteristika Ihres Idealkunden-Profils, die stark vom konkreten Kundenprofil abweichen? Können Sie die Bereiche, die eine adäquate Übereinstimmung aufweisen und somit Stärken darstellen, nutzen, um die roten Flaggen zu eliminieren?

- *Die Haltungen der Kaufbeeinflusser.* Welche Charakteristika Ihres Idealkunden-Profils deuten auf die Bereitschaft eines Kaufbeeinflussers hin, Veränderungen zu akzeptieren? Welche sprechen dagegen?

- *Gewinner-Resultate.* Vergleichen Sie die von Ihnen ermittelten Gewinner-Resultate mit Ihrem Idealkunden-Profil. Lassen sich die demographischen Merkmale des Profils in objektiv meßbare, geschäftliche Resultate umsetzen? Lassen sich die psychographischen Merkmale bei jedem einzelnen Ihrer Kaufbeeinflusser im Kundenunternehmen in persönliche Gewinne umsetzen? *Wissen* Ihre Kaufbeeinflusser tatsächlich, daß es *Ihnen* darum geht, daß *sie* gewinnen?

● *Verkaufstrichter.* Läßt Ihr Idealkunden-Profil erkennen, warum sich bestimmte Verkaufsvorgänge stetig und vorhersagbar durch den Verkaufstrichter bewegen? Zeigt das Profil bei stagnierenden Verkaufsvorgängen an, welche spezifischen Abweichungen noch beseitigt werden müssen?

Wir möchten auch an dieser Stelle noch einmal darauf verweisen, daß die sechs Schlüsselelemente des »Strategischen Verkaufens« nur dann optimale Wirkung zeitigen, wenn sie *interaktiv* gebraucht, also als Teile *eines* Systems betrachtet werden. Wenn Sie sich selbst die oben genannten Fragen stellen, werden Sie sehen, auf welche Weise die einzelnen Elemente miteinander verknüpft sind.

Bisher haben Sie eine Fülle von Daten und Informationen gesammelt. Sie haben Ihre Verkaufsvorgänge überprüft und sich dabei an den sechs Schlüsselelementen des »Strategischen Verkaufens« orientiert; Sie haben alternative Positionen ausgearbeitet und die Ergebnisse dieser kontinuierlichen Analyse in Ihre Strategie integriert, und Sie haben diese Daten verifiziert. Nunmehr bleibt Ihnen nur noch eine Aufgabe: *Sie müssen auf der Grundlage dieser Daten und Informationen einen konkreten Aktionsplan entwickeln, der Sie Ihrem jeweiligen Verkaufsziel näherbringt.*

Teil 5

Von der Analyse zur Aktion

18 Ihr Aktionsplan

Nun kennen Sie die Prinzipien, die es Ihnen ermöglichen, effektive Strategien nicht nur für Ihre derzeitigen, sondern auch für alle künftigen Verkaufsvorgänge zu entwickeln. Aufgrund dieses Wissens sind Sie den weitaus meisten Ihrer Wettbewerber strategisch überlegen. Um diese Prinzipien jedoch wirksam in die Praxis umsetzen zu können, brauchen Sie einen *Aktionsplan.*

Ein Aktionsplan ist, einfach gesagt, eine Liste mit konkreten, praktischen Handlungsalternativen, die sich aus den Grundelementen des »Strategischen Verkaufens« ableiten. Sie werden vor dem eigentlichen Verkaufsgespräch festgelegt und dienen dem Zweck, Sie Ihrem spezifischen Verkaufsziel näherzubringen. Der Aktionsplan stellt das Bindeglied zwischen der Analyse *vor* und den Aktivitäten *während* des Verkaufsgespräches dar. Dieser letzte Schritt in der Erarbeitung Ihrer Strategie bietet Ihnen die Möglichkeit, sich zu vergewissern, ob jeder Kundenbesuch zählt, weil Sie *die richtigen Personen am richtigen Ort und zum richtigen Zeitpunkt* kontaktieren.

Lassen Sie sich allerdings von der Redewendung »letzter Schritt« nicht irritieren. Ein Aktionsplan ist nur insofern endgültig, als er die Phase der jeweils aktuellen Analyse abschließt und die Vorbereitungen für jedes Verkaufsgespräch konkretisiert. Der Aktionsplan darf nicht statisch, sondern muß ebenfalls dynamisch sein, das heißt, er ändert sich von einem Verkaufsgespräch zum nächsten. Er ist Teil eines kontinuierlichen *Prozesses* der Positionierung, des Feedback und der Neupositionierung, der es Ihnen ermöglicht, Ihre Strategie den gegebenen Veränderungen anzupassen.

In diesem Kapitel bauen Sie eine Brücke zwischen Theorie und Praxis für jeden Ihrer Verkaufsvorgänge; Sie bestimmen a) Ihre heutige Position gegenüber Ihren Kaufbeeinflussern und b) was Sie beim nächsten Gespräch konkret bei ihnen erreichen wollen. Darüber hinaus dient der Aktionsplan als Modell für Ihre künftige Arbeit (mit der Einschränkung, daß jeder Aktionsplan, ebenso wie jeder Verkaufsvorgang, *einmalig* ist). Sie entwickeln ihn also nicht nur für ein spezifisches Verkaufsziel, sondern er dient gleichzeitig auch als Anleitung oder Beispiel für einen entscheidenden Schritt bei jeder Überprüfung Ihrer Position.

Eine wichtige Grundregel

Wenn wir von einer Auflistung der praktikablen Alternativen sprechen, mit denen sich Ihre gegenwärtige strategische Position verbessern läßt, dann liegt die Betonung auf dem Wort *praktikabel*. Sie wollen ja sichergehen, daß Ihre Aktionen Sie Ihren Verkaufszielen *realiter* näherbringen. Hierzu empfehlen wir den Teilnehmern unserer Workshops »Strategisches Verkaufen«, sich an folgender Grundregel zu orientieren:

> *Jede Handlungsalternative, die Teil Ihres Aktionsplanes ist, sollte Stärken ausnutzen, Gefahren (rote Flaggen) verringern oder eliminieren oder beides.*

Wir haben immer wieder darauf hingewiesen, wie wichtig das Prinzip der roten Flaggen und der Ausnutzung von Stärken im »Strategischen Verkaufen« ist. Deshalb haben wir dieses Prinzip als Grundregel verankert, die es Ihnen erlaubt, Ihre gegenwärtige Situation kritisch zu analysieren und die *wirklich* effektiven Alternativen zu ermitteln, die Ihnen eine bessere Position zum Verkaufsziel verschaffen.

Wir möchten an dieser Stelle noch einmal betonen, daß rote Flaggen, obwohl sie ein Gefahrensignal darstellen, niemals negativ betrachtet werden sollten. Einen Gefahrenbereich rechtzeitig zu erkennen ist in jeder Verkaufssituation höchst positiv. Rote Flaggen bieten Ihnen die Möglichkeit, Aktionspläne zu entwickeln, mit deren Hilfe Sie Schwächen in Ihrer sich kontinuierlich verändernden strategischen Position abbauen oder ausmerzen und Stärken ausnutzen.

Umsetzung der Theorie in die Praxis

Wenn Sie Ihre Handlungsalternativen auflisten, das heißt, ein individuelles Modell für Ihren Aktionsplan entwickeln, sollten Sie sich – zumindest am Anfang – auf alle möglichen Positionen konzentrieren, die Sie für jedes Ihrer aktuellen Verkaufsziele erarbeitet haben. Überdenken Sie also Ihre gegenwärtige Position im Hinblick auf jedes einzelne strategische Verkaufsziel. Notieren Sie sich dann all die Aktionen, die Ihnen beim nächsten Zusammentreffen mit den Kaufbeeinflussern eine bessere Positionierung ermöglichen könnten. Konzentrieren Sie sich dabei auf die folgenden vier Bereiche:

- Ihr individuelles Verkaufsziel,
- die für diesen Verkaufsvorgang relevanten Kaufbeeinflusser,
- die Haltung jedes einzelnen Kaufbeeinflussers,
- die Gewinner-Resultate jedes Kaufbeeinflussers.

Überprüfen Sie kurz jeden Bereich durch die entsprechende Fragestellung, um noch nicht entdeckte rote Flaggen zu identifizieren; dann überlegen Sie, welche Aktionen Ihnen eine Chance bieten, Ihre Positionierung im Hinblick auf diese roten Flaggen zu verbessern.

Ihr Einzel-Verkaufsziel

Um einen Verkaufsvorgang erfolgreich abschließen zu können, müssen Sie sich darüber im klaren sein, was Sie bei einem Kunden konkret erreichen möchten, das Sie bisher noch nicht erreicht haben. Jedes angemessene Einzel-Verkaufsziel ist *präzise, leicht meßbar, realistisch* und darüber hinaus an einen *Zeitplan* gebunden – das heißt, Sie müssen wissen, was Sie bis wann konkret erreichen möchten. Wenn Sie glauben, Ihr Verkaufsziel ohne präzise Formulierung und ohne sachliche Begründung bis zum gewählten Zeitpunkt realisieren zu können, dann ergeht es Ihnen wie einem Programmierer, der die Zielsetzung des Programms nicht kennt, das er schreiben soll – was zur Folge hat, daß er Schrott »eingibt« und Schrott »herauskommt«.

Angenommen, Ihr Verkaufsziel besteht darin, der »Firma XY bis zum 1. Mai ein Steuerungssystem für die Fertigung zu verkaufen«. Wir schreiben jetzt Ende März, und die Verhandlungen scheinen irgendwie festgefahren. Alle Kaufbeeinflusser der Firma XY sind an Ihrem Angebot interessiert. Josef Gärtner, der Werksleiter, meint allerdings, daß der Zeitpunkt für eine derartige Investition schlecht gewählt sei. Unter diesen Umständen müssen Sie Ihr Verkaufsziel neu definieren und/oder einen neuen Zeitplan ausarbeiten sowie die Aktionen festlegen, die Ihnen eine realistischere Zielannäherung erlauben. Als Beispiel: »Termin mit Gärtner bei der

Firma XY für die nächste Woche vereinbaren, um mir den Kaufzyklus des Unternehmens erklären zu lassen.«

Wie Sie sicher bemerkt haben, ist diese hypothetische Aktion *präzise* formuliert und dient dem Zweck, Ihre *gegenwärtige* Position *jetzt* zu verbessern. Darüber hinaus lassen sich folgende *spezifische* Schlußfolgerungen ableiten. Der Aktionsplan sagt Ihnen,

- *wer* die Personen sind, die an dem Gespräch oder Meeting teilnehmen. In unserem Fall handelt es sich nur um einen der Kaufbeeinflusser und Sie selbst. Denken Sie daran, daß möglicherweise mehrere Kaufbeeinflusser kontaktiert werden müssen – und daß ein Dritter dafür vielleicht besser geeignet ist als Sie.
- *wo* und *wann* das Gespräch stattfinden wird. Die von Ihnen eingeleiteten Aktionen müssen nicht unbedingt in der Kundenfirma, sondern können auch in Ihrem eigenen Unternehmen oder auf neutralem Boden anberaumt werden. Und vergessen Sie nicht, den frühestmöglichen Zeitpunkt für die Durchführung Ihrer Aktion zu wählen, der Ihrem Kunden und Ihnen genehm ist.
- *welche* spezifischen Informationen Sie von dem Gespräch erwarten. Bis zum Abschluß eines Verkaufsvorganges – mitunter sogar bei der Auftragsunterzeichnung – sollte jede Aktion dazu dienen, Ihre vorhandenen Informationen zu verifizieren, falsche zu identifizieren und bisher noch fehlende zu ergänzen.

Natürlich sollte Ihr Aktionsplan nicht nur darauf beschränkt sein, Fragen nach dem Wer, Wann, Was und Wo zu klären, sondern auch unsere – in diesem Kapitel genannte – Grundregel berücksichtigen. In unserem Beispiel ist das der Fall, denn die Aktion dient eindeutig dem Zweck, einen Gefahrenbereich zu signalisieren, der automatisch, wie in Kapitel 6 beschrieben, mit einer roten Flagge markiert werden muß: nämlich *das Fehlen wichtiger Informationen*. Die Regel sorgt hier dafür, daß eine Schwäche als solche erkannt und in den *Vorteil* verwandelt wird, eine bessere Positionierung zu erzielen.

Kaufbeeinflusser

Wir haben betont, daß die Identifizierung aller für Ihren Verkaufsvorgang relevanten Kaufbeeinflusser die Grundlage jeder guten Verkaufsstrategie ist und daß Sie diese Kaufbeeinflusser anhand der *vier* Kaufbeeinflusser-*Rollen* ermitteln, die in jedem mehrschichtigen Verkaufsvorgang vertreten sind. Deshalb ist es wichtig, vor jedem Verkaufsgespräch noch einmal Ihre Position gegenüber jedem einzelnen von ihnen zu überprüfen.

Denken Sie bitte wieder an die Kaufbeeinflusser in einem Ihrer aktuellen Verkaufsvorgänge und an die alternativen Positionen, die Sie hier entwickelt haben.

Nun sollten Sie die Aktionen auflisten, die es Ihnen ermöglichen, rote Flaggen in diesem kritischen Bereich zu eliminieren. Mit diesen Aktionen wollen Sie erreichen, daß sämtliche Träger von Kaufbeeinflusser-Rollen angemessen kontaktiert werden, und zwar von der Person, die *am besten* dafür *geeignet* ist.

Natürlich müssen Sie sich als erstes vergewissern, daß Ihnen die Identität jedes einzelnen Kaufbeeinflussers bekannt ist. Wenn das nicht der Fall ist, sollten Sie Aktionen einleiten, mit denen sich diese *automatischen* roten Flaggen entfernen lassen. *Welche* Coach-Informationen benötigen Sie zur Beseitigung der automatischen roten Flaggen? *Wer* ist in der Lage, Ihnen diese Informationen zu beschaffen? *Wann* und *wo* können Sie Kontakt zu dieser Person oder diesen Personen aufnehmen? Aus den Antworten auf diese Fragen sollten sich spezifische Aktionen ableiten lassen, die Ihnen helfen, rote Flaggen zu eliminieren und Stärken auszunutzen.

Angenommen, Sie kennen zwar sämtliche Kaufbeeinflusser, haben aber noch nicht alle *kontaktiert*. Vielleicht ist es Ihnen bisher noch nicht gelungen, an Ihren Entscheider, Harry Larisch, heranzukommen, weil er laut Aussage seiner Sekretärin »keine Verkäufer empfängt«. In diesem Fall könnten Sie beispielsweise dafür sorgen, daß er von einem Gleichrangigen kontaktiert wird. Dazu müßten Sie ein Gespräch, zum Beispiel mit einem Angehörigen Ihres eigenen Unternehmens, arrangieren. Ideal wäre jemand, der Ihnen schon in der Vergangenheit gute Dienste als Coach geleistet hat. Gemeinsam mit ihm sollten Sie überlegen, wie Sie am besten die Sekretärin umgehen, die Sie blockiert. Sie haben sicher bemerkt, daß dieser Aktionsplan der Vorbereitung von Besuchen bei Ihren Kaufbeeinflussern dient, aber nicht im Kundenunternehmen, sondern auf Ihrem eigenen »Terrain«, also vielleicht im Büro Ihres Chefs, seinen Ausgang nimmt.

Hier ein anderes Szenario: Harry Larisch befürwortet Ihr Angebot massiv, Sie können aber den Widerstand eines Wächters namens Steinberg nicht abbauen, der ein »Problem« sieht, das Sie nicht kennen. In diesem Fall können Sie sich vom Entscheider Tips über den Wächter auf mittlerer Hierarchieebene geben lassen und zum Beispiel in Ihren Terminkalender eintragen: »Donnerstag Gespräch mit Larisch; erörtern, warum Steinberg das Gefühl hat, zu verlieren.« Auch hier wurde wieder unsere Grundregel beachtet: diese Aktion konzentriert sich auf eine Stärke, nämlich die Unterstützung des Entscheiders Harry Larisch, um einen Gefahrenbereich – Steinbergs Widerstand – abzubauen.

Denken Sie aber stets daran, daß Sie für jedes Zusammentreffen mit dem Entscheider einen validen geschäftlichen Anlaß haben müssen. Harry Larisch wird eher geneigt sein, Ihnen die gewünschten Auskünfte zu geben, wenn *er* mit den Informationen, die Sie ihm bringen, sein Wissen erweitern kann. Sie könnten ihn zum Beispiel auf eine Konferenz über den allgemeinen Produktivitätsrückgang in der deutschen Industrie hinweisen, ihn zu einem Briefing über Ihre letzten Ich-gewinne/Du-gewinnst-Verkäufe einladen oder ihm einen Zeitungsartikel über die neuesten Problemlösungstechniken vorlegen. Und wie immer müssen Sie wissen, wo und wann diese möglichen Aktionen durchgeführt werden sollten.

Die Haltungen der Kaufbeeinflusser

Hier ist es wichtig, daran zu denken, daß es nur zwei Haltungen gibt, bei denen die Wahrscheinlichkeit eines Verkaufs hoch ist: die Wachstums- und die Problemhaltung. Kaufbeeinflusser, die sich in einer dieser beiden – und zwar ausschließlich in diesen beiden – Haltungen befinden, erkennen eine *negative Diskrepanz* zwischen der Realität, so wie sie sich *ihnen* heute darstellt, und den Resultaten, die sie benötigen, um persönlich zu gewinnen. Definitionsgemäß stellt ein Kaufbeeinflusser, der sich in einer dieser beiden Haltungen befindet, eine Stärke dar (falls Sie seine Haltung positiv bewerten konnten). Ein Kaufbeeinflusser in der Alles-Okay- oder Euphorie-Haltung ist im Gegensatz dazu als Gefahrenbereich anzusehen und mit einer roten Flagge zu markieren (gleichgültig, ob die negative Bewertung Ihres spezifischen Angebotes bei ihm hoch oder niedrig ausfällt).

Sie sollten nun einen Aktionsplan entwickeln, in dem die von Ihren Kaufbeeinflussern in der Wachstums- oder Problemhaltung wahrgenommene Abweichung zwischen Realität und benötigten Resultaten im Vordergrund steht – und gleichzeitig Ihre Kaufbeeinflusser in der Alles-Okay- oder Euphoriehaltung auf eine Diskrepanz aufmerksam macht, die sie mit Ihrem Angebot beseitigen können.

Angenommen, Sie haben als Entscheider Harry Larisch identifiziert; die Rolle des Anwenders und Coach spielt Erika Meier. Beide befinden sich in der Wachstumshaltung. Der vorhin im Beispiel erwähnte Wächter Steinberg und ein Mann namens Andreas Keller, ein weiterer Coach, befinden sich in der Problemhaltung, bewerten Ihr Angebot aber unterschiedlich. Wir empfehlen Ihnen hier, sich bei der Entwicklung eines Aktionsplanes zunächst einmal nur auf diese vier Personen zu konzentrieren und nicht auf Wächter oder Anwender, die sich in der Euphorie- oder Alles-Okay-Haltung befinden.

Ihr Aktionsplan könnte folgendermaßen aussehen: »Freitag Essen mit Frau Meier und Harry Larisch; Wachstumspotential des Angebotes hervorheben.« Damit wurde die Grundregel beachtet, Stärken auszunutzen. Um Steinbergs negative Einstellung abzubauen: »Besuch in Steinbergs Abteilung nächsten Dienstag zusammen mit Keller, so daß Keller Steinberg zeigen kann, wie sich dessen Problem mit meinem Angebot lösen läßt« – eine Aktion, mit der eine rote Flagge eliminiert werden kann. Denken Sie auch hier wieder daran, daß nicht immer Sie derjenige sind, der am besten geeignet ist, an jeden Kaufbeeinflusser zu verkaufen; in diesem Fall gelingt es Keller vielleicht eher, Steinberg von Ihrem Angebot zu überzeugen, denn beide befinden sich, wie wir gesagt haben, in der Problemhaltung.

An dieser Stelle noch einmal der wichtige Hinweis: die Haltungen der Kaufbeeinflusser drücken *situative* Wahrnehmungen aus, sie dürfen nicht mit Grundhaltungen verwechselt werden. Daraus ergibt sich, daß Haltungen jederzeit wechseln können. Nur wenn Sie wissen, wie jeder Kaufbeeinflusser die Realität beurteilt, können Sie im jeweiligen Verkaufsgespräch seine wahren Bedürfnisse befriedigen.

Gewinner-Resultate

Das grundlegende Ziel jeder guten Verkaufsstrategie muß darin bestehen, sämtlichen Kaufbeeinflussern Gewinner-Resultate sowie persönliche Gewinne für Sie selbst zu liefern. Wichtig ist in diesem Zusammenhang, daß persönliche Gewinne, die das *eigentliche* Kaufmotiv darstellen, nicht meßbar oder quantitativ bestimmbar sind. *Gewinne* spiegeln die *persönlichen Wertvorstellungen* und *Haltungen* wider und verstärken sie. *Resultate* sind objektiv meßbar und stellen das *Mittel* dar, mit dem ein Kaufbeeinflusser Gewinne erzielt. Resultate sind jedoch nicht das einzige, was zählt. Es wäre gefährlich, nur Resultate zu liefern. Solange Sie nicht verstehen, *wie* Ihre Kaufbeeinflusser *gewinnen* und welche Resultate sie dazu benötigen, werden Sie außerstande sein, Ihre Verkaufsvorgänge stets so zu steuern, daß alle Beteiligten persönlich gewinnen.

Sind Sie sicher, daß Sie jedem Ihrer Kaufbeeinflusser mit Ihrem Angebot Resultate liefern können, die ihm einen persönlichen Gewinn ermöglichen?

Denken Sie wieder an Ihre aktuellen Verkaufsvorgänge. Haben Sie für jeden Kaufbeeinflusser mindestens ein Resultat ermittelt und wissen, *wie* jeder einzelne dadurch persönlich gewinnt?

Angenommen, Sie haben die Gewinne für Harry Larisch und Steinberg noch nicht identifiziert und eine rote Flagge gesetzt, um diese gravierende Informationslücke zu markieren. Ihr Aktionsplan müßte nun verschiedene gezielte Maßnahmen beinhalten, die Ihnen helfen, diese roten Flaggen zu eliminieren. Zum Beispiel sollten Sie nach einem Coach Ausschau halten, der Larisch und Steinberg besser kennt als Sie; er kann Ihnen Hinweise darauf geben, von wem Sie wann und wo nähere Informationen erhalten. Ihr Aktionsplan könnte folgendermaßen aussehen: »Freitag Termin mit Keller; um Informationen über Larischs mögliche persönliche Gewinne bitten.«

Vor zwei Gefahren möchten wir Sie noch warnen: Erstens, auch wenn es Ihnen überflüssig erscheinen sollte, bei jedem Verkaufsvorgang genau zu wissen, wie jeder einzelne persönlich gewinnt – weil Sie unter Umständen auch ohne diese Kenntnis einen Abschluß tätigen können –, ist die Strategie, sich allein auf Resultate zu konzentrieren, ein Vabanquespiel. Da Sie bestrebt sind, langfristige Beziehungen zu Ihren Kunden aufzubauen, ist es ratsam, gleich zu Beginn der Geschäftsbeziehung die persönlichen Gewinne jedes einzelnen Kaufbeeinflussers zu eruieren, um auf diese Weise bei Folgegeschäften seine Bedürfnisse besser befriedigen zu können. Wenn

Sie die persönlichen Gewinne eines Kaufbeeinflussers ignorieren, gefährden Sie unter Umständen Ihre oft schwer erkämpfte Position gegenüber dem gesamten Kundenunternehmen.

Daß jeder Kaufbeeinflusser in gleichem Maße persönlich gewinnt, ist bei mehrschichtigen Verkaufsvorgängen nicht immer möglich. Aber Sie sollten sich zum Ziel setzen, ein Maximum an Gewinner-Situationen und ein Minimum an Verlierer-Situationen herbeizuführen. Manchmal gelingt auch nur die Minimierung persönlicher Verluste. Aber selbst das ist – nach unserem Verständnis – ein Zeichen dafür, daß Sie bemüht sind, Gewinner-Situationen zu schaffen.

Zweitens sollten Sie Ihre *eigenen* persönlichen Gewinne nicht vergessen. Vielleicht sind Sie der Meinung, man müsse einen Verkäufer daran wohl kaum erinnern, aber das ist falsch: wir haben bereits erwähnt, wie oft Verkäufer bewußt die Verliererposition einnehmen, in der Hoffnung, der Kunde möge sich eines Tages für den erwiesenen Gefallen revanchieren. Wir raten Ihnen dringend, Aktionen von Ihrer Liste zu streichen, mit denen Sie ein »Verkäufer-verliert-/Kunde-gewinnt«-Szenario schaffen, und zwar ebenso schnell wie Aktionen, bei denen der Käufer verliert und der Verkäufer gewinnt.

Die »endgültige« Liste

Wir sind oft gefragt worden, wie viele Alternativen ein Aktionsplan denn nun enthalten sollte.

Wir empfehlen Ihnen, diese Liste kurz zu halten; ein Aktionsplan ist ein *dynamisches* Instrument zur Verbesserung Ihrer *gegenwärtigen* Position. Sobald Sie eine Aktion ausgeführt haben, hat sich Ihre Position definitionsgemäß geändert. Sie müssen dann Ihre Strategie erneut überprüfen und den nächsten Aktionsplan entwickeln. Jede Strategie – und das ist wichtig – muß sich ändern, sobald sich die Verkaufssituation ändert. In einer vom Zukunftsschock gezeichneten Welt hat es keinen Sinn, sich mit einem umfangreichen Katalog von Aktionen zu belasten, der jede einzelne Maßnahme für sechs Monate im voraus festlegt und in dem Augenblick, in dem Sie diese in die Praxis umsetzen wollen, vielleicht schon überholt ist.

Wenn Ihr Aktionsplan sich auf *vier oder fünf* einzelne Schritte beschränkt, die Sie Ihrem Verkaufsziel nachweislich und sichtbar näherbringen, haben Sie alles erreicht, was Sie erreichen müssen, um Ihre Position sowohl in aktuellen als auch in zukünftigen Verkaufsvorgängen zu verbessern. Und durch praktische Erfahrung werden Sie bei allen künftigen Verkaufsvorgängen darüber hinaus in der Lage sein, wesentlich schneller den besten Aktionsplan zu entwickeln, oftmals auch ohne schriftliche Notizen. Obwohl diese künftigen Aktionen einzigartig – weil einer spezifischen Verkaufssituation angepaßt – sind, stellt der Selektions*prozeß*, den Sie jetzt für ein bestimmtes individuelles Verkaufsziel durchführen, ein *Modell* Ihrer künftigen Arbeit dar.

Sie können die Liste Ihrer Aktionen auf vier oder fünf reduzieren, wenn Sie jede Alternative anhand von drei Kriterien beurteilen, nämlich nach

- *logischen Gesichtspunkten:* sie ergeben sich aus den einzelnen Schritten, die Sie bereits eingeleitet haben, um sich Ihrem Verkaufsziel zu nähern;
- *ihrer Dringlichkeit:* die dringlichsten Aktionen zeichnen sich durch eine hohe Priorität aus;
- *ihrer Realisierbarkeit:* das sind die Aktionen, die sich in Anbetracht Ihrer gegenwärtigen Situation bei dem oder den nächsten Verkaufsgespräch(en) verwirklichen lassen.

Diese Kriterien für die Auswahl der besten Aktionen sollen natürlich die Grundregel »rote Flaggen eliminieren/Stärken ausnutzen« nicht ersetzen, sondern vielmehr erweitern, denn jede der vier oder fünf Aktionen, für die Sie sich entscheiden, muß dieser Grundregel folgen.

Eine umfassendere Perspektive

Sie haben sicher bemerkt, daß wir in diesem Kapitel bisher weder den Verkaufstrichter noch das Profil des Idealkunden erwähnt haben. Das heißt nicht, daß diese beiden Konzepte unwichtig wären; sie eignen sich aber besser für eine langfristige Gesamtplanung als für die Vorbereitung auf individuelle taktische Verkaufsgespräche. Sollten Sie jedoch Schwierigkeiten haben, adäquate Aktionspläne zu erstellen, können Sie sich dieser beiden strategischen Schlüsselelemente ebenfalls bedienen.

Zum Beispiel handelt es sich bei dem Verkauf an die Firma, in der Larisch, Frau Meier, Keller und Steinberg arbeiten, um einen Vorgang, in dem Sie nicht recht weiterkommen. Wenn Sie Ihr Verkaufsziel neu definiert haben und noch immer nicht ganz sicher sind, welche Aktionen Sie einleiten sollten, können Sie anhand des Verkaufstrichters prüfen, welcher Ebene der Vorgang zuzuordnen ist und ob Sie diejenigen *Arten verkäuferischer Tätigkeit* durchzuführen beabsichtigen, die dieser Ebene entsprechen.

Oder Sie überprüfen die Realisierbarkeit Ihres Verkaufszieles anhand des Idealkunden-Profils. Sollte keine der Aktionen, die in Betracht kommen, Ihre Position entscheidend verbessern, befinden Sie sich mit Ihrem Verkaufsvorgang möglicherweise in einer »Sackgasse«. Überprüfen Sie also, inwieweit der Kunde mit Ihrem Idealkunden-Profil übereinstimmt. In wenigen, dafür aber bedeutenden Fällen kann es am besten sein, auf ein Geschäft zu verzichten.

Das Konzept des Verkaufstrichters und des Idealkunden-Profils lassen sich, im Gegensatz zu den anderen vier Schlüsselelementen des »Strategischen Verkaufens«, nicht immer bei der Planung von Verkaufsgesprächen einsetzen. Aber sie gestatten Ihnen, Ihre gesamten verkäuferischen Aktivitäten aus einer umfassenderen Perspektive zu betrachten und die von Ihnen gewählten Aktionen auf ihre Eignung hin zu überprüfen.

Strategie und Taktik im Wechsel

Der Aktionsplan, über den wir soeben gesprochen haben, dient nicht nur als Modell für Ihre künftige Arbeit, sondern auch der Vorbereitung auf ein konkretes Verkaufsgespräch. Da der Verkaufsprozeß dynamisch ist, hat der Aktionsplan nach Durchführung der darin festgelegten Maßnahmen seinen Zweck erfüllt, und es ist an der Zeit, einen neuen zu erstellen.

Wichtig ist in diesem Zusammenhang, daß – wie wir schon erwähnt haben – Strategie und Taktik sich eindeutig unterscheiden, aber nicht voneinander zu trennen sind; sie müssen Hand in Hand gehen. Ihr Aktionsplan erlaubt Ihnen eine optimale Vorbereitung auf die Begegnung mit Ihrem Kunden, so daß Sie in dem Augenblick, wo Sie ihm gegenüberstehen, Ihre taktischen Fähigkeiten optimal einsetzen können. Gleichzeitig erhalten Sie bei jedem Kundengespräch Informationen über das, was Sie noch erreichen müssen, um Ihr Verkaufsziel zu realisieren – Informationen, die Sie vorher nicht besessen haben. Sie dienen dazu, Ihre Positionierung zu überarbeiten, Schwachpunkte, markiert durch rote Flaggen, und Stärken zu identifizieren und Ihre nächsten Aktionen zu planen.

Die taktische Ausführung eines Aktionsplanes ist also niemals das Ende einer Strategie. Sie bildet als Teil eines fortlaufenden Prozesses eine Brücke zur *nächsten* Analyse, zum *nächsten* Aktionsplan und damit zur *nächsten*, natürlich besseren Positionierung. An dieser Stelle möchten wir noch einmal einen Grundsatz des »Strategischen Verkaufens« hervorheben: *Jede Verkaufsstrategie kann nur so gut sein wie das Ergebnis ihrer letzten Überprüfung.*

19 Wie man kurzfristig eine Strategie entwickelt

Um einen Aktionsplan zu erstellen, das heißt, die Maßnahmen festzulegen, die Sie Ihrem Verkaufsziel näherbringen, brauchen Sie in der Regel rund fünfundvierzig Minuten. Falls Sie über die nötige Zeit verfügen, können Sie für all Ihre Kunden, Verkaufsziele und vor jedem Verkaufsgespräch einen vollständigen Aktionsplan erarbeiten. Ihre Erfolge werden den Aufwand an Zeit und Energie zweifellos rechtfertigen.

Aber nicht immer steht Ihnen diese Zeit zur Verfügung. Obwohl die Entwicklung eines Aktionsplanes bei entsprechender Übung zunehmend leichter und schneller vonstatten geht, läßt der Zeitdruck, unter dem die meisten Verkäufer stehen, eine relativ zeitaufwendige Strategieplanung für sämtliche Verkaufsvorgänge nicht immer zu.

Das bedeutet nicht, daß Sie auf gut Glück raten müssen, bei welchen Verkaufszielen sich eine vollständige Analyse empfiehlt. Und es soll keineswegs heißen, daß Sie ein *bestimmtes* Verkaufsgespräch ohne *ein gewisses Maß* an strategischer Planung führen müssen. Um besser entscheiden zu können, in welchem Umfang ein bestimmtes Verkaufsziel strategisch bearbeitet werden muß, sollten Sie erstens festlegen, für welche Kunden und Ziele eine »vollständige« Analyse (wie im vorhergehenden Kapitel beschrieben) wirklich angemessen ist, und die erforderliche Zeit investieren; und sich zweitens für diejenigen Verkaufsziele und bevorstehenden Kundenbesuche eine Strategie »in aller Kürze« zurechtlegen, bei denen aufgrund der Umstände keine Zeit für eine vollständige Analyse bleibt.

Wann eine vollständige Strategieanalyse erforderlich ist

In folgenden Situationen, die jeder Verkäufer aus eigener Erfahrung kennt, ist eine vollständige Analyse zu empfehlen.

1. Sie haben eine wichtige Kundenbeziehung von einem Kollegen »übernommen«.
2. Sie bearbeiten einen Großkunden oder einen so wichtigen Verkaufsvorgang, daß ein Mißerfolg unübersehbare Folgen für Sie haben würde.
3. Sie müssen sich gegen einen starken Wettbewerber behaupten.
4. Sie kennen die Konkurrenten nicht.
5. Sie bearbeiten einen Verkaufsvorgang in einem wichtigen neuen Markt, Industriezweig oder bei einem neuen Kunden.
6. Ihr Verkaufsvorgang bewegt sich nicht im dafür vorgesehenen Zeitraum von einer Ebene des Verkaufstrichters zur nächsten, oder der Termin der vorgesehenen Auftragserteilung ist verstrichen und Ihnen ist noch nicht klar, wie Sie nun vorgehen sollen.
7. Sie sind im Begriff, einen schwierigen Verkaufsvorgang zusammen mit Ihrem Vorgesetzten zu überprüfen.
8. Ihnen fehlt ein für den Verkauf wichtiges Informationsbruchstück, und Sie wissen nicht, auf welche Weise Sie es sich beschaffen können.

In Fällen wie diesen würden wir niemandem raten, sich für eine Kurzanalyse zu entscheiden. Wenn es sich um einen Verkaufsvorgang handelt, bei dem viel Geld auf dem Spiel steht, der Ihre gesamte langfristige Verkaufsplanung nachhaltig verändert oder zahlreiche Unsicherheiten enthält, brauchen Sie eine vollständige Analyse. Wir haben festgestellt, daß es sich in solchen Situationen immer auszahlt, vor jedem Kundenkontakt die für eine umfassende Strategieanalyse nötige Zeit zu investieren. Um es noch einmal negativ, aber zwingender zu formulieren: Wenn Sie derartig schwierige Verkaufsvorgänge *ohne* eine entsprechend ausgefeilte Strategie zu meistern hoffen, dann machen Sie sich nicht nur selbst etwas vor, sondern bieten Ihrer Konkurrenz eine »volle Breitseite«.

Wann eine kurze Strategieanalyse ausreicht

Wenn es bei einem Verkaufsvorgang um einen nicht allzu hohen Auftragswert geht, die Risiken und Unsicherheiten relativ gering sind oder die Zahl der relevanten Kaufbeeinflusser auf einige wenige beschränkt ist, dann reicht es oft aus, sich vor einem Verkaufsgespräch eine Strategie in aller Kürze zurechtzulegen.

Für den Fall, daß ein kompletter Aktionsplan nicht erforderlich ist oder Ihnen einfach die Zeit fehlt, entsprechende Maßnahmen detailliert auszuarbeiten, können Sie sich einer der zwei folgenden Formen der Kurzanalyse bedienen. Für welche der beiden Sie sich entscheiden, hängt von der jeweiligen Situation ab.

Die erste Form der Kurzanalyse: Der Zehn-Minuten-Check

Angenommen, Sie haben vor kurzem einen Kunden übernommen, bei dem es um ein relativ bescheidenes, aber sicheres Auftragsvolumen geht. Ihr gegenwärtiges Verkaufsziel besteht darin, innerhalb von sechs Monaten die Zustimmung zum Kauf eines bisher bei diesem Kunden nicht verkauften Produktes zu erhalten. Sie haben den Entscheider sowie einige Anwender kontaktiert, und für diesen Nachmittag hat Sie der Entscheider um einen weiteren Besuch gebeten. Sie wollten für diese Begegnung einen Aktionsplan erstellen, müssen aber im Augenblick Ihren anderen Kunden viel Zeit widmen. Welche Form der strategischen Planung läßt sich so kurz vor dem Termin noch durchführen?

Eine Kurzanalyse soll – wie alle anderen in diesem Buch beschriebenen Analysen – durch die richtige Fragestellung noch bestehende Unsicherheiten aufdecken und Ihnen Wege aufzeigen, Ihre Positionierung gegenüber den Kaufbeeinflussern zu verbessern. Wenn Sie nur wenig Zeit zur Verfügung haben, müssen Sie Ihre Fragen auf die wichtigsten beschränken, zu denen die folgenden vier zählen.

- Haben Sie alle *Kaufbeeinflusser* identifiziert, das heißt, kennen Sie ihre Identität und die Rollen, die sie für dieses spezifische Verkaufsziel spielen? Wenn nicht, ist Ihnen *zumindest* der Entscheider für diesen Kauf bekannt?
- Kennen Sie die *Gewinner-Resultate* dieser Kaufbeeinflusser? Haben Sie ermittelt, wie jeder einzelne Kaufbeeinflusser mit Hilfe des Resultates, das Ihr Angebot für ihn beinhaltet, persönlich gewinnt?
- Nutzen Sie alle *Stärken* aus, und haben Sie Vorkehrungen getroffen, um die Anzahl der *roten Flaggen* zu verringern oder diese Gefahrensignale ganz zu eliminieren?
- Haben Sie mindestens *einen* verläßlichen *Coach* für diesen Verkauf aufgebaut?

Wenn Sie all diese Fragen mit »Ja« beantworten können, dann befinden Sie sich in einer relativ sicheren strategischen Position. Sie können im Verkaufsgespräch auf den Informationen aufbauen, über die Sie bereits verfügen, sich weiterhin auf die Gewinner-Resultate konzentrieren, Stärken ausnutzen und die Zahl der roten Flaggen reduzieren.

Wenn Sie auf diese Fragen keine eindeutig positiven Antworten geben können, dann sollten Sie sich darüber im klaren sein, daß diese Unsicherheiten bei dieser Begegnung mit Ihrem Kunden abgebaut werden müssen. Es ist jedoch von Vorteil, sich diese vier Fragen *vorher* zu stellen, weil Sie dann genau wissen, in *welchen* Bereichen Ihnen noch Informationen fehlen und *welche* Auskünfte Sie von einem bestimmten Kaufbeeinflusser brauchen. Oft kann es taktisch durchaus klug sein, ein Kundengespräch zu führen, bei dem es um nichts anderes geht als darum, möglichst viele relevante Informationen zusammenzutragen.

Wie Sie sich diese Informationen von einem Kaufbeeinflusser beschaffen – das heißt, welche Fragen Sie stellen müssen, um den Verkaufsvorgang transparenter zu gestalten – ist eine Frage der Taktik, nicht der Strategie. Den taktischen Bereich, der für den Verkaufserfolg ebenso wichtig ist wie der strategische, auszuloten ist nicht das Anliegen dieses Buches. »Strategisches Verkaufen« soll Ihnen demgegenüber eine höchst effektive Möglichkeit bieten, eine Verkaufssituation *vor* dem Kontakt mit dem Kunden in allen Aspekten auszuleuchten. Mit Hilfe des Zehn-Minuten-Checks und der darin enthaltenen vier Fragen sollten Sie Ihr Wissen noch einmal überprüfen können.

Die zweite Form der Kurzanalyse: Der »Fahrstuhl«-Check

Manchmal fehlen Ihnen sogar die zehn Minuten, die Sie brauchen, um diese Fragen gründlich zu erwägen. Deshalb stellen wir Ihnen nun ein Modell vor, das noch weniger Zeit beansprucht.

Der »Fahrstuhl«-Check läßt sich bei Kunden durchführen, bei denen Sie das Gefühl haben, eine strategische Analyse sei eigentlich nicht erforderlich. Zum Beispiel bei einem »routinemäßig verlaufenden« Folgegeschäft, bei einem Käuferunternehmen, bei dem sich »niemals etwas zu verändern« scheint, oder Sie haben den Kunden neu in Ihrem Bestand und Ihr Verkaufsleiter hat Ihnen eine Notiz auf den Schreibtisch gelegt, in der er Sie bittet: »Habe gerade herausgefunden, daß Lammers morgen früh nach Australien fliegt. Können Sie ihn heute nachmittag anrufen?«

Aus welchen Gründen auch immer (und die eben genannten sind nur die Spitze eines Eisberges, wie Sie wissen) – für Sie geht es darum, sich so schnell wie möglich, sozusagen im Fahrstuhl, eine Strategie zurechtzulegen.

Selbst wenn Sie für diesen Kunden oder Verkaufsvorgang bisher noch keine vollständige Strategieplanung durchgeführt haben, verfügen Sie doch zumindest über *einige* Informationen, die Ihnen weiterhelfen, auch wenn es sich dabei nur um Hinweise aus dem Kreis Ihrer Kollegen oder die Namen einiger Kaufbeeinflusser handelt. Bei diesem »Fahrstuhl«-Check stellen Sie lediglich fest, was Sie *tatsächlich* wissen, um noch vor dem Gespräch mit dem Kunden Ihre augenblickliche Positionierung – mag sie auch noch so unsicher sein – sichtbar zu machen.

Wie bei jeder Analyse gilt es auch hier, die richtigen Fragen zu stellen, um Ihre Position bestimmen zu können. Je weniger Zeit Ihnen für eine Analyse zur Verfügung steht, desto fundamentaler müssen die Fragen sein. Die folgende hat dabei höchste Priorität:

- *Kenne ich meine Kaufbeeinflusser?* Wenn nicht, ist mir *zumindest* der Entscheider in diesem Verkaufsvorgang bekannt?

Natürlich können Sie sich innerhalb der einen Minute, die Sie für die Beantwortung dieser Frage brauchen, kein detailliertes Bild von einem Kunden machen. Aber wenn Sie die wichtigsten Kaufbeeinflusser und die Rollen kennen, die sie in diesem spezifischen Verkaufsvorgang spielen, konzentrieren Sie sich auf das Element, das – wie wir immer wieder betont haben – die Grundlage jeder guten Verkaufsstrategie sein muß. Wenn Sie nicht wissen, wer die wichtigsten Kaufbeeinflusser sind oder welche Rolle sie für diesen Verkaufsvorgang spielen, wissen Sie de facto überhaupt nichts.

Wenn Sie die Personen nicht kennen, die in Ihrem Verkaufsvorgang die Rolle der Anwender spielen, befinden Sie sich sicherlich in einer unvorteilhaften strategischen Position. Aber diese Position ist immerhin noch besser, als überhaupt *nicht zu wissen*, daß Sie sie nicht kennen. Wenn Sie *erkannt* haben, daß Ihnen die nötigen Informationen fehlen, dann dürfte Ihnen auch klar sein, daß Sie die nächste Begegnung mit dem Kunden dazu nutzen müssen, diese Wissenslücken zu schließen.

Der Kerngedanke ist der, daß jede strategische Analyse, die Sie vor einem Kundenbesuch durchführen, Ihnen Vorteile bringen soll – selbst wenn diese ausschließlich in der Erkenntnis bestehen, daß Ihnen einige relevante Informationen fehlen. Die ungünstigste Position wäre die, sich völlig unvorbereitet in ein Verkaufsgespräch zu stürzen, ohne ein Mindestmaß an Informationen und ohne strategische Richtlinien, an denen Sie sich orientieren können.

Ein uns bekannter Verkaufsleiter hat diese Maxime einmal besonders treffend beschrieben: »Wenn man in einem Verkaufsvorgang seine Kaufbeeinflusser nicht kennt, ist das nicht anders, als würde man mit verbundenen Augen einen mit Möbeln vollgestopften Raum betreten. Bevor ich an Ihrem Workshop teilgenommen habe, ist mir das häufig passiert – mit dem Ergebnis, daß ich laufend blaue Flecke abbekam. Mit dieser einzigen Frage entfernt man gewissermaßen die Binde von den Augen. Ich kann zwar nicht in jedem einzelnen Verkaufsvorgang exakt meine Position bestimmen, aber ich tappe zumindest nicht im dunkeln und ecke nicht überall an.«

Und nochmals: Die Strategie hat Vorrang

Um Mißverständnisse zu vermeiden – wir empfehlen Ihnen nicht, die beiden Kurzformen der Analyse als *Ersatz* für eine vollständige Strategieanalyse zu betrachten. Der Zehn-Minuten-Check ist nur dann geeignet, wenn Sie einen Verkaufsvorgang, mit dem Sie bereits hinreichend vertraut sind, noch einmal kurz überprüfen wollen. Der Ein-Minuten-Check sollte auf Situationen, in denen Sie unter extremem Zeitdruck stehen, beschränkt bleiben, also eine Art Notmaßnahme darstellen. In manchen Fällen ist keines der beiden Modelle ausreichend, und Sie müssen sich die Zeit für eine vollständige Strategieanalyse nehmen. Für welche Form Sie sich entscheiden, hängt letztlich davon ab, welches Ausmaß an Vorbereitungen Sie brauchen, um sich bei der nächsten Begegnung mit Ihrem Kunden sicher und zuversichtlich zu fühlen.

Wie Sie sehen, läßt sich alles auf einen Kerngedanken zurückführen, den wir schon im zweiten Kapitel angeschnitten haben: Strategie und Taktik sind für den langfristigen Verkaufserfolg gleichermaßen von Bedeutung, aber die Strategie muß immer *an erster Stelle* stehen. Gleichgültig, für welche der drei Analysen Sie sich im Einzelfall entscheiden, Sie können sich die Vorteile des »Strategischen Verkaufens« nur dann zunutze machen, wenn Ihre strategische Analyse *vor* dem Verkaufsgespräch durchgeführt wurde. Wenn Sie in Harry Larischs Büro sitzen, ist es zu spät für die Frage, ob er tatsächlich der Entscheider ist. Stellen Sie sich die strategisch wichtigen Fragen vorher, dann sind Sie in der Lage, sich im Verkaufsgespräch auf das zu konzentrieren, was Sie am besten beherrschen, nämlich Verkaufen.

Wenn Sie die strategischen Überlegungen an den Anfang setzen, können Sie absolut sicher sein, *daß Sie die Zeit, die Sie dafür aufwenden* – mag sie noch so knapp bemessen sein –, *sinnvoll nutzen.*

Sachregister

Die Autoren

Robert B. Miller

Stephen E. Heiman

283